RUDOLPH GREY

ED WOOD

*Die Biographie des
außergewöhnlichen
Hollywoodregisseurs*

Aus dem Englischen
von Thomas Hag

Deutsche Erstausgabe

WILHELM HEYNE VERLAG
MÜNCHEN

HEYNE ALLGEMEINE REIHE
Nr. 01/9282

Titel der Originalausgabe
NIGHTMARE OF ECSTASY
THE LIFE AND ART OF EDWARD D. WOOD, JR.

The author, Rudolph Grey, may be contacted at:
P. O. Box 536,
Cooper Station, New York,
New York, 10276, USA

Redaktion: Rainer Michael Rahn
Copyright © 1992 by Rudolph Grey
Copyright © 1995 der deutschen Ausgabe by
Wilhelm Heyne Verlag GmbH & Co. KG, München
Printed in Germany 1995
Umschlag- und Innenillustrationen: Buena Vista
International (Germany) GmbH
Umschlaggestaltung: Atelier Ingrid Schütz, München
Gesamtherstellung: Ebner Ulm

ISBN 3-453-08955-3

Ed Wood gewidmet

Inhalt

Einführung	9
Kindheit – die Welt dort draußen	22
Im Westen – Hollywood	36
Der andere Teil	48
Glen or Glenda & Jailbait	62
Die Methode seines Wahnsinns	84
Die Ehe	91
Bride of the Monster	97
Plan 9	120
Night of the Ghouls & The Sinister Urge	143
Ed Woods Gruselgalerie	165
Irre Szenen mit dem Rattenfänger	189
Der Mann mit den Ideen	202
Nackte Tatsachen	211
»Eine Art Glanz«	238
Er starrte in einen sternenlosen Raum	263
Biographische Anmerkungen	272
Ed D. Wood, Jr.: Eine Chronologie	284
Bibliographie	290
Filmographie	327
Danksagung	381

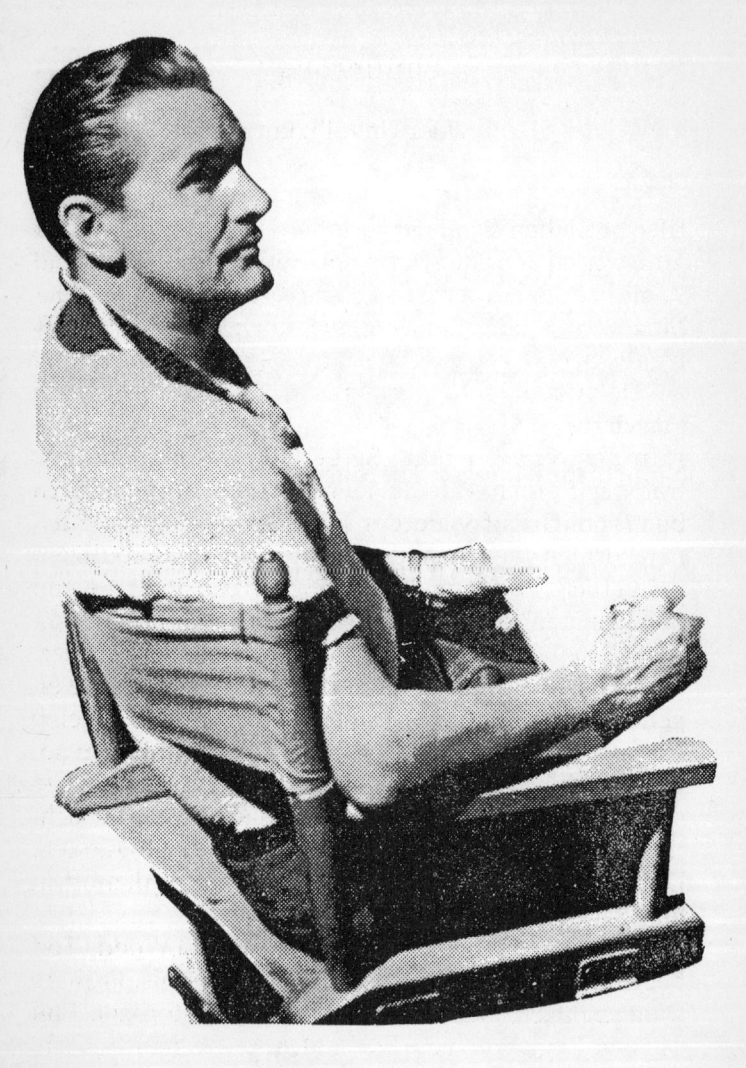

Einführung

»Das Unvollkommene ist lebendig.«
Carl Dreyer.

Das Schreiben einer Biographie ist selbst unter den günstigsten Voraussetzungen ein langwieriges und kompliziertes Unterfangen. Im Falle von Ed Wood junior gab es eine ganze Reihe ungewöhnlicher Probleme. Sein Leben zu rekonstruieren und seine Arbeit zu dokumentieren war sowohl mühsam als auch schwierig.

In der Welt der billig hergestellten Kommerzfilme traf der Spruch »Heute hier, morgen dort« nahezu buchstäblich auf viele der Filmschaffenden zu. Kleinere Firmen verschwanden spurlos, und die Produzenten verließen so schnell wie möglich die Stadt – wenn nicht gar das Land. Wenn man diese flatterhaften Individualisten endlich aufgespürt hatte, stellte sich heraus, daß sie oftmals keinerlei Unterlagen über ihre eigenen Produktionen besaßen, keine Plakate, keine Pressemappen, keine Standfotos – und manchmal sogar keine Filme. Filme, die in den Archivlisten der Gesellschaften auftauchten, waren, wenn man sie tatsächlich suchte, auf unerklärliche Weise verschwunden. Die sorgfältigste Detektivarbeit führte nur allzuoft in eine Sackgasse.

Das Klima des Sensationalismus, das Ed Woods Tod begleitete, erwies sich als weiteres Hindernis. Frühere Weggefährten, wie der mittlerweile verstorbene Phil Tucker, Regisseur von *Robot Monster*, weigerten sich, über die Vergangenheit zu sprechen. Andere leugneten schlichtweg, Ed Wood gekannt zu haben, oder litten plötzlich an Gedächtnisverlust.

Der größte Teil von Ed Woods eigener Dokumentation seiner Karriere, Manuskripte, Drehbücher, Fotos, Filme, ist während seiner drei Jahrzehnte in Hollywood verlorengegangen oder wurde verkauft. Am Ende seines Lebens blieb lediglich der Inhalt eines alten Lederkoffers übrig. Der Rest seiner persönlichen Habe war auf Müllhalden und in Mülltonnen überall in Südkalifornien gelandet.

Das Material zu diesem Buch ist das Ergebnis zehnjähriger Nachforschungen. Hunderte von Interviews waren nötig, und viele der Befragten wurden im Laufe der Jahre immer wieder angesprochen, wenn neue Tatsachen ans Licht kamen. Obsession und Beharrlichkeit zahlen sich meistens aus, und so wurden viele einzigartige Fotos vor dem sicheren Vergessen gerettet. Besonders aufregend war es, nach langem Suchen eine Kopie von Ed Woods letztem Spielfilm, *Take It Out In Trade* (1970), einer surreale Sexkomödie, aufzuspüren – eine echte Entdeckung, wie sich herausstellte.

In diesem Buch kommen die Menschen zu Wort, die Wood nahestanden. Es liegt in der Natur der Sache, daß Erinnerungsfähigkeit und Eitelkeit ein schiefes Bild entstehen lassen können. Manchmal habe ich mich dazu entschlossen, gewisse Reminiszenzen auch dann zu belassen, wenn sie im Widerspruch zu anderen Aussagen stehen. Einander widersprechende Versionen von biographischen Einzelheiten können eine ganze Menge an Bedeutsamem und Wichtigem hervorbringen. Die objektive »Wahrheit« über das Leben eines bestimmten Menschen zu erfahren, ist vielleicht kaum möglich. Um es dem Leser einfacher zu machen, habe ich eine Chronologie des »Wer-was-wann-und-Wo« in

Ed Woods Leben zusammengestellt. Das Geheimnis des »Warum« wird am besten aus den Geschichten deutlich, die ich im Hauptteil dieses Buches miteinander verwoben habe.

1957 verkauften Universal Pictures ihren Bestand an klassischen Horrorfilmen aus den 30er und 40er Jahren an das Fernsehen, wo sie bei vielen Sendern in einer Reihe mit dem Titel *Shock Theater* liefen. Ein Jahr zuvor war Bela Lugosi, einer der größten Bühnen- und Filmschauspieler aller Zeiten, gestorben. In den letzten Jahren seines Lebens hatte Hollywood ihn auf beschämende Weise ignoriert, mit einer Ausnahme: Ed Wood beschäftigte ihn. Lugosis Klassiker *Dracula* wurde nun von Millionen am Fernsehschirm gesehen, ebenso *Frankenstein, The Mummy, The Invisible Man, The Werewolf of London* und *The Wolfman*. Wenn ich als Kind einmal das Glück hatte, lange aufbleiben zu dürfen, dann sah ich mir *Shock Theater* an, hin- und hergerissen zwischen Furcht und Faszination. Dem Genie von Karl Freund, James Whale, Tod Browning und Edgar Ulmer konnte ich nicht widerstehen – ich war süchtig geworden.

Die Kinos der USA wurden einmal in der Woche von Doppelprogrammen heimgesucht, in denen alle möglichen unheimlichen Wesen auf den Zuschauer warteten: Schwarze Skorpione, Katzenfrauen, Weltraumwesen in fliegenden Untertassen, Teufelinnen, Teenager-Werwölfe und Frankensteinsche Monster, kriechende Augen, Vampire, Venusianer, wandelnde Baumstümpfe, Zombies und riesige Insekten – Ungeheuer jedweder Prägung. Diese Monster wurden gleichzeitig mit dem Rock'n' Roll zum Jugendkult in den USA. Im Frühjahr 1958 kreuzten sich ihre Wege, als John Zacherle mit »Dinner with Drac« einen nationalen Singlehit landete und sich die Hitlisten mit Elvis, Eddie Chochran und dem Johnny Burnette Trio teilte.

Zur gleichen Zeit erschien ein Magazin an den Zeitungsständen, das aus dieser Jugendmanie Kapital schlug: *Famous Monsters of Filmland*. Sein Erfolg zog mehrere Kopien nach sich: *World Famous Creatures, Monster Parade, Monsters* und *Things*.

Im April 1959 erschien in Famous Monsters ein vierseitiger bebilderter Artikel über den »Allied Artists Film« *Night of the Gouls:*

Night of the Gouls beginnt auf einem Friedhof. Die Kamera nimmt uns mit in eine Gruft, wo sich Criswell der Seher aus einem Grab erhebt und verkündet:

»Viele Jahre lang habe ich von Dingen berichtet, die unglaublich klingen, habe das Unwirkliche beschrieben und gezeigt, daß es mehr wert ist als triviale Fakten. Jetzt werde ich die Geschichte von den Schwellen-Menschen erzählen, die so erstaunlich ist, daß es manchen von euch den Atem verschlagen wird. Diese Geschichte spielt in der Twilight-Zone, in der jene leben, die einst Menschen waren und nun Monster sind ... in der Leere zwischen den Lebenden und den Toten ... mitleiderregende Monster ... und doch verachtenswert.«

Die klaustrophobische Szenerie, die Licht und Schatten betonenden Aufnahmen und die merkwürdigen cartoonartigen Gestalten – Dr. Acula, der Weiße Geist, der Schwarze Geist, Lobo – schienen sich kaum mit dem vergleichen zu lassen, was es zu dieser Zeit gab, und sie prägten sich mir ein. Der Film selbst lief jedoch nie in den Kinos.

1961 kaufte WPIX-11, ein unabhängiger New Yorker Fernsehsender, ein Paket mit Horror- und Science-Fiction-Filmen der letzten Jahre. Darunter befanden sich auch zwei Werke Edward Woods: *Bride of the Monster* (1955) und *Plan 9 From Outer Space* (1959 veröffentlicht). Mehr als fünf Jahre lang wurden diese Filme alle sieben Wochen gesendet, und ich saß mit einer fast religiösen Faszination bei jeder Ausstrahlung vor dem Fernseher. Denn wo sonst konnte ich den unsterblichen Bela Lugosi in seiner letzten Rolle erleben, als in *Bride of the Monster* als der »wahnsinnige«, überhebliche Dr. Eric Vornoff. In einem alten Haus, das von reptilienverseuchtem Moor umgeben ist, führt er seine Experimente durch, um eine neue atomare Superrasse zu züchten. Sein Ziel: die Weltherrschaft. Unter seinem Befehl stehen der ungeschlachte tibetanische Stumme, Lobo, und ein riesiger Killer-Tintenfisch – Elemente, die direkt aus den Comics stammten und die mich auf der gleichen Ebene ansprachen wie Stan Lee – die Jack Kirby & Ayers Monster-Comics aus den frühen Sechzigern – *Goom!, Googan, Son of Goom!, Fing Fang Foom!, Zzutak!, The Thing That Shouldn't Exist!!*, und wie sie alle hießen.

Und was sollte ein Junge wie ich von dem nun wirklich ultra-merkwürdigen, mit winzigem Budget gedrehten Spektakel namens *Plan 9 From Outer Space* halten? Die beunruhigende Eröffnungsrede von Criswell war bezeichnend:

»Sei gegrüßt, mein Freund ... wir alle interessieren uns für die Zukunft – denn dort werden du und ich den Rest unseres Lebens verbringen ... und denke daran, mein Freund, zukünftige Ereignisse wie dieses werden in der Zukunft ihre Auswirkungen für dich haben! Du interessierst dich für das Unbekannte, das Mysteriöse, das Unerklärliche – deshalb bist du hier. Und nun werden wir zum erstenmal darüber berichten, was wirklich geschah ... an jenem schicksalhaften Tag.

Wir legen die gesamte Wahrheit dar, nach den geheimen Aussagen der bemitleidenswerten Seelen, die jene grauenhafte Prüfung überlebt haben.

Was geschehen ist, und wo es geschah, mein Freund, wir können es nicht länger verheimlichen. Laß uns die Schuldigen bestrafen, die Unschuldigen belohnen.

Mein Freund, bist du bereit für die schockierende Wahrheit über die . . . *Grabschänder aus dem Weltall*!?«

Die atmosphärische Filmmusik; Criswells pathetischer und doch kühler Erzählton; die unirdische Ausstrahlung der Stummfilmaufnahmen Lugosis; der grabschändende Vamp Vampira; Tor Johnson, der sich aus seinem Grab erhebt; der tintenschwarze Friedhof; die wackelnden, offensichtlich aus Sperrholz angefertigten Grabsteine und die knarrenden, idiosynkratischen Dialoge: All das faszinierte mich.

In den Sechzigern hörte ich von weiteren Filmen aus Edward D. Woods extravagantem Schaffen: *Glen or Glenda, The Hidden Face, The Sinister Urge*. Aber im Fernsehen tauchte lediglich *The Bridge and the Beast* auf, zu dem Wood das Drehbuch geschrieben hatte. Diese ungewöhnliche Geschichte einer Reinkarnation, eines Ehepaares in den Flitterwochen in Afrika mit ihrem Haus-Gorilla Spanky, sorgte dafür, daß mein Interesse an Wood keinesfalls nachließ.

Dann kam der Dezember 1978. Das Thalia-Kino in New York begann seine freitäglichen Mitternachtsvorführungen des lange nicht mehr gezeigten *Glen or Glenda*.

Für mich war es wie eine Offenbarung, *Glen or Glenda* in dem spärlich besetzten Kino sehen zu können. Zu Beginn des Filmes taucht Bela Lugosi als »geistgleicher Gott« auf der Leinwand auf und spricht seinen Text mit bemerkenswerter Intensität:

»Der Mensch greift ständig nach dem Unbekannten . . . er zieht es . . . aus den endlosen Bahnen der Zeit . . . er bringt viele erstaunliche Dinge ans Licht . . . erstaunlich, weil sie uns neu scheinen . . . überraschend. Aber das meiste ist keineswegs überraschend . . . nicht für die Phantome der Zeitalter.«

Blitz und Donner. Der Geist, der »alles Leben kontrolliert«, vermischt rauchende Chemikalien. Im Labor der Götter hat der Geist das Elixier des Lebens geschaffen.

»Ein Leben hat begonnen.«

Lugosis Gesicht überlagert das Bild einer belebten Geschäftsstraße. Er hält eine verbitterte, resignierte Tirade auf die lächerliche Rasse, die unter dem Namen Menschen bekannt ist:

»Menschen! Alle laufen sie irgendwohin. Alle mit ihren eigenen Gedanken, ihren eigenen Vorstellungen, ihren eigenen Persönlichkeiten. Dem einen geht es schlecht, weil er das Richtige getan hat. Und einem anderen geht es gut . . . weil er das Falsche getan hat. Zieh an den Fäden! Tanze zu der Melodie . . . zu der du erschaffen wurdest!«

Ich war von diesem faszinierenden Film völlig überwältigt und kam jedes Wochenende wieder. Ich überredete alle meine Freunde, mitzukommen und dieses Erlebnis mit mir zu teilen.

Zu dieser Zeit begann ich mit einem Kollegen an einer Reihe von Interviews für die San Franciscoer Zeitschrift *Vacation* zu arbeiten. Nachdem ich *Glen or Glenda* gesehen hatte, stand Ed Wood auf meiner Liste der zukünftigen Gesprächspartner ganz oben. Aber die Zeit war abgelaufen.

Am Morgen des 7. Dezembers 1978 wurde Ed Wood aus seinem winzigen Apartment in der Yucca Street, Hollywood, geworfen. Er und seine Frau waren obdachlos und fanden zunächst eine Bleibe bei einem befreundeten Schauspieler. Drei Tage später starb Ed an einem Herzanfall. Er war 54 Jahre alt. Es gab keine Benachrichtigung an die Branchenblätter und keinen Nachruf in einer Zeitung oder einem Magazin.

Aber nicht nur, daß ihn die Kritiker zu Lebzeiten ignoriert oder verachtet hatten; nach seinem Tod schien er ein noch besseres Opfer für weitere Häme zu sein. Die Schakale der bürgerlichen Sensibilität machten sich über ihn her. Als sein Transvestitentum bekannt wurde, nutzten sie die Gelegenheit, selbstgefällig und herablassend über seine Filme und seine Bücher herzuziehen.

Ed Wood war ein ganz spezielles amerikanisches Original mit einer großen Leidenschaft für die populären Medien: B-Western und Horrorfilme aus den 30er und 40er Jahren, ›Pulp‹-Magazine, Comics und Radiohörspiele. Wood, der typisch amerikanische Junge, verehrte Buck Jones, wurde Boy Scout und ging im Alter von 17 Jahren zu den Marines, sechs Monate nach dem Angriff auf Pearl Harbor. Er wurde ein Kriegsheld und überlebte schwere Schlachten mit den Japanern im Südpazifik. Aber während all dieser Zeit war er Transvestit, ein Außenseiter, abseits der großen Masse.

Nach dem Krieg fand er Arbeit bei einem Wanderzirkus. Die Erfahrungen, die er in dieser teilweise bizarren und hermetischen Welt sammelte, können als Einfluß auf sein Schaffen kaum unterschätzt werden. Hier fand er sicherlich einiges von dem Rohmaterial, aus dem er sein unorthodoxes künstlerisches Werk formte.

Woods Kunst kann man als kulturelle Mutation bezeichnen. Er ist unvergleichlich – es gibt niemanden, der ihm auch nur entfernt ähnelt. Im Laufe der Zeit sind sein Mythos und seine Reputation ständig gewachsen.

Ich erinnere mich an den spontanen Kommentar eines Hollywood-Produzenten, der Woods nachträglichen Ruhm ungläubig zur Kenntnis nahm. In den letzten Jahren seines Lebens war Wood regelmäßig in das

Büro des Produzenten gekommen, wo er eine Schreibmaschine benutzen durfte. Immer wieder denke ich an die Worte dieses Mannes:

»Es ist wirklich komisch. Da war dieser Trinker, dieser alte Penner, den ich wirklich mochte, und ich hatte keine Ahnung, daß er etwas ganz Besonderes war.«

Rudolph Grey,
New York City

Carl Anthony: Wenn es jemanden gab, der Kinofilme aß, trank und träumte, dann war es Ed Wood. Das war sein Leben. Filme – 24 Stunden am Tag.

Roy Reid: Er hat mich ab und zu angerufen, mit irgendeiner verrückten Idee.

George Weiss: Nichts kann seinem Ruf schaden, egal wie viele Steine man geworfen hat. Er war ein Individualist, der allen anderen überlegen war, nicht nur was das Schreiben anbetraf. Er war der Kreativste! In allem, nicht nur beim Filmemachen. Er hatte einfach Stil.

Loretta King: Ed Wood war wirklich einer der attraktivsten Männer, die es gab . . . attraktiv auf eine Weise, die wir, sagen wir mal, mit einer Figur von Fitzgerald vergleichen würden. Er war wie Gatsby oder jemand aus dieser Zeit . . . aus den Zwanzigern. So sah er aus.

Valda Hansen: Ed sagte: »Glaubst du, es macht mir was aus, daß ich kein Millionär bin? Nein, Valda, aber was mir wirklich weh tut, ist die Grausamkeit, die mir entgegenschlägt. Wie sie mich beleidigen, wie sie mich fertigmachen und die Nase rümpfen. Ich versuche immer nur, das Beste zu geben. Und dann sehe ich diesen ganzen Müll, den sie in den Himmel loben, aber mich, mich wollen sie fertigmachen.«

Dudley Manlove: Der arme Kerl hat sich kaputtgearbeitet . . . dann ist er gestorben . . . und jetzt ernten andere die Früchte seiner Arbeit.

Conrad Brooks: Oft gab es nichts zu essen . . . die Miete und Alkohol hatten Vorrang . . . er trank, weil er nicht wußte, ob er das Geld für die Miete auftreiben würde.

Es war eine Flucht für Ed. Er schrieb diese Drehbücher, haute sie förmlich runter und verkaufte sie für ein Butterbrot: »Hör zu, Ed, wir geben dir ... sagen wir 200 ...«

Kathy Wood: Als ich Eddie kennenlernte, war er noch jung, etwas linkisch und optimistisch, er hatte Großes vor, wollte die Welt aus den Angeln heben ...

Harry Thomas: Es ist tragisch, daß alles so enden mußte, denn er besaß solch ein Selbstvertrauen ... seine Arbeit machte ihn glücklich. Ich besuchte ihn manchmal in seinem Haus, und er spielte die alten Filme immer und immer wieder.

Lillian Wood: Wenn Junior nicht in der Schule oder bei der Arbeit war, dann wußten wir, wo er zu finden war. Im Kino ...

Ed Wood an seinem 17. Geburtstag mit seiner ersten Filmkamera, einer Kodak City Special in Poughkeepsie, New York.

Ed Wood, Jr., 3 Jahre alt.

Mit 6.

Der 13. Geburtstag.

Kindheit – die Welt dort draußen

Lillian Wood: Ich wurde am 5. Juli 1903 geboren, mein Ehemann Edward Wood sen. am 23. Februar 1895. Er starb am 6. Mai 1976. Es war kurz nach seiner Pensionierung bei der Post. Ich selbst komme aus Jersey City – ich bin kein Poughkeepsie-Mädchen. Wir kamen 1919 mit der Kreske Company hierher; wir eröffneten den allerersten Kreske-Laden in Poughkeepsie. Meine Schwester und ich arbeiteten als Juweleneinkäuferinnen.

Ich lernte Ed sen. durch eine der Kirchen von Poughkeepsie kennen. Wir heirateten am 28. November 1923. Junior wurde am 10. Oktober 1924 in der Franklin Street Nr. 115 geboren. So war's.

Fred Robertson: Edward Wood sen. arbeitete bei der Post, er war Wartungsmonteur. Im ersten Weltkrieg war er Zugführer des V.F.W. 170. Er war ein sehr netter Mann, bodenständig, ein guter Kumpel, wir waren alle einfache Arbeiter. William Wood, sein anderer Sohn, schlug eine Laufbahn bei der Armee ein. Ed ist kurz nach seiner Pensionierung vor ein paar Jahren gestorben. Ed junior habe ich nie kennengelernt. Sein Vater war groß und weißhaarig, groß und dünn. Er trank gerne mal ein paar harte Sachen, wie ich auch, trank auch gerne Bier.

Vor einigen Jahren habe ich mal einen von Ed juniors 16-Millimeter-Filmen in Schwarzweiß gesehen. Er spielte einige kleine Szenen als FBI-Agent, mit einer Spielzeugpistole, eben das, was Kinder so spielen – zwei Jungen als Räuber und Gendarm, sie albern ein bißchen herum, das Ganze dauerte vielleicht vier Minuten.

Kathy Wood: Sein Vater hatte ihm diese Filmkamera gekauft ... und die Hindenburg kam den Hudson herunter, auf ihrem Weg nach New Jersey, wo der Unfall geschah und das Luftschiff in Flammen aufging ... und Eddie filmte es. Er sagte, wie aufregend und interessant es gewesen sei; er war wirklich stolz darauf, das Luftschiff vor dem Unfall noch einmal gefilmt zu haben. Darauf blieb er sein ganzes Leben stolz. Er erinnerte sich noch daran, wie sein Vater Franklin Delano Roosevelt dabei geholfen hatte, den Grundstein für das Postamt von Poughkeepsie zu legen.

Eddie organisierte kleine Theaterstücke im Hinterhof. Die Kinder aus der Nachbarschaft machten alle mit, und er schrieb Geschichten, führte Regie und filmte alles. Er war ständig damit beschäftigt, etwas zu filmen ... das war es, was er machen wollte, seit er vier oder fünf Jahre alt war. Er lief herum und nahm alles auf. Das war seine Welt ...

Lillian Wood: Juniors Lieblingsfächer in der Schule waren Lesen und Buchstabieren. Er las sehr gerne. Jedesmal wenn er ins Badezimmer ging, nahm er ein Buch mit, meistens Detektivgeschichten. Er sammelte auch Comics ... Eddies Jugendfreunde hießen George Kesseck, Frank Wirsch und Eddie Seclas. Sie spielten in einer Band, den Sunshine Mountaineers. Junior saß am Schlagzeug. Sie spielten Country-Musik, mit Ukelele und Geige. Sie traten auf High-School-Festen auf und sogar in New York bei Major Bowes ... Junior hatte eine feste Freundin namens Catherine Clark. Sie war sehr hübsch ...

Kathy Wood: Als er zu den Marines ging (mit 17), war er fast noch ein Kind. Damals war er Platzanweiser in einem Kino, er riß die Karten ab. Außerdem hatte er eine Gesangsgruppe; Eddie Wood's Little Splinters nannten sie sich. Er konnte sich immer gute Namen ausdenken, wie gesagt, das war vor den Marines. Er hat mir davon erzählt; ich glaube, er spielte Gitarre. Sie machten Country-Musik und traten bei Major Bowes auf.

John Andrews: Als Flash Gordon das erste Mal rauskam – wann war das, '36? – da war Ed noch ein kleiner Junge. Sein Vater war Briefträger. Also, Ed und seine kleinen Freunde gingen jeden Samstag ins Kino und sahen sich die neueste Folge an, und am Sonntag trafen sie sich alle nach der Kirche und spielten nach, was sie am Tag zuvor gesehen hatten. Na schön, natürlich wollte jeder Flash sein. Außer Eddie. Eddie war konkurrenzlos . . . er wollte Dale sein!

Lillian Wood: Junior und sein Bruder William kamen gut miteinander aus. Wenn der eine Ärger hatte, kam ihm der andere immer zur Hilfe. Aber . . . William war sehr eifersüchtig auf Junior, und ich weiß nicht warum. Wir haben keinen der beiden bevorzugt, was wir für den einen taten, taten wir auch für den anderen. Immer.

Kathy Wood: Während seiner Jugend in Poughkeepsie hat er sich immer für Kinofilme interessiert, besonders für Western. Er bekam dann einen Job im Bardavon-Kino, zunächst als Platzanweiser, später wurde er Stellvertreter des Managers. Wenn die Filme aus dem Programm genommen wurden, landeten die Standfotos meistens in den Mülltonnen am Hinterausgang, wo Ed sie dann herausklaubte. Er hatte eine schöne Sammlung alter Filmfotos.

Sein Jugendheld war Buck Jones. Schade, daß er ihn nie kennengelernt hat. Aber ich erinnere mich an eine Szene mit Ken Maynard, das war lange bevor er mit Ken bekannt war. Ken war auf Tournee in Poughkeepsie und ritt mit seinem Pferd auf die Bühne. Eddie sah vom Seitenflügel aus zu. Aber die Bühnenbretter waren nicht sehr robust, und plötzlich brachen sie unter dem Pferd ein, eines seiner Beine steckte regelrecht fest. Später, kurz vor seinem Tod, haben wir Ken des öfteren im Valley besucht. Er lebte in einem Wohnwagen, und Eddie und er haben über diese Szene oft gelacht.

Kathy Wood: Eddie hat mir erzählt, daß seine Mutter ihm Mädchenkleider angezogen hat, als er zwei, drei oder vier war. Also ist sie vielleicht verantwortlich.

»Obwohl es allgemein bekannt war, daß seine Mutter ihn bis zum Alter von sechs in Spitzenkleidchen steckte, dachten sich die meisten nichts dabei. Sie fanden es sogar süß. Schließlich war er ja so süß, DASS ER EIN MÄDCHEN HÄTTE SEIN KÖNNEN.«
Edward D. Wood jun., *Sex, Shrouds & Caskets*

Scott Raye: Ed sagte, seine Mutter hätte ihn bestrafen wollen. »Sie hatten nicht die geringste Ahnung, was sie mir antaten.«

Mona McKinnon: Er dachte, seine Mutter hätte lieber eine Tochter haben wollen ... statt eines Jungen. Und das ist alles, was er je darüber gesagt hat.

Kathy Wood: Mir war es eigentlich nie besonders peinlich ... meistens geschah es auch auf eine spielerische

Art und Weise. Damals wurde ja nichts völlig ernst genommen. Es war Teil seines Humors, und niemand hat Anstoß daran genommen, wirklich niemand. Seine Mutter muß davon gewußt haben, aber sie hat es nie zugegeben, und ich habe sie nie damit konfrontiert.

Kathy Wood: Die drei Freunde aus Poughkeepsie, Ed, George Kesseck und Frank Wirsch, gingen gemeinsam zum Rekrutierungsbüro der Marines. Aber Ed war der einzige, der schließlich genommen wurde; einer überlegte es sich anders, der andere fand irgendeine Entschuldigung. Ed selber war auch nicht gesund, er hatte Asthma oder eine Lungenentzündung – aber nur er schaffte es, bei den Marines aufgenommen zu werden. Er hat erzählt, daß er den Kommandanten angefleht hätte, bleiben zu dürfen.

Er ging nicht mit der ersten Welle hinaus, weil er, wie gesagt, Lungenentzündung oder so was hatte. Die erste Welle der Marines wurde komplett abgeschlachtet, er ging mit der zweiten Welle. Er hat nicht darum gebeten, zu Haus bleiben zu dürfen, er wollte bei seiner Truppe sein. Er war immer ein bißchen schwächlich, aber dafür hat er sich gut geschlagen. Immerhin hat ihn seine Schwächlichkeit davor bewahrt, mit der ersten Welle mitzugehen.

Lillian Wood: Junior schickte uns während des Krieges viele Zeichnungen ... Kampfszenen, Soldaten ...

Kathy Wood: Ed erzählte mir von den grauenvollen Dingen, die er erlebt hatte. Sie ließen ihm keine Ruhe. Aber er war ein tapferer Mann, und ich war stolz auf ihn. Ich wünschte, ich hätte noch seine Orden – die Silbersternmedaille, die bronzene Tapferkeitsmedaille, das Eichenlaub, das Verwundetenabzeichen, den

Scharfschützenorden und andere, an die ich mich nicht mehr erinnern kann. Wir haben sie bei unseren vielen Umzügen verloren.

Eddies Leben schien während des Krieges aufgezehrt zu werden! Er haßte es zu töten ... aber er tat es ...

Nachts träumte er von dem ersten Japaner, den er getötet hatte. Es war kurz nach ihrer Landung am Strand gewesen, sie rückten landeinwärts unter Palmenbäumen vor, und Ed schoß einen Heckenschützen von einem Baum herunter. Er erlebte einiges im Südpazifik; Nanumea, Tarawa, die Marshall-Inseln ...

Die meisten seiner Auszeichnungen verdiente er sich, als die Japaner einen Hügel hinaufstürmten und die meisten der Marines getötet wurden ... Eddie griff sich ein Maschinengewehr, aber niemand war in seiner Nähe, der es füttern konnte, also mußte er es von Hand füttern ... und er löschte sie alle aus.

»Es war ein heißer Tag gewesen, ein sehr heißer Tag. Als wachhabender Corporal auf der winzigen südpazifischen Insel hatte er die Pflicht gehabt, die ›Herren von der Presse‹ zu begrüßen, die mit einem Wasserflugzeug der Navy gelandet waren, und sie zum Quartier des Hauptmanns zu begleiten. Sie zu begrüßen! Pah! Die Marines waren noch nicht einmal 15 Stunden auf diesem gefährlichen kleinen Flecken Land, und schon war die Presse da. Jim fragte sich, wer eigentlich der Presseagent des Marine Corps war. Zwei Stunden später hatte er die Ehre, die ›Herren von der Presse‹ wieder zu ihrem Flugzeug zu geleiten.

Nachdem er die ›Herren‹ verabschiedet hatte, spürte Jim auf der Rückfahrt von der Inselspitze eine große Erleichterung. Von der Rollbahn bis zum Hauptquartier waren es gut drei Meilen. Die Hälfte der Fahrt sang er aus voller Kehle. Fröhlich winkte er dem silbernen Flugzeug zu, das in 15 000 Fuß Höhe auf die Insel zukam. Aber noch während er winkte, überkam ihn ein seltsames, unerklärliches Gefühl der Gefahr. Er runzelte die Stirn. Das konnte nicht das Wasserflugzeug sein. Es war ein Bomber. Jim raste zum nächstgelegenen Flugabwehrposten. Als er dort ankam, trat er in die Bremsen und hechtete über die Sandsäcke. Kaum war er gelandet, als die erste Bombenladung der Japaner explodierte und die Insel erschütterte. Die Flugabwehr-Crew wurde lebendig und nahm ihre Gefechtspositionen ein. Jemand schrie ihm zu, er solle ein Geschütz übernehmen. Er sprang auf den Sitz, überprüfte den Zeiger und sah dann rasch zum Himmel hinauf. Er konnte fünf Bomber ausmachen, die in einer Formation aus dem Westen kamen, fünf kamen aus dem Osten und fünf weitere aus dem Norden. Das erste Flugzeug warf seine Ladung ab. ›Diese Bomben sehen aus wie Wassertropfen, die aus dem Himmel fallen.‹ Erst später sollte er sich wieder an diesen Gedanken erinnern. Dann schlugen sie ein. Der Sergeant fiel nach vorne aufs Gesicht. Das Geschütz antwortete gehetzt. Zwei Flugzeuge waren in Rauch gehüllt. Plötzlich spürte Jim ein Brennen in der Seite. Er sah nach links und bemerkte, daß der Geschützführer ihn anstarrte. Jim sah an sich herab. Die rechte Seite seines Hemdes war blutdurchtränkt. Die Schwäche übermannte ihn, und er fiel von seinem Geschützstand.«

Ed Wood, *Casual Company*
(unveröffentlichter Roman) 1950

»Er war allein in einem Schützenloch. Die Nacht war dunkel, der Feind überall um ihn herum. Nächtelang war der Feind lautlos durch die Dunkelheit gekrochen und hatte den nichtsahnenden Marines ebenso lautlos die Kehle durchgeschnitten.

[Er] hatte sich geschworen, daß er den Feind wahrnehmen würde, auch wenn er ihn nicht sehen oder hören konnte. Er trainierte unermüdlich, um sich diese Fähigkeit anzueignen. Sein Training zahlte sich aus, als zwei Feindsoldaten geräuschlos an sein Versteck heranschlichen. Sie erreichten es, aber sie kamen nicht unerwartet. Nun würden sie eine Weile in dem Schützenloch bleiben, vielleicht sogar eine Ewigkeit lang.«

Ed Wood, *Parisian Passions*

Kathy Wood: Ed war auch ein exzellenter Taucher, und er hat bei vielen geheimen Missionen im Südpazifik mitgewirkt. Irgendwo hat er sich die Dschungelfäule an den Beinen geholt. Dauernd mußte er sich irgendwelchen Behandlungen unterziehen oder Röntgenaufnahmen machen lassen. Eines seiner Beine wurden von Maschinengewehrkugeln getroffen, und durch einen Hieb mit einem Gewehrkolben verlor er mehrere Zähne. Deshalb hat er später viel Schreibstubendienst gemacht. Niemand bei den Marines konnte so schnell Schreibmaschine schreiben wie er.

Eddie war bei den Marines in der G-2. Er war ein verdammt guter Agent, dort auf den südpazifischen Inseln. Als wir einen Swimmingpool hatten, das war auf der Strohm Street, zeigte er mir, wie sie damals stundenlang unter Wasser schwammen. Er sprang hinein und schwamm dicht unter der Oberfläche, fast unhörbar. Wenn er kurz auftauchte, kräuselte sich das Wasser kein bißchen. Er erzählte mir, daß solche Sachen zu den Aufgaben der Marines gehörten, wenn sie eine dieser vielen Inseln erkunden mußten.

Nach dem Krieg liefen überall eine Menge Spione herum. Ed erzählte mir, daß er als Undercover-Agent

Eiskunstläufer bei einer Eisrevue wurde. Die Ice Capades, so hieß die Revue, machte eine landesweite Tournee. Es gab dort entweder russische oder deutsche Spione, und es gelang Eddie, sie aufzuspüren. Sie wurden alle enttarnt.

Aber bei Eddie wußte man nie genau, ich meine, ich liebe ihn, aber er konnte den größten Unsinn erzählen. Aber möglich ist es. Ed hat die unmöglichsten Sachen gemacht, und die unglaublichsten von allen stellten sich später als Wahrheit heraus.

Joe Robertson: Wir waren beide bei den Marines. Ed war bei der Invasion von Tarawa dabei. 4000 Marines gingen rein ... und 400 kamen wieder raus. Ed war einer der 400. Unter seinem Kampfanzug trug er einen rosa Schlüpfer und einen rosa Büstenhalter. Später erzählte er mir: »Gott sei Dank, Joe, ich bin rausgekommen, und zwar nur deshalb, weil ich eigentlich getötet werden wollte. Wenn ich verwundet worden wäre, wie hätte ich dann den rosa Schlupfer und den rosa BH erklären sollen?« Dann sagte er noch: »Wenn ich verwundet worden wäre, hätte ich großen Ärger gekriegt; wenn ich getötet worden wäre, hätten sie sich einen Dreck darum gekümmert.« Das hat er mir erzählt, und ich habe gelacht. So etwas macht man nicht bei den Marines, dafür kriegt man 20 Jahre. Direkt nach Portsmouth, verstehen Sie?

Valda Hansen: Ed sagte zu mir: »Du hast so wunderschöne Zähne, meine Liebe, meine haben sie mir im Krieg ausgeschlagen.« – »Sie haben dir die Zähne ausgeschlagen?« fragte ich. »Nun, meine Liebe, im Krieg, da nehmen sie ein Bajonett, und dann schlagen Sie dir damit die Zähne aus. Und dann versuchen sie, dir den Arsch aufzureißen.« Ich war damals noch sehr naiv

Edward mit dem Abschlußzeugnis.

Mit einer Freundin, Honolulu.

Ein Treffen am Labor Day, 1942. (Von links nach rechts: Eds Großmutter mütterlicherseits, Ed Jr., Lillian, Ed Sr.

Ed und Kameraden während des Zweiten Weltkrieges.

und fragte: »Haben sie dir weh getan, Ed?« So naiv war ich damals, ich lebte noch bei meinen Eltern. Ed sah mich an, und er mußte lachen, weil ich so naiv war. »Nun, Liebes, sie haben mir weh getan ... das kann man sagen.«

Henry Bederski: Es geschah im Krieg; dieser Japaner schlug Ed die Zähne mit dem Gewehrkolben aus ... und Eddie drehte völlig durch. Er tötete diesen Japaner, und später erzählte er mir: »Ich habe weiter auf ihn eingestochen, es war so verrückt, Henry, ich ließ meine Wut an einem Toten aus.« Ohne Zweifel, er hatte etwas von einem Sadisten.

Kathy Wood: Nachdem er die Marines verlassen hatte, ging er auf die Northwestern University (in Chicago). Ich bin ziemlich sicher, daß er eine Schauspielklasse besucht hat und einen Kurs für kreatives Schreiben. Er hat erzählt, daß er damals in einem leerstehenden Kino gewohnt hat oder in einem Kino, wo es fast immer dunkel war. Das hat ihn dann zu *Final Curtain* inspiriert. Er spürte die Vibrationen, wie man so sagt. Zu dieser Zeit ist er auch mit einem Jahrmarkt mitgereist.

»Planken. Frisches Holz. Stahlrohre wurden in den Boden gerammt und blieben erwartungsvoll stecken. Die Lastwagen wurden eiligst entladen, die Fracht sofort davongetragen. Der Boden wurde aufgewühlt. Formen begannen Gestalt anzunehmen. Zelte wurden ausgerollt. Die Mittelpfähle wurden daruntergeschoben, um dann aufgerichtet zu werden. Die Seile wurden festgezurrt, Eisen und Stahl wurden zu Karussells. Zirkuswagen nahmen ihre Plätze hinter den Zelten ein. Aus Brettern wurden Kartenhäuschen, die vor den heranwachsenden Karussells und Vergnügungszelten postiert wurden. Banner erschienen über dem Eingang der Mädchen-Show, der Schlangen-Show, der Western-Show, der Hawaii-Show. In den Spielbuden schnappten Räder und Kreisel ein. Bunte Theken schienen aus dem Nichts zu erscheinen. Gipsfiguren, billige Preise und anderer Plunder wurden ein- oder ausgewickelt und verlockend auf Regalen postiert. Als an die anderen Zelte letzte Hand angelegt wurde, entfaltete sich das lange Banner über dem Kuriositätenkabinett. Darauf waren die Wunder abgebildet, die es drinnen zu bestaunen gab. Die dicke Frau, die tätowierte Frau. Der Gummimensch aus Indien. Ein Hindu auf einem Nagelbett. Der Feuerschlucker. Und ein besonderes Plakat für das Zwitterwesen, halb Mann, halb Frau, die Hauptattraktion.«

Ed Wood, *Killer in Drag*, 1963

Chuck La Berge: Damals im Kino hatten wir mal einen schlechten Abend; wir hingen so rum und teilten uns eine Flasche Gin. Als Ed betrunken war, erzählte er uns dieses seltsame Zeug. Er war ja beim Jahrmarkt; ich glaube, er wollte immer im Showbusineß sein, egal in welchem Bereich. Eine seiner Geschichten war, daß er das Zwitterwesen dargestellt habe. Er trug einen Bart, und ich fragte ihn: »Wie zum Teufel hast du denn einen Busen bekommen?« Er behauptete, er habe sich eine Injektionsnadel in die Brustwarze gestochen und die Brust aufgepumpt. Er spielte auch den Irren ...

John Thomas: Auf der Rückseite seines Manuskripts von *Crossroads of Laredo* findet man einen interessanten Hinweis darauf, wo er kreatives Schreiben gelernt hat. Da heißt es: »Kingsmith School of the Creative Arts, Innenhof, hinten, 2118 Massachusetts, North West Washington, D. C.« Darunter standen die Künstler, die

Mitglieder des Beirates waren: Frank Lloyd Wright, Martha Graham ...

Dolores Fuller: Ed war ein großer Bewunderer von Martha Graham. Ich glaube, daß sie miteinander korrespondiert haben; auf jeden Fall sprach er sehr oft von ihr. Schließlich nahm er auch Unterricht bei ihr.

Zeitungsmeldung über Ed Woods Kriegsverwundung.

»Dies ist euer Sohn, der Soldat, mit seiner neuen Liebe, (der Gefreiten) Miss Shirley Van Deusend.«

Ed in seinem Büro an der Ecke Sunset und Hillhurst in seiner *Streets of Laredo*-Phase, August 1948.

Zeitungsausschnitt zu Woods Bühnenstück *Casual Company*.

Im Westen – Hollywood

»Das Blau des Himmels verwandelte sich langsam in ein samtiges Grau. Die Stimmung des frühen Abends legte sich über das gesamte Gebiet. Eine kühlere Brise, eine Ruhe, als hielte die Welt für einen Moment den Atem an. Nur das Mahlen der Eisenbahnräder war zu hören. Es war die Stunde der Dämmerung, und zwei Menschen saßen in dem gleichen nachdenklichen Schweigen in dieser Dämmerung. Doch die Zeit und der Zug bewegten sich unablässig weiter, nach Westen ...« Ed Wood, *It Takes One To Know One*

Conrad Brooks: Ich lernte Ed in einer kleinen Kaffeestube kennen, 1948. Wir frühstückten dort. Er kannte die Leute, denen der Laden gehörte, sehr gut, ein Ehepaar, und ihre Tochter, die bediente. Damals versuchte Ed für sein Bühnenstück *Casual Company* zu werben, überall hatte er Plakate aufgehängt.

Ed Wood, in einem Brief an seine Eltern:
29. Oktober 1948
Liebe Eltern,
ich habe mich sehr darüber gefreut, daß es euch – endlich – wieder bessergeht. Dad, ich bin sehr froh, daß die Sache mit deinem Geschwür gut ausgegangen ist.

Die Show läuft prima. Wir haben nur eine einzige schlechte Kritik bekommen, und die habe ich beigefügt. Der einzige Grund für diese schlechte Kritik war die Tatsache, daß Mr. Bromfield, der Kulturredakteur, krank war und die Zeitung einen Volontär geschickt hat, und Volontäre denken, sie müßten durch Verrisse auf sich aufmerksam machen. Aber ich denke, daß die Zeitung den Artikel widerrufen wird. Dann ist alles wieder in Ordnung.

Am Montag hatten wir ein volles Haus, aber ich fürchte, daß wegen der schlechten Kritik einige Leute wegbleiben werden. Bis jetzt war der Besuch recht gut, obwohl wir noch keine Gewinne machen. Wir haben ungefähr 600 Dollar eingenommen, so daß wir zumindest keine Schulden machen. Wenn alles gut läuft, sollten wir von nächster Woche an Gewinne erzielen.

Dad, vor einigen Wochen hatte ich ein Treffen mit Ray Flin (dem Kameramann von Orson Welles). Er bat mich um ein Manuskript für die Amerikanische Legion, das verfilmt werden sollte. Es geht dabei um die Legion selbst, und es ist sehr gut geworden. Ich habe auch das Copyright (wasserdicht) für die Story. Ray hat sie zum Treffen der A. L. nach Florida geschickt. Das war vor drei Wochen, und bisher haben wir noch keine Antwort erhalten. Ich frage mich langsam, ob sie es vielleicht abgelehnt haben, und überlege mir, das Ganze mit ein paar Änderungen als Geschichte der Veterans of Foreign Wars herauszubringen. Vielleicht könntest du die Sache bei eurem nächsten Veteranentreffen vorlegen. Es ist ein wirklich gutes Manuskript, aus dem man einen sehr aufschlußreichen Film machen könnte. Und Ray an der Kamera ist eine Garantie für gute Bilder. Ich hoffe auch, über Ray oder seine Frau ins Filmgeschäft zu kommen. Übrigens ist die Schwester seiner Frau Penny Singleton die Blondie aus den Dagwood-Bumstead-Folgen. Ich war schon ein paarmal mit den »BUMSTEADS« essen.

Vor mir steht übrigens eine Flasche Vermouth, und da ich mir ab und zu einen kleinen Schluck genehmige, solltet ihr es verzeihen, wenn meine Buchstaben ein wenig schwanken.

Aber weiter von den BUMSTEADS, in Wahrheit Arthur Lake und Penny Singleton. Ich war auch mit Pennys Eltern, Mr. und Mrs. McNulty, essen. Ihr Sohn Bernard, also Rays Schwager, ist ein guter Freund von mir. Verwirrend, nicht wahr? Aber die Hälfte der Leute im Showbusineß ist auf die eine oder andere Weise miteinander verwandt.

Verdammt, mir gehen die Zigaretten aus, und es ist noch zu früh am Morgen, um welche zu kaufen. Ich werde gleich schlafen gehen. Bald wird es hell, und ich muß zu einem wichtigen Gespräch um 13 Uhr 30 im Theater sein. Gestern habe ich bis fast zwei Uhr nachmittags geschlafen.

Ich lege noch einige Zeitungsausschnitte bei, darunter auch ein Foto, das während meiner »Peg O' My Heart«-Show im Mai aufgenommen wurde. Ich habe noch mehr davon und werde euch auch mehr schicken. Die kleinen Fotos stammen aus dem Film »Crossroads of Laredo«, den ich letzten Monat gemacht habe. (Leider ist er noch immer nicht verkauft.)

Ja, ich glaube, ich habe alle Geburtstagskarten bekommen. Ach ja, die Bilder, die auf meiner Geburtstagsparty aufgenommen wurden, sind noch nicht fertig. Wenn ich sie habe, schicke ich sie euch.

So, das wär's für dieses Mal.

Alles Liebe
Jr.

Henry Bederski: Ed arbeitete nicht. Er hatte dieses Büro gegenüber dem Vista-Theater, und dort trafen wir uns. Wir redeten viel, und das war schon alles. Aber wir hatten viel Spaß. Dann holte ihn Conrad in die Monogram Studios, jeden Mittwoch abend gab es eine Gratisvorstellung, und man konnte noch einen Freund

Als Schurke in *The Blackguard Returns* wird Ed mit Brezeln und Bier bezahlt.

Der Zeitungsausschnitt, den Ed an Ma geschickt hat, zeigt ihn anläßlich der Premiere von *Peg O'My Heart*.

EVENT TOMORROW NIGHT—Members of the Kate Crutcher Players are presenting "Peg o' My Heart" tomorrow (Saturday) evening at the Ebell Theatre to aid the work of the Children's Hospital Convalescent Home. From left to right in the picture above are Mrs. Lombard Smith, Edward D. Wood, Mercedes R. Withers, Patricia Shea and Al Sears. Mr. Wood and Miss Shea are playing leading roles. Mrs. Withers is organist and Mr. Sears is directing.

mitbringen. Also nahmen wir Ed mit, aber der war mittlerweile nur noch mit seinem Stück beschäftigt, *The Casual Company*. Aber die Kritiken waren wirklich schlecht. Sie nannten das Stück »plump und anbiedernd«.

Chuck La Berge: Ed hat das ganze Geld von *The Casual Company* durchgebracht. Ich habe die finanziellen Dinge erst ganz am Schluß übernommen, aber da hatte er das ganze verdammte Geld schon verbraten. Damit war die Sache gelaufen. Das Stück lief auch nur eine Woche oder so, jedenfalls nicht sehr lange.

Irgendwie war es Ed gelungen, an Joseph Cotton heranzukommen, und er lud ihn zu einer Privatvorführung des Stückes ein. Cotton kam tatsächlich, und anschließend bewertete er jeden von uns. Einige lobte er sehr und sagte, wir hätten genug Potential, um auf der Bühne oder im Filmgeschäft zu bestehen. Zu Ed meinte er, daß sein Stück interessant sei, und er glaube, daß es gut laufen würde.

John Crawford Thomas: Ed bekam in Hollywood noch kein Bein auf den Boden . . . deshalb spielte er im Gateway-Theater auf dem Sunset Boulevard in dem Stück *The Blackguard Returns* mit. Er war ein ganz einfacher Mensch mit Hoffnungen und Träumen wie viele andere auch. Wir sprachen davon, zusammen einen Film zu drehen.

Wir mieteten die alten Büros von Monogram, am Ende des Sunset, in der Nähe von Hillhurst neben dem alten Vista-Theater. Wir hängten ein Schild an die Tür: »Wood-Thomas-Productions«.

Eine Zeitlang wohnte Ed in meinem Büro, aber am Ende des Ganges wurde bald noch ein Raum frei, den ich mietete – für 35 Dollar im Monat. Es war ein großes

Büro. Also mietete ich es für Ed, und er zog um – den Flur hinunter.

Laut Drehbuch hieß unser Film *Streets of Laredo*, aber ich änderte den Titel in *Crossroads of Laredo*. Er wurde in 16 mm gedreht. Ed schrieb das Drehbuch und führte Regie. Ich war der Produzent. Später wollten wir den Film auf 35 mm vergrößern lassen. Er ist zwar fertig geworden, wurde aber nie vertont. Ray Flin nahm einige der besseren Szenen auf, aber Ed Wood nahm einfach seine Kamera, ging raus und fing an. Ich weiß nicht, woher er die Kamera hatte, aber das Filmmaterial war sicher nicht das beste, es stammte aus Armeebeständen. Wir drehten auf einer Ranch in Saugus, wo wir eine kleine Westernkulisse aufbauten. Kostete uns 60 Dollar am Tag.

Ed Woods Fähigkeit zu improvisieren war beeindruckend. Er war wirklich sehr erfindungsreich. Während der Dreharbeiten brauchten wir irgendwann einmal einen Sarg für eine Szene, und ich fragte ihn: »Wo willst du einen Sarg herbekommen?« Innerhalb einer Stunde hatte er einen Sarg aus Pappe zusammengebaut, den er mit Wasser übergoß, damit es aussah, als wäre er lackiert oder angestrichen. Der Sarg war zwar nicht mal einen halben Meter lang, aber das störte ihn nicht. Er machte einfach weiter – nichts konnte ihn aufhalten.

Chuck La Berge: In *The Streets of Laredo* spielte Ed den Schurken, und ich war der Sheriff. Aber Ed konnte nicht reiten! Er konnte es einfach nicht, und so kam es, daß ich mich in einer Szene selbst jagen mußte. Nur weil Ed nicht reiten konnte. Es war wirklich zum Lachen, aber im Film selbst bemerkt man es gar nicht. Ich habe eine Version von *The Streets of Laredo* aufgenommen, die als Titelsong in den Film kommen sollte. Der

Typ, der die Aufnahme finanzierte, war wirklich ein Fall für den Psychiater. Er hatte den Schurken in *The Blackguard* gespielt, er hatte tatsächlich nicht mehr alle Tassen im Schrank. Ich merkte erst später, daß er die ganze Zeit über Dope nahm, aber damals wußte keiner von uns über solche Dinge Bescheid, wir nahmen kein Dope. Er rauchte Marijuana oder was auch immer . . .

John Crawford Thomas: Der Film war ein glatter Reinfall, und ich hatte all das Geld dafür aufgebracht. Der Film hat mich buchstäblich ruiniert, und für meine Familie war es richtig peinlich. Ed verschwand, ohne auf Wiedersehen zu sagen . . . leider auch ohne seine Miete zu bezahlen. Das wurde praktisch sein Markenzeichen – wenn ihm das Geld ausging, dann verschwand er einfach.

Chuck La Berge: Als Ed und ich bei *The Blackguard Returns* zusammenarbeiteten, gab es da eine Frau, die uns mit Bier und einer Tüte Brezeln versorgte. Das war manchmal alles, was wir an einem Arbeitstag zu uns nahmen. Wenn das Stück vorbei war, sahen wir nach, ob noch ein paar Brezeln übriggeblieben waren. Wir hatten Hunger. Brezeln und Bier – das war praktisch alles, was es gab. Ed kampierte irgendwo draußen bei irgendwelchen Leuten, er hatte auch schon bei vielen anderen übernachtet; ein-, zweimal blieb er auch in meinem Apartment. Wir tranken viel, machten einen drauf, jagten den Weibern hinterher.

George Cooper: Die Frau, die in *Blackguard* die Mutter spielte, erkrankte und konnte nicht auftreten. Ed übernahm ihre Rolle sofort und gab seine Rolle als Vater ab. Daß er einen Schnurrbart trug, schien ihn überhaupt nicht zu stören. Er war zum Schreien. Die lachten sich

Ed Wood bei den Dreharbeiten zu *Streets of Laredo*, 1948.

Duke Moore in *Streets of Laredo*.

Lyle Talbot, Bud Osborne, Kenne Duncan und Don Nagel in *Crossroad Avenger*.

tot. Er hatte eine Perücke auf, Hintern und Brust waren gepolstert. Er spielte die Szenen mit Little Nell in ihrer heruntergekommenen Hütte.

Kathy Wood: Ed erzählte oft, wie sicher die Straßen noch waren, als er das erste Mal nach Hollywood kam, und daß niemand Angst hatte, abends auszugehen ... Die Luft war noch klar, und man konnte seine Haustür offenlassen. Man wußte, daß man den Leuten, die man kennenlernte, vertrauen konnte. Heute ist es schlimmer als im Dschungel.

George Cooper: Also, Ed und ich wollten die Straße bei Hollywood and Vine überqueren, und in diesem Augenblick mußte ein Auto genau vor uns halten. Nun, da haben wir die Hintertür aufgemacht, sind über die Rückbank gerutscht und auf der anderen Seite wieder ausgestiegen. Es hat uns immer ziemlichen Spaß gemacht, so etwas zu veranstalten.

Ed, Don Nagel und ich trieben uns häufig in Redd Foxx' Nachtclub beim Pico and Western herum und quälten ihn, so gut wir konnten. Nach der Show kam er dann immer an unseren Tisch, und wir gaben ihm ein paar Tips für seine Nummern. Und er baute unsere Vorschläge auch immer ein. Der alte Scatman Crothers hing auch ziemlich oft dort rum und spielte den Betrunkenen. Er kam oft an unseren Tisch und unterhielt sich mit uns.

John Crawford Thomas: Frauen waren für Ed leichte Beute. Er hatte eine Freundin namens Cancy, und eines Tages erzählte er mir, daß sie vor ihm noch nie einen Orgasmus gehabt hätte – er schien die Kunst also ziemlich gut zu beherrschen.

Während der Dreharbeiten zu *The Sun Was Setting*, Ed Woods erstem Job als Regisseur. Ed (Mitte) gibt Anweisungen an Phyllis Coates und Tom Keene. Hinter der Mitchell steht der Kameraveteran Ray Flin.

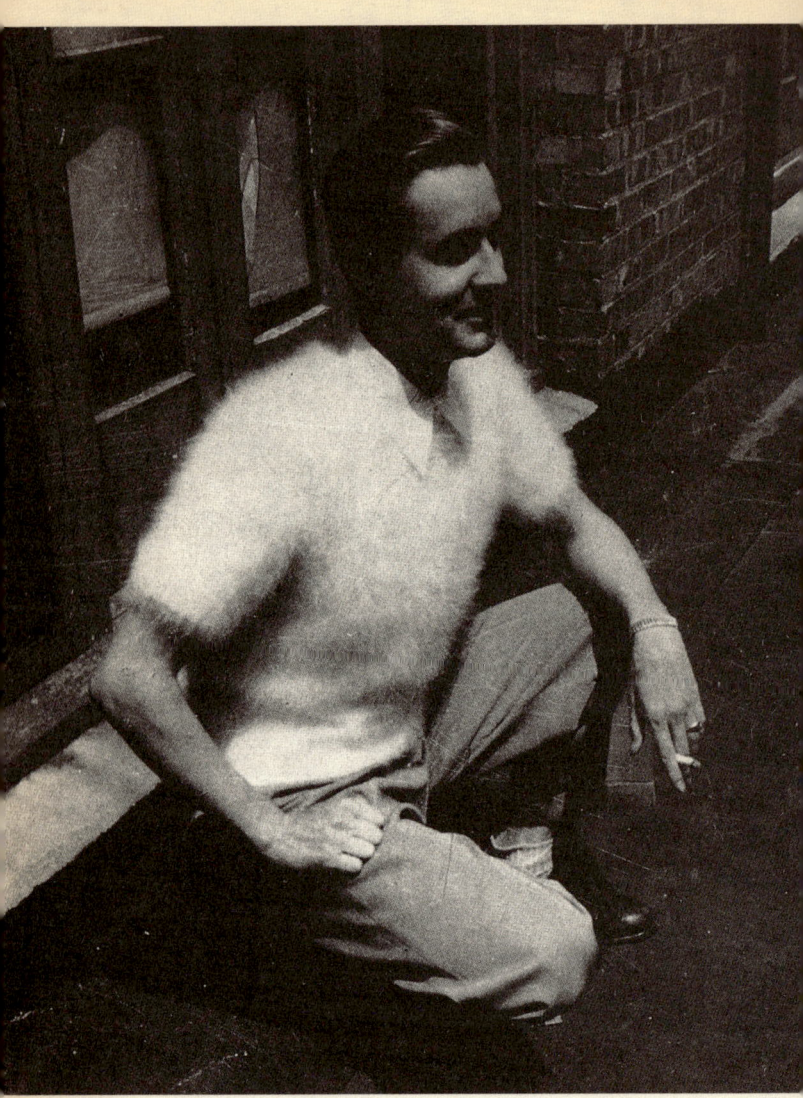

Ed im Angorapullover vor seinem Büro, August 1948, ein Schnappschuß, den er seiner Mutter schickte.

Es gab da noch eine, Gladys, sie war Künstleragentin und hatte ihr Büro neben unserem. Ich habe da eine ganze Menge mitgekriegt, durch die Milchglasscheiben, auch weil ich auf alles ein Auge hielt; schließlich hatte ich Geld investiert, ich mußte wissen, was lief. Nun ja, einmal habe ich sie durch das Milchglas gesehen, und es war keine harmlose Situation. Aber obwohl sie eine Affäre mit Ed hatte, hat sie auch mir mal ein Angebot gemacht. Aber er wollte vorwärts kommen, so etwas konnte Ed nicht aufhalten.

Aus einem Zeitungsartikel:
Poughkeepsie, 18. September 1949
**Ehemaliger Einwohner der Stadt
steigt ins Filmgeschäft ein**
Edward Wood jun., ein ehemaliger Einwohner von Poughkeepsie, hat soeben Verhandlungen über die Filmgesellschaft »Story-Ad Films« in Hollywood abgeschlossen. Seine Partner sind der Schweizer Rene Lenoir, Robert Ganon, der unter anderem die Nürnberger Prozesse gefilmt hat, und der Tontechniker Jack Ganon.

Mr. Wood, der an der Gesellschaft zu einem Viertel beteiligt ist, wird alle Drehbücher des Unternehmens schreiben und selbst Regie führen. Er hat in der Vergangenheit Auftragsarbeiten für nationale Sponsoren wie die Dudley Stell Corporation, die Aluminium Body Works und die Automobilhersteller Crosley erledigt.

Der andere Teil

Kathy Wood: Ed arbeitete sich hoch, bis zur Drehbuch-Abteilung von Universal. Eddie kannte Tony Curtis sehr gut, Tony zog auch gerne verrückte Sachen an, und wenn sie sich bei Universal trafen, dann durchstöberten sie oft die Kostüme, zogen dieses oder jenes an und hatten viel Spaß dabei. Das war ihr kleines Geheimnis. Es war auch einer der Gründe, warum Janet Leigh es nicht länger aushielt, weil Tony eben auch gerne diese Art von Kleidung trug.

Dolores Fuller: Ed kannte Danny Kaye, der ebenfalls Transvestit war.

Don Nagel: Er hatte die Chance, bei Universal bleiben zu können. Aber er hat sie nicht genutzt, er ist einfach gegangen. Er war Koordinator für die Nachtproduktion. Er mußte alles für den Drehbeginn am nächsten Morgen vorbereiten. Sie fingen nachmittags um drei an, bauten alles für den nächsten Morgen auf und filmten, was immer sie konnten. Er hat ungefähr sechs Monate dort gearbeitet.

John Andrews: Er hatte bei Universal gearbeitet, und das hat einen bleibenden Eindruck hinterlassen. Es war etwas ganz Besonderes für ihn, zum Beispiel diese Wagenladungen mit Sand, die für *Abbott and Costello in the Foreign Legion* (1950) herangekarrt wurden – das hat er nie vergessen. Wenn man den Film sah, glaubte man in diesen langen Einstellungen wirklich über eine Wüste zu blicken, es war gewaltig. Aber er blieb nur kurze Zeit bei Universal, er wollte seinen eigenen Weg gehen.

Phil Cambridge: Ed erzählte mir, daß er ein- oder zweimal bei Aufnahmen mit Lou Costello dabei war. Lou war durchaus nicht der nette kleine Kerl wie im Film, sondern ein richtiger Kotzbrocken. Er haßte Bud und alle anderen auch. Ed erzählte, daß Lou einen Chauffeur hatte, an dem er seine Wut ausließ, wenn ihm etwas nicht paßte. Er trat nach ihm, schlug ihn – was ihm gerade in den Sinn kam, er erniedrigte ihn auf jede erdenkliche Weise. Einmal rief er den Chauffeur zu sich, reichte ihm ein Stück Seife und sagte: »Das ißt du jetzt auf!« Und der Mann hat es wirklich getan! Da liefen sehr üble Sachen ab.

Kathy Wood: Eddie hatte ein paar Auftritte in einer Travestie-Show. Es war sehr witzig, nur so zum Spaß, es war zu der Zeit, als er mit Dolores zusammen war. Er arbeitete in Nachtclubs, er tanzte; ich weiß, daß er in einem Club in San Francisco gearbeitet hat.

Chuck La Berge: Wir saßen alle zusammen, ich weiß nicht mehr genau, aber ich glaube, eine Besuchergruppe hatte abgesagt, jedenfalls saßen wir alle im Theater, tranken etwas. Ich wußte nicht, daß Ed Transvestit war, aber dann sagte er plötzlich: »Ich glaube, heute abend spiele ich die Lily.« Ich sagte: »Na, dann zieh dir mal ihr Kleid an.« Na ja, er zog sich das Kleid an, setzte sich die Perücke auf, rasierte sich und, verdammt noch mal, er sah wirklich schön aus. Sehr attraktiv. Ich machte irgendeine blöde Bemerkung wie: »He, du könntest mir auch gefallen!« Als die anderen Schauspieler hereinkamen, saß er schon als Lily da, und niemand erkannte ihn! Sie fragten nur: »Wer ist die neue Lily?«

Kathy Wood: Ed erzählte von einer Stunt-Szene aus *The Baron of Arizona* [1950, Regie Sam Fuller], wo er als Double für den weiblichen Star in Frauenkleidern aus einer Postkutsche fiel. Vincent Price spielte die Hauptrolle. Als er noch jünger war, war er als Doppelgänger für den jungen Errol Flynn im Gespräch.

Chuck La Berge: Dieser Hundesohn hatte immer wunderschöne Frauen. Eine davon war absolut himmlisch. Gegen Ende der Fünfziger leitete ich eine Wiederaufführung von *The Blackguard*, und ich fragte Ed, ob er nicht den Sheriff spielen wollte – und er sagte zu. Seine damalige Frau war diese himmlische Blondine. Sie spielte die Lily, und sie machte es sehr gut.

Dolores Fuller: Ich hatte mich nach 14 Ehejahren von dem Vater meiner zwei Kinder scheiden lassen, als ich Ed kennenlernte. Er arbeitete an einem Film, *Behind Closed Doors*, bei dem er Regie führen sollte. Ich hatte vorher nur fünf oder sechs kleinere Rollen beim Film gehabt, sehr kleine Rollen. Ich fand, daß er extrem gut aussah, und ich war überrascht, wie jung er noch war. »Sie sind noch sehr jung für diese Arbeit«, sagte ich ihm. Ich gefiel ihm sofort, und er versprach mir noch auf der Stelle, daß er einen Star aus mir machen würde. Ich glaubte ihm natürlich nicht, aber ich fand es trotzdem nett.

Wir verbrachten viel Zeit miteinander. Er saß an der Schreibmaschine und verfaßte seine Drehbücher. Er warf mir seine Ideen wie Bälle zu, und manchmal spielten wir Szenen nach, um zu sehen, ob sie funktionierten. Er sagte zu mir, er könne viel besser schreiben, wenn er meinen Angorapullover trüge. So konnte er stundenlang an der Maschine sitzen und schreiben. Er sagte, es sei ein gutes Gefühl.

Er hatte eine eigene Wohnung, aber eigentlich lebte er bei mir. Außerdem war ich für den Broterwerb verantwortlich. Ich sah zu, daß etwas zu essen auf den Tisch kam, ich arbeitete als Fotomodell und trat in Fernsehshows auf, *Queen for a Day*, zum Beispiel. Eine Zeitlang bin ich als Modell für Slipper aufgetreten, ich habe sehr zierliche Füße. Ich trug einen sehr kurzen Kittel, wie ein Maler.

Evelyn Wood: Alex kannte mich aus New York, und so kamen wir ins Gespräch. Wir haben uns ganz offen unterhalten. Er sagte: »Ed ist nicht homosexuell, er trägt nur gerne Frauenkleider.« Nun ja, damit habe ich mich abgefunden, ich war zwar sehr naiv, aber ich konnte alles tolerieren. Damals wohnte ich gegenüber von Ed und Alex' Apartment, und manchmal saßen wir bei ihm, und Ed sagte: »Ich habe Hunger.« Dann sprang ich auf und sagte: »Ich geh eben nach Hause und mache uns etwas.« Dann habe ich ihm in einer Viertelstunde einen Zitronenkuchen gemacht. Manchmal war auch Dolores Fuller da, Ed und Alex, Bela und ich. Wir saßen beisammen und alberten herum. Ed trug eine blonde Perücke, ein Kleid, hochhackige Schuhe, eine seidene Strumpfhose. Ich war ihm deswegen nicht böse. Manchmal trug er einen Angorapullover. Er liebte Federboas und Angora. Bela schien Eds Kleidung überhaupt nicht zu stören; du machst deine Sache, ich mache meine, war die Devise. Bela war äußerst kultiviert, höflich, zuvorkommend, niemals grob. Wir taten alle so, als sei es die normalste Sache in der Welt. Ed lächelte nur und sagte: »Das ist mein wahres Ich.« Alles war entspannt und locker, es machte einfach Spaß, dort zu sein.

George Cooper: Sobald er nach Hause kam, hier in Burbank, legte seine Frau ihm die Kleider auf dem Bett zurecht – sie sahen genauso aus wie ihre. Dann zog er sie an. Allerdings benahm er sich vor anderen nie irgendwie weiblich. Aber sobald er nach Hause kam – Abrakadabra!

Dolores Fuller: Wir ließen 3-D-Weihnachtskarten anfertigen, auf denen ich die Jungfrau Maria darstellte. Es waren auch einige Kinder dabei, Ed wollte die Geburt Jesu darstellen. Wir verschickten die Karten mit 3-D-Brillen. Auf anderen Karten war Ed als Jesus zu sehen.

Philip Chamberlin: In gewisser Weise sind diese Weihnachtskarten symbolisch. Ohne Zweifel war Ed ein Märtyrer der Kunst.

Kathy Wood: Ed besaß eine Sammlung von Comic-Heften, Superman, Batman. Als er zu den Marines ging, hat seine Mutter die Hefte weggeworfen. Er war entsetzt, das hat ihm sehr weh getan.

John Andrews: Ab und zu kaufte Eddie sich Comics – Plastic Man, Mad, Tick, Trick und Track, alles, was bizarr und fantastisch war. Wie der Plastic Man – ein Typ, der sich in eine Tankstelle verwandeln kann. Eddie war von diesen Sachen fasziniert, von allem, was abseitig war. Er mochte The Shadow, Chandu The Magician, Flash Gordon. Seine Lieblingsfilm war *The Mummy* mit Boris Karloff.

Er war von *The Mummy* ganz besessen. Eines Tages rief er mich zu sich nach Hause. Er sagte: »Du mußt mich beraten, damit mich niemand reinlegt.« Er wollte tatsächlich, daß ihm jemand einen Sarg baute, einen

Sarkophag, in dem er in seinem Swimmingpool treiben konnte! Außerdem wollte er seine Garage so bemalen lassen, daß sie wie eine Pyramide aussieht. Mumien und das alte Ägypten, das war schon eine Art Fetisch für ihn. Er hatte es mit dem Leben nach dem Tode – dieses Thema beschäftigte ihn. Er glaubte an ein Leben nach dem Tode. Auf jeden Fall.

Carl Anthony: Ed liebte klassische Musik. Beethoven, Liszt, Prokofjew.

Kathy Wood: Er hörte klassische Musik, Oper, Country und – zum Glück nicht oft genug, um mich zum Wahnsinn zu treiben – Dudelsackmusik.

Mona McKinnon: Er redete nur noch von Filmen, Schauspielern oder Büchern. Ich erinnere mich, daß er zwei LPs gekauft hat; eine mit Liedern der Konföderierten, die andere mit Liedern der Union. Er war Experte, was den Bürgerkrieg betraf.

Kathy Wood: Ed war ein verdammt guter Tänzer. O Gott, er war so herrlich! Wir hatten viel Spaß miteinander. Er mochte Swing – den Jazz der Vierziger.
  Wir gingen in Clubs wie Brown Derby, Ciro's, Mocambo, aber nicht sehr oft ... meistens blieben wir zu Hause und betranken uns.

Dudley Manlove: Wir trafen uns manchmal und spielten Schach ... Er war ein echter Frauenheld, ganz verrückt nach Weibern.

Valda Hansen: Er sah wirklich gut aus. Ich erinnere mich besonders an einen Tag, er stand im Schneideraum und lächelte mich an, und ich dachte, er sieht-

War es der Pullover oder war es das Mädchen? Dolores Fuller mit Angora, Anfang der Fünfziger (Fotos: Dolores Fuller).

Ed Woods 3-D-Weihnachtskarte, mit Ed als Jesus (Foto: Dolores Fuller und Phil Chamberlin).

" . . . lo, I am with you always . . . "

wirklich sehr gut aus. Er war eine solche Persönlichkeit, daß man an sein Aussehen gar nicht dachte, er besaß genug Charisma und Charme. Aber dann fiel es einem plötzlich auf – dieser Kerl sieht ja auch noch unverschämt gut aus.

Ed hatte so eine Art Elfen-Charme, kombiniert mit Genie ... und etwas von Errol Flynn. Wenn man ihm gegenüberstand, bemerkte man seine grünen Augen und seine scharf geschnittenen Gesichtszüge, er hätte als Errols Bruder durchgehen können. Er hatte auch dieses leicht Überhebliche von Errol Flynn.

»Ich liebe flauschige, weiche Pullover. Ich kann es nicht oft genug wiederholen ... sie machen mich an, sobald ich sie überstreife ... ich kann es kaum erwarten, genommen zu werden, wenn ich wie ein süßer, kleiner, kuscheliger Hase herausgeputzt bin – erinnerst du dich noch an die Angorasachen in meinem Schrank?«

Ed Wood, *Diary of a Transvestite Hooker*

Paul Marco: Ed fühlte sich zu jedem schönen Mädchen hingezogen. Das erste, was er sagte, war: »Wenn du eine Rolle in dem Film bekommst, dann möchte ich deinen Pullover.« Oder: »Ich möchte diesen Pullover und diese Hose im Film verwenden.« Das sagte er jedesmal, und er kicherte dabei. Ich lachte auch, und ich dachte mir dabei, wenn sie wüßten, wie ernst es ihm ist. Denn sie dachten, er mache Spaß, und sagten: »Na gut, wenn ich die Rolle bekomme, können Sie den Pullover haben.« Aber ganz in Frauenkleidern habe ich ihn nie gesehen, es war immer nur hier und da etwas.

»Er schlang sich die Arme um die Brust und fuhr mit den Händen über die Angorawolle, die seine Arme bedeckte. Und wenn er hundert Jahre alt würde, das Gefühl der weichen Angorawolle auf der Haut würde ihn immer wieder aufs neue entzücken.«

Ed Wood, *TV Lust*

Phil Cambridge: Ich fragte ihn mal, warum eigentlich Angora, warum nicht Seide oder Satin? Er antwortete: »Es gibt nichts Sinnlicheres als Angora.«

Chuck La Berge: Er war ein richtiger Angora-Fetischist. Mein Gott, er fuhr auf ein Mädchen ab, nur weil sie einen Angorapullover trug. Und er schwatzte ihnen allen die Pullover ab, ich weiß nicht, wie er es gemacht hat, er hatte eine ganze Kiste voll davon. Eines Tages kam meine Klavierlehrerin zu mir und sagte: »Kannst du nicht dafür sorgen, daß Ed mir meinen Pullover wiedergibt?« Und ich sagte: »O nein, nicht auch noch du!« Sie sagte: »Er hat ihn sich ausgeliehen, er hat gesagt, er bräuchte ihn für einen Film.« Als ich ihn einmal besuchte, trug er einen Angorapullover ... Angorashorts und ... Angorasocken.

John Andrews: Er wollte einen Pullover von Gwen, meiner ersten Frau, eintauschen, weil dieser aus Angora war. Sie wollte ihm den Pullover tatsächlich geben, bis ich sagte: »Verstehst du nicht, wenn er deinen Pullover anzieht, dann treibt er es mit dir! Das ist eine Ersatzbefriedigung. Verstehst du das nicht? Geht das nicht in deinen Kopf hinein?«

Valda Hansen: Wir waren bei diesem Film, *Revenge of the Dead*, und ich trug einen Angorapullover. Er benahm sich wie ein Verliebter, wenn ich diesen Pullover trug, er drehte fast durch. Er sagte: »Ich liebe Angora, ich bitte dich, Liebes, wenn du diesen Pullover jemals weggibst, dann gib ihn bitte mir. Ich nehme ihn mit nach Hause, ich nehme ihn mit ins Bett, und ich werde ihn liebkosen und küssen ...«

Dolores Fuller: Ed saß bei mir und schrieb seine Drehbücher. Manche Szene probierten wir zusammen aus. Schon ziemlich bald fragte er mich, ob er meinen Angorapullover tragen dürfe. Ich hab mitgemacht, weil ich der Meinung war, daß es keinem schaden konnte, wenn er eben gerne diesen Pullover beim Schreiben tragen wollte. Aber ich fragte ihn schon, wie er auf eine solche Sache gekommen war. Er sagte, seine Mutter oder seine Tante hätten ihn in einen mit Kaninchenfell oder Angora gefütterten Skianzug gesteckt, als er klein war. Und dieses Futter habe sich so wundervoll auf der Haut angefühlt.

John Andrews: Alex Gordon und Eddie teilten sich ein Apartment. Für mich waren sie ein echt seltsames Pärchen. Eddie trug Frauenkleider – privat. Später dann auch in der Öffentlichkeit. Manchmal kam Alex unerwartet nach Hause – und Eddie feierte eine Tuntenparty! Da saßen die ganzen Typen in Frauenkleidern rum, Mann. Sie haben ihre hochhackigen Schuhe an, sie tragen Lippenstift, diese ganze Scheiße eben, und Eddie ist der Anführer! Er dirigiert das ganze verdammte Orchester – die ganze Soiree! Diesen Ausdruck hat er selbst immer benutzt.

Alex hat mir später in seinem Büro bei Paramount gesagt: »Weißt du, ich hab es dann doch mit der Angst bekommen.« Also zog er aus und ließ Eddie zurück. Eddie war völlig pleite, es war Dezember, und er fing an, Weihnachtskarten von Tür zu Tür zu verkaufen. Also, er fährt am hellichten Tag die Melrose hinunter, er war wohl nicht ganz nüchtern, da läuft ihm plötzlich ein Fußgänger vors Auto. Der Mann stürzt zu Boden, Ed hält, parkt den Wagen und hilft dem Mann hoch. Der will eigentlich gar keine Hilfe, aber Ed besteht darauf. Er schiebt ihn in seinen Wagen und sagt: »Ich bestehe darauf, Sie nach Hause zu bringen oder wohin Sie wollen.« Während der Fahrt muß Eddie den Mann die ganze Zeit anstarren. Schließlich fällt ihm ein, wer sein Fahrgast ist. »Sie sind doch Tom Tyler!« – »Nein, nein«, sagt der Mann. Er leugnet es zweimal, aber Eddie bleibt beharrlich. »Ach was, kommen Sie, geben Sie's ruhig zu, Sie sind Tom Tyler.« Schließlich gibt der Mann auf. »Also gut, Sie haben recht, ich bin Tom Tyler.« Es war tatsächlich Tom Tyler, der Darsteller des Captain Marvel, des Phantoms und der Mumie in *The Mummy's Hand*.

Dolores Fuller: Er flehte mich an, ihn zu heiraten. Ich liebte ihn auf gewisse Weise, aber mit seinem Transvestitentum wurde ich nicht fertig. Ich bin ein ganz normaler Mensch. Es ist schwer für mich, wenn jemand von der Norm abweicht. Ich wollte einen Mann, der ganz Mann war. Dieses merkwürdige Zeug war nichts für mich. Die Sache mit den Angorapullovern war ja nicht einmal so schlimm, aber wenn er Schuhe mit hohen Absätzen trug, Make-up, eben alles ...

Es tut mir leid, das zu sagen, aber unsere Beziehung ähnelte sehr der im Film *Glen or Glenda*. Eine Weile habe ich mitgemacht, aber dann wurde mir klar, daß ich mehr aus meinem Leben machen mußte, als diese Szene mir zu bieten hatte.

Nach unserer Trennung stand Ed oft vor meinem Haus in der Magnolia Street in Burbank. Ich hatte zwei Schlafzimmer, und mein Vater wohnte damals bei mir. Und Ed stand weinend vor der Tür und rief: »Laß mich rein! Ich liebe dich!«

Was hätte es uns gebracht, wenn ich ihn geheiratet hätte? Wir wären gemeinsam verhungert! Statt dessen bin ich nach New York gegangen. Ich habe 18 Hits für Elvis Presley geschrieben, bin aufs College gegangen. Ich habe etwas aus mir gemacht, ich mußte einfach da raus.

»Zwanzig Minuten später richtete Glenda ihr langes rotbraunes Haar unter dem roten Beret. Sie war geschminkt, mit einer Perfektion, die sie sich durch Jahre der Erfahrung und durch Experimente angeeignet hatte. Sie stand auf und ging zum Spiegel. Mit einem zufriedenen Blick strich sie den langärmeligen roten Pullover über ihrem Rock glatt. Sie achtete darauf, daß die Nähte ihrer Strümpfe gerade liefen und ohne Falten in ihren roten Schuhen verschwanden. Mit einem letzten Griff an ihr auffälliges Armband aus Straß, das an ihrem linken Handgelenk baumelte, wandte sie sich zu Rose um, die mit bewundernd aufgerissenen Augen hinter ihr stand. Nichts war mehr von Glen übrig. Die Nägel glänzten in einem tiefen Scharlachrot, das zu den Lippen paßte. ›Bist du zufrieden?‹ fragte Glenda mit melodischer Stimme.

›Wow!‹ So perfekt gekleidet und geschminkt hatte sie Glenda noch nie gesehen. ›Ich habe schon Fotos von Männern gesehen, die sich als Frauen verkleidet hatten, aber du schlägst sie alle. Etwas Besseres habe ich noch nie gesehen – nirgendwo.‹

›Es gab eine Zeit, in der perfektes Make-up den Unterschied zwischen Erfolg und Reinfall ausmachte. Vielleicht erzähle ich dir eines Tages davon.‹ Glendas Stimme klang völlig weiblich.

›Du bist wirklich wunderschön. Wenn du dich jetzt noch operieren läßt, wie die Jungs in Europa, dann kannst du eine echte Edelnutte werden.‹

Glen or Glenda: »Sie leben und lieben und können doch nicht heiraten!«

›Ich mag die Dinge genau da, wo sie sind.‹ Glenda nahm sie wieder in die Arme.

Sie schmiegte sich an die weiche Wolle von Glendas Pullover. ›Ich werde dich so sehr vermissen.‹

›Vielleicht bleiben wir gar nicht so lange voneinander getrennt; ich komme, oder lasse dich kommen, sobald ich kann.‹ Glenda küßte sie und verschmierte Lippenstift auf ihren Mündern.

Rose holte ein Taschentuch hervor und säuberte Glendas Lippen. ›Wir sollten beide kußfesten Lippenstift benutzen.‹

›In Zukunft werde ich daran denken.‹«

Ed Wood, Black Lace Drag

Glen or Glenda & Jailbait

Erzähler: »Glen hat ein großes Problem ... aber er muß es ihr sagen – und zwar bald. Langsam fallen ihr gewisse Dinge auf ... seine Nägel ... der Blick seiner Augen, wenn er ein Schaufenster mit Damenmode betrachtet ... die vielen Kleinigkeiten, die so schwer zu verbergen sind. Bald wird sie die Wahrheit erkennen.

Dann kam die Zeit, in der Barbara den Pullover trug, den Glen nur allzu gerne auf seinem Körper gespürt hätte. Es wurde zu einer Obsession. Er mußte ihn haben ...« Erzählpassage aus *Glen or Glenda*

Ed Wood: *Glen or Glenda* war ein Film, den Georgie Weiss für Christine Jorgenson geplant hatte, einen Mann, der sich zur Frau hatte umwandeln lassen. Es geht zwar darum, daß jemand sein Geschlecht wechselt, aber es gibt keinerlei Nacktszenen ... richtig klinisch. Es gab da ein Gedicht, wenn Sie sich erinnern, aus unserer Kindheit, es ging: »Snips and snails and puppy dog tails, that's what little boys are made of, sugar and spice and everything nice ...«

Nun ja, Lugosi lehnte das Ding schlichtweg ab. Er wollte nichts damit zu tun haben. Er wollte in keinem B-Film mitspielen, und er wollte nichts von den Unabhängigen wissen. Er wußte, worum es ging. Aber schließlich konnten wir auch Chris Jorgenson nicht kriegen, weil sie über dieses Thema keinen Film machen wollte. Sie sagte, solange ihre Eltern noch lebten, würde sie nicht einmal Vorträge über dieses Thema halten. Das wurde zumindest so erzählt. Auf jeden Fall hat sie es ebenfalls abgelehnt, hundertprozentig.

Ich glaube, es war kurz bevor Alex Gordon und ich zusammenzogen. Wir wohnten in einem Hotel am Hollywood Boulevard ... damals standen wir uns, glaube ich, schon sehr nahe. Am Wochenende sahen wir uns fünf oder sechs Filme an. Wir fingen Freitag abends an und hörten erst Montag morgens auf. Aber die Sache passierte mitten in der Woche. Es war schon sehr spät, als es an der Apartmenttür klopfte. Das muß 1952 gewesen sein, vor der Scheidung. Jedenfalls klopfte es, und da standen Lugosi und Lillian. Sie wollten mit mir sprechen, die meiste Zeit redete Lillian. Sie sagte, wenn es 1000 Dollar wären ... das heißt, ich glaube, ich muß mich hier berichtigen. Ich glaube, das Angebot, das Georgie (Weiss) machte, waren 500 Dollar. Aber andererseits meine ich mich zu erinnern, daß Lillian sagte, 1000 wären okay. Ich muß das mal nachprüfen. Wir unterhielten uns, und dann kam es darauf an, ob George mitziehen würde. Er war noch mit keinem dieser Filme groß rausgekommen. Er drehte diese ganzen frühen Marihuana-Filme, Frauen-Wrestling, diese Art von Filmen. Mit diesem war es genauso. Mit diesem wollte er »den Fluch loswerden« und sich einen Namen machen. Denn trotz seines medizinischen Themas war *Glen or Glenda* ein sehr unterhaltsamer Film. Ich gab Lugosi das Drehbuch.

Er war bei guter Gesundheit, sah wirklich gesund aus. So wie viele Jahre später, nach seinem Krankenhausaufenthalt. Seine Wangen waren voll, und er sah gut aus. Seine Beine waren schon immer so dünn gewesen, daß man seine Hand darumlegen konnte, aber er hatte eine kräftige, volltönende Stimme, die einen sehr erschrecken konnte, wie wir alle wissen ... er nahm kein Blatt vor den Mund.

Auf jeden Fall habe ich dann am nächsten Morgen mit Georgie verhandelt, und er sagte, okay, also macht's. Wir akzeptierten also das 1000-Dollar-Angebot. Bela Lugosi spielte in dem Film die Rolle eines Geistes, eines Gottes, eines allmächtigen Marionettenspielers, der die Fäden von jedermanns Leben in der Hand hält. Die Geschichte handelt von diesem Mann, der sich in eine Frau verwandeln will. Er glaubt, daß es sein eigener Entschluß ist, aber hinter allem steckt der Geist, der ihn in diese Richtung lenkt. Wir haben uns stark auf diese Kinderreime bezogen: »Everything nice and sugar and spice, that's what little girls are made of.«

Wir hatten nur ein winziges Budget, aber Bela und ich waren die einzigen, die an dem Film verdient haben. Bela ist seine Rolle genauso angegangen, wie er den Dracula oder seine anderen großen Rollen angelegt hat. Er nimmt seine Sache vollkommen ernst. Was immer er auch spielt, er würde immer sein Bestes geben. Und er würde gut rüberkommen, weil er immer so gut spielte, wie er nur konnte.

Unser Kameramann war Bill Thompson. Er war nicht nur einer der besten Kameramänner, mit denen ich je gearbeitet habe – in jenen frühen Tagen mußte er die Kameralinsen noch selbst schleifen und solche Dinge –, er war auch ein Metallexperte, der sich in Chemie auskannte; daher wußte er, wie man all diese Explosionseffekte erzielen konnte, Detonationen, Blitze, durch die man seine Hände stecken konnte, ohne daß etwas geschah. Ich habe Lugosi versucht zu erklären, wie er sich bei einem dieser Tricks verhalten sollte, aber er meinte nur, kommt nicht in Frage, ich gehe gar nicht erst in die Nähe dieses Dings, laßt es ruhig explodieren, aber ich bleibe davon weg. In einer anderen Szene muß er eine Flüssigkeit in einen Behälter gießen, um diese Umwandlung genau hinzukriegen, und dabei steigt Äther oder Rauch auf oder was auch immer. Er sah dabei zu, wie Bill das Zeug zusammenmixte. Bill nahm schließlich eine kleine Viole und goß etwas in den Behälter. Sofort stieg eine Rauchwolke hoch, und Lugosi erschrak derartig, daß ich schon dachte, er würde zusammenbrechen. Aber bei solchen Dingen hat er sich immer so angestellt. Später, bei *Bride of the Monster*, haben wir wirklich fast das ganze Studio in die Luft gejagt. Glücklicherweise war er bei der Aufnahme nicht dabei. Jedenfalls erklärte Bill ihm, daß er etwas zurücktreten müsse, wenn er die Flüssigkeit eingoß, denn wenn etwas verspritzen würde, würde es sich sofort durch seine Kleider auf die Haut fressen. Mehr brauchte er nicht zu sagen. Noch nie hat man jemanden vorsichtiger Flüssigkeit in einen Behälter schütten sehen. Als wir fertig waren, sagte ich, vielleicht sollten wir es noch einmal aus einem anderen Winkel filmen, aber Lugosi meinte, nur für 5000 Dollar und mit einem zwei Meter langen Stab. Ansonsten könnten wir es vergessen. Also mußten wir mit einem Take auskommen.

Ich war ja noch ein kleiner Anfänger, der mit einem großen Meister zusammenarbeitete, und ich mußte darum kämpfen, diesem Mann gerecht zu werden. Und ich mußte dem Film gerecht waren. Deshalb fielen mir seine vielen kleinen Liebenswürdigkeiten und sein Humor erst wirklich auf, als ich ihn immer besser kennenlernte.

George Weiss: Ich hatte eigentlich eine völlig andere Vorstellung von dem Film. Es sollte ein Film über den Fall Christine Jorgenson werden. Aber als dann plötzlich Lugosi die Rolle des Geistes übernahm, hatte es überhaupt nichts Dokumentarisches mehr an sich. Aber andererseits war mir das egal, ich war nur an Einnahmen interessiert. Ich wollte nur nicht, daß der Film im Regal verstaubt. Ich glaube, zu dieser Zeit war ich der einzige, der Filme machte und dabei sein eigenes

Geld investierte. Also mußte ich aufpassen, es war mein Geld, nicht das eines anderen. Mitten während der Produktion mußte ich in San Francisco anrufen und versuchen, den Film zu verkaufen, damit wir überhaupt genug Geld hatten, um ihn fertigzudrehen. Und der Vertreter für die Kinos im Westen ließ sich nur dazu überreden, weil ich ständig Filme drehte. Wenn er mir nicht half, würde eine wichtige Quelle versiegen. Denn allzu viele Produzenten gab es nicht, deren Filme im ganzen Land in den größten Kinos gezeigt werden konnten. Also zapfte ich die elf Bundesstaaten im Westen der USA an und bekam genug Geld, um *Glen or Glenda* beenden zu können. Wir drehten in den Larchmont Studios, und die eigentlichen Aufnahmen dauerten nur vier Tage. Mit Lugosi drehten wir sogar nur einen Tag.

Harry Thomas: Lugosi wußte, daß es in *Glen or Glenda* um Transvestitismus ging – hinter der Kamera bezeichnete er es immer als »Heilkunde«. Er war nicht dumm, ihn hätte man nicht hinters Licht führen können.

Evelyn Wood: Ich redete mit Ed über den Film. Bela war auch dabei. Ich sagte: »Also, ich will keine Nacktszenen, keinen Sex.« Sie sagten, daß es so etwas nicht geben werde. »Der Mann trägt deine Kleider, das ist alles.« Das konnte ich akzeptieren. Ich denke, Bela wußte, wovon der Film handelte, da er sich an unserem Gespräch beteiligte.

Harry Thomas: Als wir mit den Arbeiten an *Glen or Glenda* begannen, rief Ed mich an und sagte, ich solle vorbeikommen und das Drehbuch abholen. Er gab mir die Adresse, ich fuhr hin und klopfte an die Tür. Die Tür ging auf, und vor mir stand diese Frau, schick an-

Gruppenaufnahme während der Arbeit zu *Glen or Glenda*. Stehend: Harry Thomas, Tommy Haines, Ed Wood, unbekannter Transvestit. Sitzend: Conrad Brooks, Henry Bederski, Walter Hajdwiecyz (Foto: Conrad Brooks).

gezogen, lackierte Fingernägel, lange Haare. Ich sagte: »O Entschuldigung, ist Ihr Bruder zu Hause?« – »Sie meinen Eddie?« – »Ja, Eddie, ist er da?« Sie sagte: »Kommen Sie doch herein und trinken Sie eine Tasse Tee. Er wird gleich dasein.« Sie brachte mir eine Tasse Tee und lief die ganze Zeit herum, probierte neue Kleidungsstücke aus, einen Hermelinmantel, all diese Sachen. Ich sagte: »Ich bin leider etwas in Eile, ich habe noch viele Termine heute. Glauben Sie, daß er bald kommen wird?« Sie sagt: »O, er wird bald hiersein«, und verschwindet kurz. Dann kommt sie wieder, baut sich vor mir auf und sagt: »Ich bin Ed Wood.« Ein wirklich gelungener Auftritt. Ich war so verblüfft, daß ich stammelte: »Was? Sie sind nicht – Eds Schwester?« – »Nein, ich bin Ed, und genau so möchte ich in *Glen or Glenda* aussehen.«

Evelyn Wood: Ich bekam das Drehbuch erst am Drehort, als ich beim Make-up saß, und der Visagist ging mir fürchterlich auf die Nerven. Er versuchte dauernd, mich zu küssen, und erzählte mir ständig, daß ich die schönsten Wimpern der Welt hätte. Und ich versuchte in der kurzen Zeit, meinen Text zu lernen. Damals hieß der Film noch *Transvestite*.

Harry Thomas: Die meisten Filme, die ich in den Fünfzigern gemacht habe, waren Science Fiction. Außerdem machte ich noch Werbespots für Max Factor, mit all diesen Top-Modellen. *Glen or Glenda* war etwas völlig anderes. Aber es hat Spaß gemacht.

George Weiss: Lugosi war so vergnügt wie ein Baby mit seinem Spielzeug. Wir haben nie mehr als ein, zwei Takes gemacht, von keiner Szene. Er hat alles glatt durchgezogen.

Der Film wurde in den Larchmont-Studios in der Larchmont Avenue gedreht. Schade, daß ich damals nicht mehr Horrorfilme gemacht hatte. Unglücklicherweise konnte ein unabhängiger Film zu dieser Zeit nur die Rechte auf Bundesstaatsebene erwerben. Es war schwer, *Glen or Glenda* zu verkaufen. Für die Varietés war er zu anspruchsvoll. Aber er war interessant genug, um Aufmerksamkeit zu erregen, selbst in New York, wo er im falschen Kino lief. Aber sie haben uns einen Gefallen getan, sie ließen ihn weiterlaufen, wahrscheinlich weil es zwei Wochen vor Weihnachten war, wo sowieso nicht mehr viel passiert. Geld habe ich mit dem Film nicht gemacht, ich habe ihn nicht einmal nach England verkaufen können. Er war seiner Zeit voraus.

Was die Darsteller anbetraf, versuchten wir möglichst authentisch zu sein, was sich als Fehler herausstellte. Einer der Vorwürfe an *Glen or Glenda* lautete: Warum haben Sie so häßliche Darsteller ausgesucht? Charlie Crafts [im Film gibt der Transvestit Crafts Glen einige Tips] war Orchesterleiter im Million Dollar Club. Lyle Talbot war bei Warner ein ziemlich großer Star. Ich weiß nicht, woher Ed ihn hatte, und ich stellte auch keine Fragen. Denn er hat wirklich eine irre Besetzung zusammengestellt. Es gab da ja auch noch »Tommy« Haines, dafür bin ich auch sehr kritisiert worden. Wood schwor heilige Eide, daß sie alle Transvestiten seien, und für die 10 oder 20 oder 30 Dollar, die sie pro Tag bekamen, wollte ich auch nicht mehr wissen.

Kathy Wood: »Tommy« Haines, sie-er-es, was immer es war, hatte eine Freundin. Wir haben sie mal am Strand getroffen. Ich glaube, sie war Schlagzeugerin in einem Orchester.

Henry Bederski: Einer der Transvestiten in *Glen or Glenda* war ein Pole, er war Leutnant in der polnischen Armee. Er erzählte mir, daß er homosexuell sei und deswegen Schuldgefühle habe.

George Weiss: Den »Teufel« in *Glen or Glenda* hat ein gewisser Captain De Zita gespielt. Er war mein Agent, aber er war auch Agent für Stripperinnen. Er hat sogar einmal Auftritte für einen Striptease-Club gebucht, in dem gerade Lenny Bruce auftrat. Ich hatte ein Büro im Harvey Hotel, und De Zita wohnte direkt daneben. Er erledigte alles für die Mädchen, die er buchte, er fuhr sie zu ihren Auftritten, holte sie um zwei oder drei Uhr morgens wieder ab, ja er rasierte sie sogar. Er hing dauernd um sie herum, und bei unseren Dreharbeiten war er auch dauernd dabei. Schließlich habe ich ihm die Rolle des Teufels aufgedrängt. Er hat seine Sache gut gemacht. Leider ist er kurz nach den Dreharbeiten gestorben.

Harry Thomas: Eddie wollte buchstäblich nicht zu dick auftragen, sein Make-up sollte sehr subtil sein. Ich wollte ihm falsche Wimpern ankleben, aber er weigerte sich. Er sagte: »Du willst mich zu sehr wie eine Frau aussehen lassen, aber ich muß immer noch so aussehen wie ich selbst, ich muß meine eigene Identität bewahren.«

John Andrews: Eddie sagte zu Bill Thompson: »Ich möchte, daß das Licht direkt in seine Augen leuchtet, so daß es aussieht, als starre er in die Welt hinaus ... dieser Effekt.« – »Ich weiß nicht, wie ich das hinkriegen kann«, meinte Bill. Eddie sagte: »Nun, so war es in *White Zombie* ...« Und dann kam Lillian Lugosi und sagte: »Ich kann mich erinnern, wie wir es gemacht ha-

Dolores Fuller, Captain De Zita (als der Teufel) und Ed Wood in *Glen or Glenda* (Foto: Dolores Fuller).

In Eds Alptraum in *Glen or Glenda* deuten die anklagenden Finger auf ihn (Foto: Conrad Brooks).

In Dolores Fullers Gegenwart löst sich der Alptraum langsam auf (Foto: Tim Murphy).

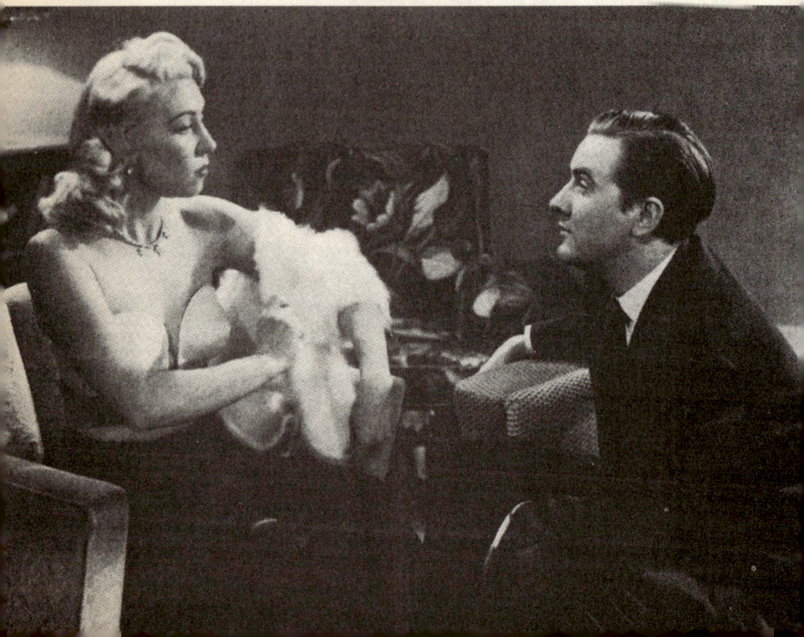

ben.« Sie hatte Lugosi 1932 geheiratet und war seine Sekretärin. Sie sagte: »Wir brauchen Pappe.« Auf der anderen Straßenseite war ein Schuhgeschäft; einer von den Kulissenschiebern lief rüber und kam mit einem Schuhkarton zurück. Lillian nahm den Deckel und stach mit einer Nadel zwei kleine Löcher hinein, und sagte zu Bill: »Jetzt mußt du eine kleine Lampe dahinter befestigen, und dann hast du den Effekt.« Eddie meinte, ohne Lillian hätten sie die Aufnahme nie machen können.

Henry Bederski: Thompson war dafür verantwortlich, daß manche Szenen so statisch wirken. Er machte sich Sorgen wegen der Schatten! Eds Meinung war: »Wir brauchen Bewegung! Wenn Deutschland das kann und die anderen, dann kann Hollywood das auch.« Wenn Ed in einer Szene Regie führte, dann rief Thompson immer: »Stell ihn dort hinüber! Stell ihn hierhin!« Alles nur, damit er mit seiner Beleuchtung klarkam. »Nicht bewegen!« rief er immer. Was für ein Unsinn! Selbst Ed beschwerte sich schließlich. »Mein Gott«, sagte er, »ich habe gar nichts zum Filmen.« Ed wußte es besser, aber er mußte nachgeben. Er hat oft mit mir über das Filmemachen gesprochen, er war ganz und gar gegen diese Filme, wo alle nur herumstehen. Aber siehe da, er hat selbst solche Filme gemacht.

Evelyn Wood: In einer Szene sollte ich das Wohnzimmer betreten und Ed in meinen Kleidern überraschen. Ich sollte überrascht dreinblicken, und tat es auch, aber Ed meinte: »Nun, diesen überraschten Blick müssen wir noch etwas besser hinkriegen.« Also ging ich wieder hinaus und wartete hinter der geschlossenen Tür. Ich wartete und wartete, bis ich langsam glaubte, daß sie schon längst in der Mittagspause waren und mich vergessen hatten. Plötzlich hörte ich Ed »Aufnahme!« rufen. Ich öffnete die Tür und stellte fest, daß die Wohnzimmereinrichtung verschwunden war und ich in einer Küche stand. Meine Verblüffung war also echt und offenbar überzeugend. »Das nehmen wir«, meinte Ed.

George Weiss: Wenn man die Lizenzen vergibt, hat jedes Gebiet das Recht, den Titel zu ändern, um den Film spektakulärer zu machen. *Glen or Glenda* würde in Texas keinen Pfennig einspielen. Aber wenn sie ihn *He or She* nannten, hatten sie vielleicht eine Überlebenschance. *I Changed my Sex* war der zweite Titel, mit dem der Film herauskam; wem *Glen or Glenda* nicht gefiel, der konnte den anderen nehmen. Das war im Filmgeschäft damals so üblich. In New York haben sie manchmal Filme nur aufgrund des Titels eingekauft, sie wollten ihn nicht einmal vorher sehen. *Test Tube Babies* war so ein Fall. Aber ich selbst konnte *I Changed my Sex* nicht vorschlagen, weil das Wort Sex im Titel eigentlich tabu war. Aber wenn der Film in Carolina läuft, dann braucht man einen Titel, der die Leute anlockt, nicht *Glen or Glenda*. Sonst wird man seinen Film nicht los.

Wir mußten noch Filmmaterial hinzufügen, damit der Film wenigstens 70 Minuten dauerte. Für das Ausland brauchte man sogar 90 Minuten, weil es dort keine Doppelvorführungen gab. Um unseren Film auf 70 Minuten zu strecken, mußten wir alles nehmen, was wir an Aufnahmen zur Verfügung hatten. Filmmaterial war kostbar. Aber mit so etwas mußten sich die meisten Unabhängigen herumschlagen.

Ich versuchte mit anderen Personen Kontakt aufzunehmen, die Geschlechtsumwandlungen hinter sich hatten. Ich lernte jemanden aus North Carolina kennen und traf mich mit ihr in Washington. Sie sagte, daß sie

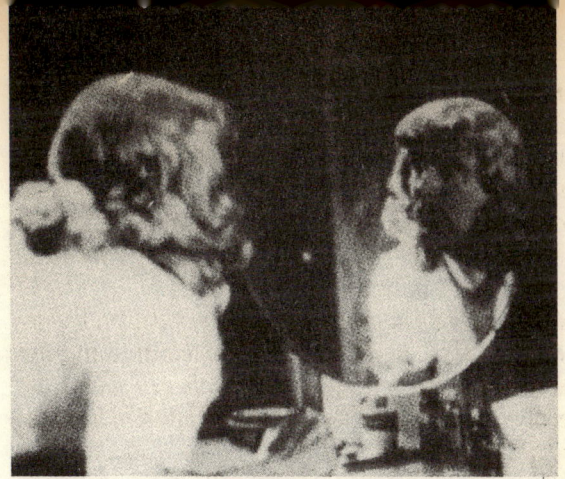

Glenda (Ed Wood) wird mit sich selbst konfrontiert (Foto: Rudolph Grey).

PR-Photo für *Glen or Glenda* mit Filmcrew und Schauspielern. Hinten: Tim Farrell, Ed Wood, Lyle Talbot, William Thompson, Dolores Fuller, George Weiss. Vorne: Henry Bederski, Conrad Brooks, Scott McCloud, unbekannte Mitarbeiter (Foto: Conrad Brooks).

für öffentliche Auftritte nicht zur Verfügung stünde, weil Bela Lugosi für »Horror« stünde und die ganze Problematik des Films daher mit Horror in Verbindung gebracht würde. So dachten einige Leute. Wozu brauchst du Bela Lugosi? Warum bist du nicht bei einer sachlichen Darstellung geblieben? Aber ich wollte Lugosi wegen seines Namens.

Evelyn Wood: Ich ging zu einer Preview auf dem Hollywood Boulevard. Damals war ich noch naiv und habe es nicht verstanden, aber heute weiß ich, was für ein heikles Thema es war. Ich glaube, Ed und Bela waren auch da, und dem Publikum schien es zu gefallen.

Harry Thomas: Bela sah sich den fertigen Film an und sagte: »Das haben wir nicht gedreht.« – »Stimmt«, sagte ich, »das muß aus einem anderen Film sein.« George Weiss hatte tatsächlich Material aus einem anderen Film verwendet, bei dem Merle Cronell Regie geführt hatte. Es gab da eine Szene, mit einem Mädchen und einem Mann auf einer Couch, ein ganz normales Ehepaar. Nur daß diese Szene aus Cornells Film stammte, einem dieser unzähligen Liebesfilme mit ein bißchen Sex. Eddie hatte nichts damit zu tun, der Film war vor *Glen or Glenda* gedreht worden.

Henry Bederski: Ich weiß wirklich nicht, warum sich Ed für *Glen or Glenda* Daniel Davies nannte. Jemand, der so hart arbeitete wie er, hätte jedes Recht gehabt, den Namen Edward D. Wood Jr. groß herauszubringen und nicht irgendeinen Daniel Davies. Wissen Sie, was ich ihm gesagt hätte? Ich hätte ihm gesagt: »Verdammt noch mal, Ed, du bist doch so ein großer Bewunderer von Orson Welles, warum nennst du dich nicht Orson Welles Jr.?« Er redete immer nur von Orson Welles. Dabei hatte er selbst die Voraussetzungen, ein kleiner Orson Welles zu werden, aber er hat es nicht geschafft. Er redete ständig über Orson Welles, blickte zu ihm hinauf, er bewunderte, ja verehrte ihn regelrecht.

Timothy Farrell: In Jailbait spielte ich einen Gangster, dessen Gesicht durch eine Operation verändert wird. Theodora Thurman spielte mit, und keiner ließ bei den Dreharbeiten die Augen von ihr. Ich konnte kaum mit ihr sprechen, ohne daß jemand in der Nähe war und lauschte. Vielleicht dachten sie, zwischen uns liefe was. Eine verdammt gute Schauspielerin, nebenbei bemerkt.

Ed Wood hatte für diesen Film ein Abkommen mit der Gewerkschaft getroffen. Er hatte einen Termin ausgemacht, begann die Dreharbeiten aber einfach eine Woche früher. Er schickte ihnen nachdatierte Schecks, die nicht einmal gedeckt waren. Also fingen wir an einem Montag mit dem Drehen an. Am Mittwoch tauchten dann plötzlich eine Menge Leute am Drehort auf. Es waren natürlich Gewerkschaftler, auch welche von der Screen Actors Guild, Lyle Talbot saß damals im Aufsichtsrat der SAG, und es gab jede Menge Ärger. Wir hatten noch ziemlich viel Arbeit vor uns. Ich weiß nicht, wie Ed es hingekriegt hat, aber er konnte die Gewerkschaftler überreden, die Tagesarbeit noch zu beenden. Allerdings dauerte der Tag bei ihm bis zum nächsten Tag um zwölf. Wir drehten die ganze Nacht hindurch. In jener Nacht spielte auch Herbert Rawlinson mit. Am nächsten Tag rief Ed mich an und teilte mir mit, daß Herbert am Morgen gestorben war. Er hatte Lungenkrebs.

Lyle Talbot: Wir drehten in einem Motel am Sunset Boulevard eine Swimmingpool-Szene. Der Kameramann und der Beleuchter hatten eine völlig armselige

Ausrüstung, eigentlich sah alles aus wie Blechbüchsen, die man mit Draht verbunden hatte. Plötzlich rief eine Stimme: »He, Talbot! Was zum Teufel treibst du da unten?« Es war Jimmy Cagney, er lehnte aus einem Fenster im zweiten Stock, wo er wohl Freunde besuchte. »Wir drehen einen Film!« rief ich hinauf. »Willst du nicht mitmachen?« – »Klar!« rief er. Er meinte es ernst, er war nicht betrunken oder so. Cagney trank nie. Aber in dem Moment, als er runterkommen wollte, tauchte plötzlich der Hotelmanager auf. Er drohte uns mit der Polizei. Eddie hatte überhaupt nicht gefragt, ob er hier drehen durfte! Wir verschwanden, so schnell wir konnten, und suchten einen neuen Drehort. Aber das war typisch für Eddie.

Theodora Thurman: Edward Wood war sehr nett und sehr freundlich. Es gab ein paar Proben, mehr nicht. Es war nur ein kleiner Film. Danach bot Columbia Pictures mir eine Hauptrolle an, aber ich lehnte ab, weil ich gerade erst nach New York gekommen war, um dort als Fotomodell für Vogue zu arbeiten. New York war ungeheuer aufregend, so daß ich auf kein Fall dort weg wollte, und außerdem hatte ich eine Menge negativer Dinge über Hollywood gehört. Ich war damals als Modell sehr gefragt, und das war ein Grund mehr abzulehnen. Danach boten mir noch andere Studios Verträge an, aber ich war nicht interessiert. Später ging ich nach Paris und arbeitete für die französische Vogue. Die Modefotos wurden teilweise auch für die amerikanische Ausgabe verwendet. Ich blieb ziemlich lange in Europa, und als ich zurückkam, habe ich mich ernsthafter mit der Schauspielerei beschäftigt. Ich ging dann zu NBC, weil ich so in New York bleiben konnte. Bei NBC 1 wurde ich als die sexy Wetterfee in der *Jack Paar-Show* bekannt.

Jailbait: »Finde die Frau – der Mann kann nicht weit weg sein!«

Mona McKinnon: Jailbait wurde zum Teil vor meinem Haus in Alhambra, Kalifornien, gedreht. Alle Aufnahmen, in denen eine Straße oder ein Haus vorkamen, alle Außenaufnahmen.

Dolores Fuller: Wir drehten die ganze Nacht, bis in den nächsten Tag hinein, und ich verlor mein Zeitgefühl, so daß ich völlig vergaß, daß ich am Drehort von Dinah Shores Show im Chevy Theater erwartet wurde. Ich war ihr Double. Ich hatte es völlig vergessen, verpaßte den Termin und verlor so einen Job, der mir wirklich gefiel. Außerdem behaupteten alle, daß ich mich wohl für einen großen Star hielt und die Show nicht mehr bräuchte.
  Es war Steve Reeves' erster Film. Er brauchte 27 Takes, um eine Krawatte zu binden. Es saß immer bei den Mädchen und kaute auf seinem Studentenfutter herum, während wir warteten. Ich glaube, er liebte dieses Mädchengeplapper. Er war groß und gutaussehend, ein echter Traummann. Aber in unseren Kußszenen tat sich überhaupt nichts. Normalerweise geht es glatt durch einen durch, wenn man so einen Bären von einem Mann küßt... aber bei ihm war gar nichts!

Steve Reeves: Es war ein großes Vergnügen, mit einem Regisseur wie Ed Woods zusammenzuarbeiten. Er war geduldig und verstand es, jungen und unerfahrenen Schauspielern das Gefühl der Sicherheit zu geben und so das Beste aus ihnen herauszuholen.

George Weiss: Bei *Jailbait* ist er wirklich übers Ohr gehauen worden. Von Howco. Die saßen in Texas, und obwohl es geplant war, die Vertriebsgewinne aufzuteilen, hat er nie etwas davon gesehen. Ich glaube, in gewisser Weise war er selber schuld, weil er sie nie einge-

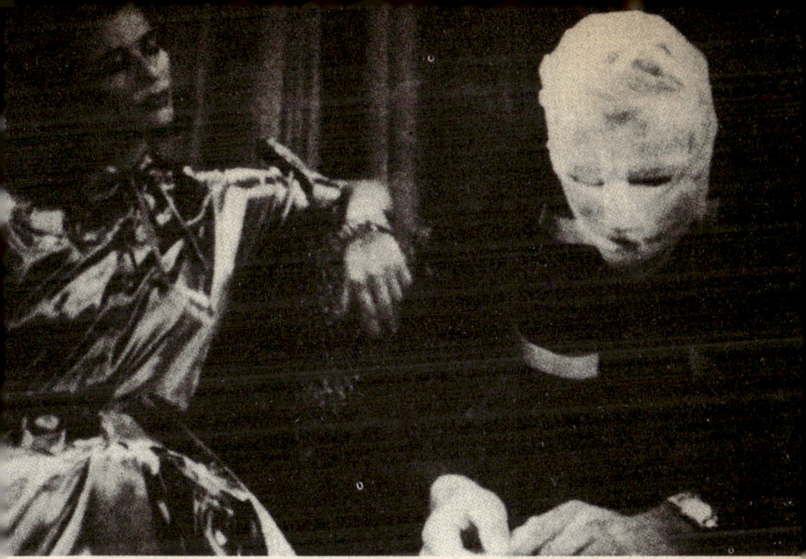

Zwei Szenen aus *Jailbait*. Oben: Theodora Thurman und Tim Farrell. Unten: Theodora Thurman, Dolores Fuller, Tim Farrell (auf dem Sofa), Herbert Rawlinson.

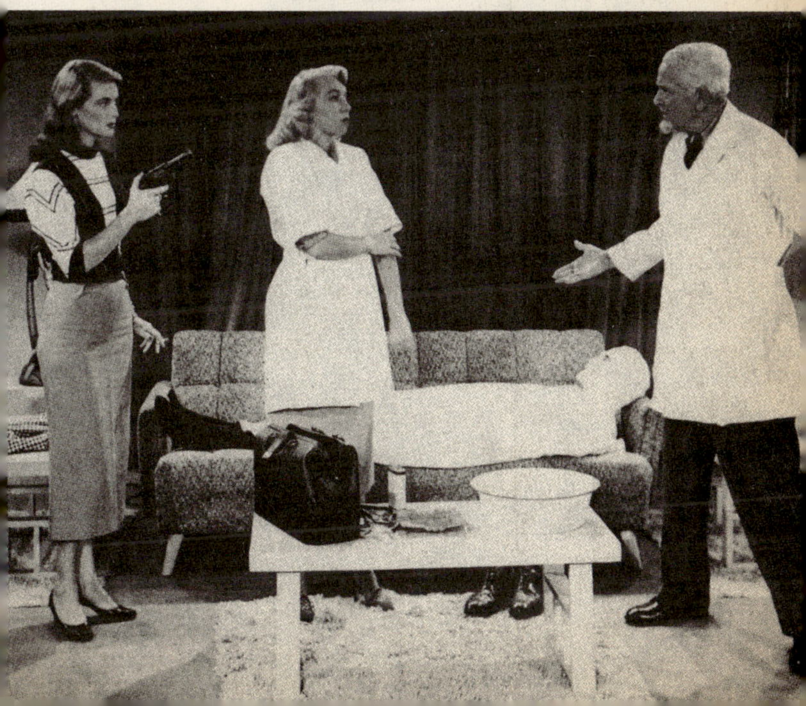

Frühes Schauspielerporträt mit einer Widmung für Mona McKinnon: »Mit all der Liebe, deren ich fähig bin – Mit all der Liebe, die es gibt – Ich liebe dich. Ed« (Foto: Mona McKinnon).

fordert hat. Denn Joy Houck hatte ungefähr 80, 90 Kinos in ganz Texas und Louisiana, und ich glaube, er war nicht ganz koscher, wie man so sagt.

Die Methode seines Wahnsinns

Conrad Brooks: Ed war immer auf der Suche nach irgendwelchen Geldgebern ... Geld von der Straße ...

John Andrews: Für *Bride* zahlte Eddie Bela 1000 Dollar am Tag. Es sollten fünf Drehtage mit ihm sein, aber es dauerte Monate, bis der Film fertig war, weil Eddie dauernd das Geld fehlte. Eines Tages gingen wir in das alte Nickodell's Restaurant ... Eddie war pleite, und zwar völlig. Wenn Eddie pleite war, dann war er ganz und gar pleite. Er sagte zur Kellnerin: »Es ist schon Jahre her, daß ich das letzte Mal hier war.« Aber das interessierte sie nicht besonders, denn sie kannte ihn überhaupt nicht, sie hatte noch nie von Ed Wood gehört. »Siehst du dieses Zimmer dort hinten?« sagte er zu mir. »Das war früher ein privater Speiseraum, den ich öfter gemietet habe. Ich lud ein paar Vertriebsagenten ein und brachte Bela mit. Allein durch seinen Namen habe ich Geld für einen neuen Film bekommen.« So hat er es gemacht.

Carl Anthony: Es gab einen Film, bei dem er tatsächlich einen Gewinn gemacht hat (höchstwahrscheinlich *Bride of the Monster*), aber eigentlich war es ihm egal. Aber obwohl der Film Geld einbrachte, bekamen seine Gläubiger nicht die Prozente, die sie haben wollten. Es stellte sich heraus, daß er mehr als 100 Prozent der Filmrechte verkauft hatte. Wahrscheinlich passierte das während der letzten Anstrengungen, Geld zu bekommen; er versprach den Leuten etwas, ohne auf seine Bücher zu achten, er war eben kein Buchhalter.

Also drehte er weiter und verteilte die Prozente. Aber dann rückten ihm die Gläubiger plötzlich auf den Pelz und wollten ihr Geld, und da erst stellte Ed fest, daß er mehr als 100 Prozent von dem verdammten Film verkauft hatte ... damals stand er unter gehörigem Druck. Aber er war kein Geschäftsmann, Geld war nicht wichtig für ihn. Er wollte einfach nur Filme machen, und achtete auf nichts anderes.

Ed Wood: Promotion war sehr wichtig, um Geld zu bekommen. Wir mußten alle raus und uns präsentieren, und selbst Lugosi machte dabei mit. Zum Beispiel das Geld für *Revenge of the Dead*; wir verkauften Anteile an dem Film, in dem Lugosi nur eine stumme Rolle übernehmen sollte. Bei *Plan 9* lief es genauso. Sam Arkoff von AIP war übrigens unser Anwalt bei *Bride of the Monster* und *Plan 9*. Ich holte meine Stars zusammen, Lyle Talbot, Criswell, Bela und die anderen, und wir veranstalteten ein großes gemeinsames Frühstück am Drehort, zu dem wir potentielle Geldgeber einluden. Wir gingen auch in ein Restaurant oder führten sogar Teile des Films auf der Bühne auf, um sie zu beeindrucken. Ich war hinter dem Geld her, und deshalb sorgte ich stets dafür, daß die Geldgeber die Stars, die in dem Film mitspielten, kennenlernten.

Maila Nurmi: Sie veranstalteten eine Menge Cocktailpartys, um die nötigen Gelder aufzutreiben. In der Hauptsache Criswell, Paul Marco und diese Leute, die dann so taten, als seien sie vornehme Madison-Avenue-Gentlemen. Sie trugen dunkle Anzüge und standen mit einem Glas in der Hand herum. Niemand wagte es, sich zu setzen. Ich war die einzige Frau, ich mußte immer dabeisein, angeblich um ihnen zu helfen. Aber ich hatte keine Lust, die ganze Zeit zu stehen, also setzte ich mich. Aber nach einer Weile merkte ich, wie alle zu mir herabsahen, wahrscheinlich weil ich die einzige Frau war. Schließlich wurde ich es leid und stand wieder auf und mischte mich unter die Leute. Aber es war lächerlich, und ich glaube auch nicht, daß sie auf diese Weise Geld aufgetrieben haben.

Henry Bederski: Ed war sicherlich kein Gauner, aber wenn er Leute traf, von denen er sich Geld erhoffte, dann übertrieb er maßlos. Er versuchte stets den Eindruck zu erwecken, daß gar nichts schiefgehen konnte: Sehen Sie, alles geht klar, aber wir brauchen noch ihre Unterstützung. Und er überzeugte eine Menge Leute. Er saß da und redete ruhig und gelassen wie ein Rechtsanwalt über seine Geschäfte. Aber ich erinnere mich, wie er mir einmal sagte: »Henry, ich muß noch heute unbedingt nach New York. Ich nehme ein Flugzeug, und ich zittere schon jetzt, aber dieses Geld muß ich unbedingt bekommen.«

Dudley Manlove: Er hatte den brennenden Ehrgeiz, erfolgreich zu sein und etwas zu leisten. Aber was er an Kreativität besaß, mangelte ihm an kaufmännischem Geschick. Dabei war er in vielerlei Hinsicht ein Perfektionist. Er hat mich oft völlig verblüfft.

Carl Anthony: Er war ständig auf der Suche nach Filmmaterial aus Archiven, das er miteinander verbinden konnte. Er sah sich genug an, um ein Drehbuch schreiben zu können, in das er etwas von dem Filmmaterial verarbeiten konnte, so daß er die Szenen nicht selbst drehen mußte. So wollte er Geld sparen. Ich glaube, er konnte all die losen Enden miteinander verknüpfen und weiterspinnen. Wenn jemand einen halben Film gedreht hätte und pleite gegangen wäre, ein zweiter ein Viertel geschafft hätte und ein dritter noch weniger, Ed wäre es gelungen, die drei Teile miteinander zu verweben und etwas Verständliches daraus zu machen.

Er war zweifellos der schnellste Drehbuchschreiber und der schnellste Regisseur Hollywoods, aber jedesmal hoffte er, etwas mehr Zeit zu haben, um sich um die Details zu kümmern, die man übersieht, wenn man so schnell arbeitet. Ich erinnere mich, daß Orson Welles in einer Szene einen Müllhaufen als Hintergrund brauchte. Er ließ jedes Teil auf dem ganzen Berg auf bestimmte Weise arrangieren, es dauerte einen ganzen Tag. Er gab die ganze Zeit Anweisungen: »Die Ketchupflasche soll da rüber, dreh das auf die Seite, legt diese Dose dorthin, macht das Etikett von den Bohnen ab.« Ein ganzer Tag, um einen Müllhaufen herzurichten, der nur ganz kurz im Bild war.

John Andrews: Eddie war ein guter Regisseur, er war ein echter, grundehrlicher Filmemacher. Man muß wissen, was man tut. Ich war Tonmann und Kameraassistent in ein und demselben Film. Ich weiß, auf welche Schatten man achten muß, ich kenne die Mechanik der Kamera, und das muß man auch. Sonst schafft man es nicht.

Dudley Manlove: Eddie betrieb vor jedem Film sehr gründliche Recherchen. Wenn es um etwas Technisches ging, achtete er darauf, daß die Dialoge stimmten. Während der Proben vor Drehbeginn ging er alles genau durch, damit er sicher sein konnte, daß jeder seinen Platz kannte und seinen Einsatz. Er überließ nichts dem Zufall und arbeitete sehr sorgfältig. Wir spielten Schach zusammen; Schachspieler sind so.

Kathy Wood: Wenn Eddie einen Film drehte, dann war er regelrecht besessen davon, vom Anfang bis zum Ende, tagein, tagaus. Manchmal verließ er den Drehort gar nicht mehr, er arbeitete die ganze Nacht, so lange, bis die Schauspieler fast zusammenbrachen. Aber er liebte diese Arbeit, der Film wurde ein Teil seines Lebens.

Timothy Farrell: Als Regisseur war Ed keinesfalls ein Diktator, er ließ den Schauspielern eine Menge Freiraum. Wenn er glaubte, man bewege sich in die falsche Richtung, korrigierte er einen, aber auf sachliche, ruhige Art.

Don Fellman: »Ich bin ein Tyrann, ich bin ein Tyrann«, sagte er einmal zu mir in diesem spöttischen hohen Tonfall. Aber dann meinte er, daß er als Regisseur das genaue Gegenteil sei. »Dadurch hole ich das Beste aus meinen Schauspielern raus.«

Florence Dolder: Diesen Mann, der in seiner Schule auf dem Hollywood Boulevard Schauspieler ausbildete, mochte Eddie nicht – Lee Strasberg. Er haßte ihn.

Anthony Cardoza: Ich würde sagen, daß Eddie ein Pionier war, aus dem Nichts zum Drehbuchautor, Regisseur und Produzenten. Ich meine, es blieb ihm gar nichts anderes übrig. Er hat vielen Leuten etwas beigebracht, und dafür bin ich ihm dankbar. Wenn die Leute wüßten, wie er für die Friedhofszene seine eigenen Kreuze gebastelt hat, mit Hammer und Nagel und Sperrholz ... damals haben sie darüber gelacht, aber das war noch ein richtiger Produzent, nicht einer, der nur auf seinem Hintern sitzt. Dieser Kerl hat alles selbst gemacht.

»Es dauerte nur Tage, Minuten ... bis er das gottverdammte Baby Doll anzog.« Ed Wood heiratet Norma McCarty auf der Bühne des Sunset Sound Studios, 1956. Unter den Gästen befinden sich Paul Marco (dritter von links) und Hope und Bela Lugosi (links neben dem Kuchen).

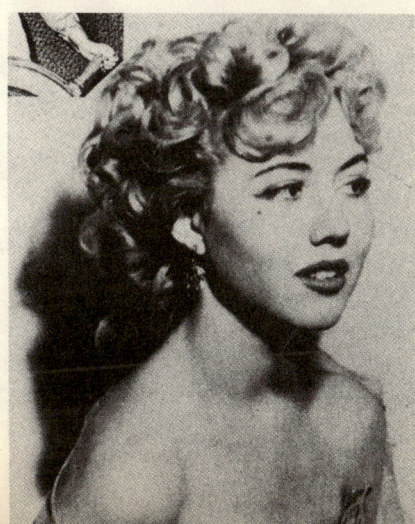

Valda Hansen (Foto: V. Hansen).

Dolores Fuller: Bei den Dreharbeiten sah Ed in die eine Richtung und gab eine Anweisung, um sofort jemand anderem etwas zu sagen. Er war ständig in Bewegung und verschwendete keine Zeit . . . denn Zeit war Geld.

Die Ehe

Valda Hansen: An dem Abend, als Norma [McCarty] und Ed heirateten, trafen wir uns alle in den Sunset Studios. Plötzlich verkündete Ed: »Ich werde gleich heiraten«, und wir meinten, aber klar doch, Ed, sicherlich. Aber dann tauchte ein Priester auf, und wir fragten uns, was hat er nun wieder vor. Wir standen alle auf der Bühne, Criswell und Lugosi waren auch dabei. Wir dachten, es sollte eine kleine Feier für das Filmteam werden. Lugosi küßte meine Hand, und ich mußte an seine Filme denken, wenn er immer »O, mein Liebling« sagt. Plötzlich ruft Ed: »Ruhe jetzt! Hört auf, Ruhe bitte.« Also schön Ed, okay. Wir gehorchten ihm. Er sagte ein zweites Mal: »Ich werde jetzt heiraten.« Aber sicher, Ed. Und eine Minute später hatte der Priester die Trauung vollzogen, und Ed war tatsächlich verheiratet. Bela Lugosi und ich sahen einander verblüfft an. »Schätze, er hat wirklich gerade geheiratet.«

Paul Marco: Ed hatte den Kuchen vergessen. Er fuhr mit einem Kabrio zur Fairfax Avenue und kam mit einem wirklich riesigen Hochzeitskuchen zurück. Offenbar war eine Hochzeit geplatzt und der Kuchen war übriggeblieben. Ed handelte mit der Bäckerei einen Vorzugspreis aus und brachte ihn zu den Sunset Studios.

Kathy Wood: Norma konnte sich nicht einmal vor Ed ausziehen – ihre Ehe dauerte ja nicht lange –, deshalb kam es auch zur Scheidung. Eddie erzählte mir, daß sie sich immer im Schrank auszog. Es dauerte nur Tage,

Minuten ... so lange, bis er zum ersten Mal sein gottverdammtes Baby Doll anzog.

Paul Marco: Die Ehe war nur sehr kurz. Norma McCarty warf ihn aus dem Haus, wirklich. Er meinte nur: »Wir kamen eben nicht miteinander aus.« Sie konnte es nicht ertragen, daß er Frauenkleider trug, sie war sehr normal, sehr ordentlich und gepflegt. Sie mochte auch nicht, daß er so viel trank, all diese Sachen.

Ich glaube, sie hatte irgend etwas mit der Finanzierung von *Plan 9 From Outer Space* zu tun. Sie war Schauspielerin und Teilhaberin der Aktiengesellschaft, die Geld in Eds Filme steckte. Sie war wohl nicht darauf vorbereitet gewesen, ihn am Morgen in Stöckelschuhen und Baby Doll zu sehen. Aber das Herz schien es ihm nicht gebrochen zu haben; jedenfalls machte er nicht den Eindruck, als er bei mir wohnte. Er meinte nur: »Du weißt ja, wie Norma ist.« Und ich sagte: »Ja, ja.«

Eines Tages kam ich nach Hause. Ed war herausgeputzt und sagte: »Ich möchte dir jemanden vorstellen.« So lernte ich Kathy kennen, sie kam vorbei, und sie sah einfach wundervoll aus. Ich sehe sie heute noch vor mir, eine prächtige Blondine in einem langen Pelzmantel. Sie war Sekretärin und besuchte ihn dann dauernd, auch wenn ich nicht mehr genau weiß, wie lange er bei mir wohnte; ein paar Tage in seiner Gesellschaft waren so anstrengend wie Monate. Aber er wußte nicht wohin, bis er schließlich zu Kathy zog.

Kathy Wood: Ich sah Ed drei- oder viermal, bevor ich ihn kennenlernte. Das war bei der Church of Religious Science, die sonntags im Wiltern-Theater ihre Gottesdienste abhielt. Ich saß oben im Balkon, natürlich war es ziemlich dunkel, aber trotzdem fiel mir der Mann mit dem schön geschnittenen Profil auf, der drei Sitze neben mir saß. Er reichte mir den Korb für die Kollekte. Am nächsten Sonntag war er wieder da, aber dann tauchte er nicht mehr auf. Ich mußte immer an ihn denken.

Eines Abends ging ich mit meinem damaligen Freund, der bei den Pacific Pipelines arbeitete, in den Cameo Room. Er mußte am nächsten Tag nach San Francisco, und nachdem er gegangen war, blieb ich noch in der Bar, um etwas zu trinken. Ich wohnte nur einen Block weit weg. Und plötzlich kommt der Mann aus dem Gottesdienst herein, zusammen mit Bela Lugosi! Lugosi schien es nicht sehr gutzugehen, er ging sehr bald, und Ed blieb am Ende der Bar sitzen und trank. Dabei liefen ihm die Tränen übers Gesicht. Für Menschen, die solche Emotionen zeigen, bin ich sehr empfänglich. Ich fragte ziemlich laut: »Warum weinen Sie denn?« Er drehte sich zu mir und antwortete: »Ich weine nicht, ich bin nur erkältet, aber ich werde Ihnen trotzdem meine Geschichte erzählen.« Er setzte sich zu mir an den Tisch und wir tranken etwas. Das war das dritte und entscheidende Mal, daß ich ihn sah. Von da an sind wir zusammengeblieben, für immer.

Ich habe mich sofort in ihn verliebt. Ich hoffe, Eddie ging es genauso. Welche Beziehungen Eddie damals zu anderen Frauen hatte, wußte ich natürlich nicht, aber wir hielten einander bei der Hand, stellten fest, daß wir teilweise die gleichen Erfahrungen gemacht hatten, weinten zusammen, debattierten, waren zwei Menschen, die zusammengehörten.

An diesem ersten Abend hat er nicht einmal versucht, mich ins Bett zu kriegen. Er faszinierte mich schon, bevor er mit mir geschlafen hatte. Wir sahen uns die ganze Nacht seine Manuskripte an und tranken Kaffee.

Ed hatte ein gelbes Kabrio, mit dem er mich immer zur Arbeit nach L.A. fuhr. Wir mußten alle paar Kilometer anhalten und Bremsflüssigkeit nachfüllen, mitten auf dem Sunset. Schließlich kauften wir einen braunen Custom Royal Lancer im Tausch gegen Eds Kabrio und alles, was auf meinem Konto war. Als meine Firma nach San Francisco zog, blieb ich hier, um bei Ed sein zu können. Wir fuhren nach Las Vegas und heirateten zwischen einem Poker- und einem Würfelspiel. Danach ging es in einem Blizzard weiter nach Salt Lake City. Wir aßen Sardinen aus der Dose und Cräcker und fuhren wie die Verrückten, verrückt vor Glück. Dauernd mußten wir Kühen oder Rehen oder Hasen ausweichen.

In Salt Lake City aßen wir Rippchen in einem Restaurant, als Ed fürchterliche Zahnschmerzen bekam. Die Jukebox spielte »The Poor People of Paris«. Wir gingen zur Polizei, die uns einen Zahnarzt nannte. Samstagnacht in Salt Lake City! Wir gingen ins Kino: *Der Mann mit dem goldenen Arm* und *Robinson Crusoe*. Wir besuchten den Mormonentabernakel und die große Kupfermine und freundeten uns mit dem Manager des Hotels an. Nette Leute, diese Mormonen. Überall lag Schnee, es war herrlich.

Carl Anthony: Kathy war eine ganz liebe Frau, sehr, sehr hingebungsvoll – sie liebte diesen Mann wirklich.

Kathy Wood: Eddie und ich gingen oft zu Ciro's ... und an einem Abend hatten sie eine Gruppe Jongleure auf der Bühne, die nach einem Freiwilligen aus dem Publikum fragten, und wer meldete sich sofort? Ed natürlich. Er hatte etwas getrunken und sollte zwischen den Jongleuren stehen, während sie sich ihre Keulen zuwarfen. Er schwankte hin und her, und beinahe hätten sie ihn getroffen. Wir gingen ins Ciro's, ins Macambo, Ende der Fünfziger war da ganz schön was los. Es gab noch einen anderen Club, in dem Jazzbands spielten; er gehörte Bobby Troup, dem Mann von Julie London. Wir kamen viel rum, Sunset Strip, Earl Carroll's, wir gingen einfach gerne aus – wenn wir Geld hatten. Ich erinnere mich an einen Abend, als wir zu Earl Carroll's gingen. Eddie hatte mir dieses wunderschöne chinesische Kleid mit dem Reißverschluß auf dem Rücken gekauft ... weiße Seide. Er schenkte mir auch eine weiße Fuchsstola. Ich kann Ihnen sagen, ich sah wirklich verdammt gut aus. Eddie hatte sich natürlich auch feingemacht, er sah aus wie ein Millionär. Welchen Eindruck er in einem Tuxedo machte ... Sie können mir glauben. Seine Neigung befähigte Ed, zwei Persönlichkeiten anzunehmen, er war sowohl mit der Psyche der Frauen als auch mit der der Männer vertraut.

Valda Hansen: Er liebte Frauen, aber er liebte es auch, ihre Kleider anzuziehen, falsche Wimpern und Stöckelschuhe zu tragen. Vielleicht liebte er die Frauen so sehr, daß er in ihre Persönlichkeit schlüpfen wollte, um selbst zu einer zu werden, sowohl nach außen als auch innerlich.

Kathy Wood auf einem Photo von Ed Wood, um 1964.

PR-Photo von Dolores Fuller für *Bride of the Monster*, März 1955.

Bride of the Monster

»Professor: Ich habe überall nach Ihnen gesucht – überall hörte ich Geschichten von Monstern –, und nun bin ich hier; ich soll Sie heimbringen.

Vornoff: Heim. Ich habe kein Heim. Ich werde gejagt . . . verachtet . . . ich lebe wie ein Tier – der Dschungel ist meine Heimat. Aber ich werde der Welt zeigen, daß ich ihr Herr sein kann. Ich werde mir meine eigenen Geschöpfe schaffen – eine Rasse atomarer Supermenschen, die die Welt erobern werden.

Professor: Aah ja . . . eine wirkliche Herrenrasse. Ich habe meinen Vorgesetzten erklärt, daß nur Sie dazu in der Lage sind. Mit dieser Rasse kann unser Land zweifellos die Welt beherrschen.

Vornoff: Sie mißverstehen mich, Strowski. Ich habe nicht vor, in Ihr Land zurückzukehren. Meine Pläne betreffen nur mich . . . ganz allein.

Professor: Sind Sie verrückt, Vornoff?

Vornoff: Man wird immer für verrückt gehalten, wenn man etwas erschafft, das die anderen nicht erfassen können . . .«

Aus dem Manuskript *Bride of the Atom*
         von Edw. D. Wood.

Alex Gordon: *Bride of the Atom* als Titel war Eds Idee. Mein Titel lautete *The Atomic Monster*. Später wurde das Drehbuch dann vollkommen umgeschrieben.

Sam Arkoff war ein Rechtsanwalt, der mir aus den Schwierigkeiten mit *The Lawless Rider* geholfen hatte, aber wir konnten ihn damals nicht bezahlen. So kam er, bevor er in sein Büro ging, oft in das Apartment, das ich

Filmplakat zu *Bride of the Monster*.

mir mit Eddie teilte, und frühstückte bei uns. Eines Morgens klopfte Arkoff an die Tür. Ich öffnete, Eddie schlief noch. Aber Eddie war derjenige von uns, der kochen konnte, ich bekam nicht einmal ein Ei hin. Also sagte ich zu Arkoff: »Kommen Sie, ich wecke Eddie auf, und dann wird er uns ein paar Eier kochen.« Wir gingen zu Eddies Schlafzimmer, ich klopfte an die Tür und machte sie ohne zu fragen auf. Eddie lag im Bett, und Dolores war bei ihm! Die ganze Sache war mir furchtbar peinlich, und Arkoff hat mir, glaube ich, nie verziehen, aber ich wußte wirklich nicht, daß Dolores bei Eddie war; ich hätte es auf keinen Fall toleriert.

George Weiss: Also ich hatte nichts damit zu tun, und ich kann es nicht beschwören, aber Ed half beim Aufbau von American Pictures mit, der Firma, die später American-International unter der Leitung eines gewissen Arkoff würde. Nicholson war ein Theatermann, ihm gehörte das Picfair. Aber das ist egal – jedenfalls haben sie alle Eddies Intelligenz ausgenutzt und ihn dann sitzenlassen. Dieser Schussel ließ sogar alle Leute seine Manuskripte lesen, so gutgläubig war er.

Dolores Fuller: Wir hatten *Bride of the Monster* im Kasten, und wir hatten auch schon einen Kinotermin für die Premiere, aber wir schuldeten noch Geld für die Entwicklung. Wir mußten den Film aber unbedingt zu diesem Termin rausbringen, alle wollten kommen, und deshalb schlossen wir einen Handel mit Sam Arkoff ab, der im Nickodell-Restaurant in einem kleinen Zimmer ein Büro hatte. Ich glaube, daß er einen ziemlich guten Deal gemacht hat, denn er hat sein ganzes American-International-Imperium auf den beiden Filmen aufgebaut, die er Edward abgekauft hat.

Kathy Wood: Sein ganzes Leben lang hat Eddie Arkoff verflucht. Er haßte ihn regelrecht und war zutiefst verbittert über das, was geschehen war. Eddie hatte ihm ein Manuskript zur Ansicht geschickt, und sie änderten es einfach, die Handlung, die Personen. Eddie hatte es für Lugosi geschrieben, es handelte von diesem alternden Schauspieler aus Gruselfilmen, der keine Arbeit mehr bekommt und sich dafür an den Studios rächt. Sie änderten die Rolle in die eines Maskenbildners um, der Rache an seinen Studios übt.

Sam Arkoff: *How to Make a Monster* war Herman Cohens Film für uns, und das Drehbuch schrieb Cohen mit Kenneth Langtree. Eine Frage: Woher hat denn Ed seine Idee gehabt? Darum geht es doch: Er hat wahrscheinlich vor *How to Make a Monster* schon einen ähnlichen Film gesehen und hat selber nur diese Idee abgewandelt. So macht es doch jeder in dieser Stadt, mein Gott.

Alex Gordon brachte Ed zu mir, damit ich ihm bei den verschiedensten juristischen Problemen helfen sollte. Alex brachte mir ständig Klienten, die ich gar nicht wollte. American International Pictures wurde 1954 gegründet, aber ich habe meine Kanzlei bis '56 betrieben. Ich hatte also eine Menge Arbeit am Hals. Aber Alex kannte jeden dieser kurzatmigen Produzenten ... und als solchen würde ich auch Ed Wood bezeichnen. Er hatte etwas Sympathisches an sich, aber allzusehr habe ich mich nicht mit ihm beschäftigt. Im Grunde war Ed für mich ein Verlierer. Seine Filme waren nicht besonders gut, es gab zu viele Minuspunkte. Eigentlich waren sie nicht die Zeit wert, die man brauchte, um sie zu drehen. Ich spreche wirklich nicht gerne darüber, aber ich glaube nicht, daß er mich je bezahlt hat. Aber um Alex einen Gefallen zu tun, habe ich Ed das ein oder andere Mal geholfen.

Ich will nicht sagen, daß ich gar nichts bekam, aber von Ed Wood habe ich nie auch nur einen Dollar gesehen.

Das Problem mit diesen kurzatmigen Produzenten war, daß sie ständig mit dem Geld am Ende waren. Alles was sie hatten, wurde sofort ausgegeben, sie hatten keinerlei Rücklagen für das Finanzamt ... sie zogen den Schauspielern oder wem auch immer zwar das Geld ab, aber sie zahlten nie ihre Steuern. Das haben alle diese Regisseure gemacht, und Ed lebte eigentlich immer von der Hand in den Mund. Ich kann nur sagen: Wenn man Klienten wie Ed Wood hatte, kam man sich vor wie ein Straßenfeger, der mit Schaufel und Besen einem Gaul hinterherläuft ... auf diesem Niveau bewegte es sich.

Ed Wood: Ich brauchte fast ein ganzes Jahr, bis ich das Geld für *Bride of the Monster* zusammenhatte. Die Dreharbeiten dauerten dann drei Tage. Ich nahm die Polizeiwache auf und diese Szene, in der Lugosi die knarrenden Stufen hinaufgeht. Dann taucht Tor auf, und als die Polizisten erscheinen, fängt das Gebäude an zu brennen, und die Feuerwehr kommt. Das haben wir in diesen drei Tagen aufgenommen. Danach mußte ich eine dreiwöchige Pause einlegen, um den Rest des Geldes aufzutreiben, und einige Schauspieler brachten mich vor das Arbeitsgericht. Ich rief Joy Houck in Louisiana an. »Joy, dir hat das Drehbuch doch gefallen. Ich brauche noch mehr Geld. Drei Tage Lugosi habe ich schon im Kasten.« Er sagte nur: »Dann laß ihn doch wieder raus.« Tja, aus den drei Wochen wurden sechs und dann schließlich neun, und alle schlugen sie auf mich ein. Der einzige, der mich nicht angriff, war Lugosi.

Schließlich verschaffte mir der alte McCoy das Geld. Sein Sohn Tony McCoy spielte die Hauptrolle. Ich war der Produzent, bis sie die Sache übernahmen. Aber Tony wußte nicht, wie man mit den Gewerkschaften umgehen mußte. Er sagte zu allem, was sie wollten, ja, bis unsere Kosten auf 89000 Dollar gestiegen waren.

An dem Gespräch zwischen Strowski und dem Professor habe ich lange gefeilt, weil ich den Namen Rußland vermeiden wollte, aber der alte Mann muß wirklich zurückgebracht werden, weil er es mit seinen atomaren Ungeheuern sehr ernst meint ... na ja, so originell ist es nicht ... es lehnt sich an vieles an, ist tausendmal umgeschrieben. Aber wie gesagt, der Professor mußte weg, und als Strowski sagt: »Ich bringe Sie heim«, entgegnet er: »Heim, ich habe kein Heim.«

Wir wollten diese Aufnahme im Griffith Park machen, aber irgendwie klappte es nicht, weil da zwei Jungen neben einem Polizeiwagen standen. Schließlich mußten wir 17 Takes von dieser Szene drehen. McCoy konnte seinen Text einfach nicht behalten. Er war der schlechteste Schauspieler, den ich je hatte. Aber wir waren schon zu weit, als daß ich ihn hätte feuern können, und außerdem gab sein Vater ja das Geld.

Loretta [King] war selbst wie eine Figur aus einem Horrorfilm. Sie war bleich wie Wachs, und ihre Haut war ganz weich – wenn man sie drückte, verschob sie sich. Außerdem konnte sie keine Flüssigkeit zu sich nehmen; jedesmal, wenn sie etwas trank, mußte sie sich übergeben, ich glaube, sie ist wirklich langsam ausgetrocknet. Ganz nebenbei, ich hätte sie fast geheiratet ... wegen ihres Geldes ... sie war Millionärin. Lugosi sagte ihr einmal, daß ihre Haut wie die einer Mumie aussähe und daß er selbst nie eine Mumie gespielt hätte, wenn man solche Haut davon bekäme.

Das Lustigste war die Sache mit dem »Kitzchen«. In dieser Szene kommt Tor auf Loretta zu, die auf der Couch sitzt. Sie trägt ein Angora-Beret, einen Fetisch, und dieser Riese ... er starrt Loretta an. Lugosi kommt mit einer Peitsche herein und erfaßt sofort die Situation. Tor und das Mädchen. Aber Tor wollte dem Mädchen gar nichts tun. Man muß immer ein mitleiderweckendes Monster haben. Deshalb war Frankenstein ja so erfolgreich. Lugosi verprügelt den Riesen mit seiner Peitsche aus Filz. Der Riese läuft schreiend aus dem Labor, und Lugosi ruft ihm hinterher: »Raus hier, raus hier, laß sie in Frieden.« Nachdem Tor die Tür hinter sich zugeschlagen hat, geht Lugosi langsam auf Loretta zu, die Peitsche aufwickelnd. Er mußte ganz langsam gehen. Man achte auf die Kamera. Lugosi führt sie, sie geht nicht auf ihn zu. Weil das Studio nicht sehr breit war.

Zwei Tage nachdem wir gedreht hatten, brachte ein Elefant die Mauer zum Einbruch, das stimmt. Es waren die Sunset Studios. Also Lugosi zieht die Kamera mit sich. Er wickelt die Peitsche auf. Die Kamera schwenkt zu Loretta, die zitternd und verängstigt an der Wand steht. Lugosi kommt auf sie zu und gibt dabei dieses herrliche, meckernde kleine Lachen von sich, he, he, he – fast schon ein Teil eines Dialoges. Das war sein Markenzeichen, es war Lugosis Lachen, und ich habe es in jedem Film eingesetzt. »He, he, he, haben Sie keine Angst vor Lobo«, sagte Lugosi, und dann fährt er fort: »Er ist harmlos wie ein Kitzchen.« So kam dieses Wort in den Film.

Nachdem Lugosi im Drehbuch eine lange Rede gelesen hatte, die er halten sollte, kam er zu mir und sagte: »Eddie, das ist zuviel für mich, so viele Zeilen kann ich nicht mehr behalten, ich bin kein junger Mann mehr.«

Tony McCoy, Tor Johnson, Ed Wood, Bill Thompson, unbekanntes Script-Girl und Don Nagel im Griffith Park bei den Dreharbeiten zu *Bride of the Monster* (Foto: Don Nagel).

»Du brauchst keine Angst vor Lobo zu haben, er ist sanft wie ein Kätzchen.« Loretta King, Bela Lugosi und Tor Johnson in *Bride of the Monster*.

Ted Allan: Nachdem *Bride of the Monster* fertig war, übernahm KFBW die Studios, in denen wir gedreht hatten. Sie lagen an der Ecke Yucca und Argyle, hinter dem Pantages Theater, genau neben Capitol Records. Es waren die Ted Allan Studios, in denen der Film gedreht wurde. Wir hatten zwei Bühnen, eine 110 x 110 Fuß groß, die andere 110 x 80. Im Keller waren Schneideräume, und nebenan gab es ein Dutzend Büros.

Scott Zimmermann: Ed sagte: »Das Haus in *Bride of the Monster* war ein echtes Haus. Wir stellten dahinter einen riesigen Leinwandvorhang auf, damit man die anderen Häuser im Hintergrund nicht sehen konnte. Der Vorhang wirkte wie ein grauer Himmel.«

Loretta King: *Bride of the Monster* wurde folgendermaßen gedreht: Wir arbeiteten ein paar Tage, und dann ging Ed das Geld aus. Also wurde alles gestoppt, und ich fuhr nach Laguna, wo ich sehr gefragt war, Keenan Wynn und *Petrified Forest* und all diese Sachen. Als ich zurückkam, hatte ich Eds Film schon fast vergessen, ich dachte, er würde ihn nie mehr zu Ende drehen. Ich war gerade für eine Woche in Arizona, als ich einen völlig hysterischen Anruf von ihm bekam. »Komm sofort zurück!« Es war an einem Samstag, und er wollte am Montag um halb sieben morgens mit dem Drehen anfangen. Ich brauchte einen ganzen Tag, bis ich in Hollywood war. Dann lernte ich die Nacht über meinen Text, ich ging gar nicht erst ins Bett, denn auf einmal war es halb sieben, und er fing tatsächlich pünktlich an. Tja, so war Ed Wood.

John Andrews: Eddie hat den Oktopus gestohlen. Eigenhändig! Er ist einfach los und hat ihn mitgenommen! Aus den Republic Studios.

Ed Wood: Der Oktopus war übrigens in *Wake of the Red Witch* verwendet worden. Sie hatten ihn auf dem Dachboden der Republic Studios verstaut. Er lag schon mehrere Jahre dort oben, und als wir ihn hinuntertrugen, brach einer der Tentakel ab. Dieses Baby war verdammt schwer, es muß über 150 Pfund gewogen haben.

Dann wurde Lugosi krank. Wir hatten gerade die Szene abgedreht, in der Tor seinen Auftritt hat und Lugosi zu ihm sagt: »Hörst du, Lobo? Sie glauben, du bist das Monster!« Die Szene wurde gegen Ende des Filmes gedreht, und Bela ging es gar nicht gut. Nachdem die Aufnahme im Kasten war, ging er weg und legte sich einige Stunden hin. Er hatte vielleicht acht Tage gearbeitet. Dann wollte er plötzlich mehr Geld. Wir hatten 750 Dollar vereinbart, und jetzt wollte er 1000. Die Gewerkschaften beobachteten die Dreharbeiten sehr aufmerksam. McCoy und die anderen drehten völlig durch. Ich auch. Wir gingen zur Schauspielergewerkschaft, deren Präsident damals Jack Stewart war. Er sagte: »Tut mir leid, aber der Mann ist krank, da könnt ihr nichts machen.« Schließlich einigten wir uns darauf, ihm die zusätzlichen 250 Dollar zu geben, und auf einmal konnten die Dreharbeiten weitergehen.

Wir gingen in den Griffith Park und taten so, als seien wir von MGM. Für die Szene, die wir drehen wollten, hatten wir vier oder fünf Feuerwehrautos gemietet. Sie hatten dort bewachte Tore und alles. Bela erschien am nächsten Morgen absolut pünktlich, obwohl ich ihm ansah, daß er sehr, sehr krank war. Es war März und immer noch saukalt. Während ich auf der anderen Seite des Berges drehte, sollte mein Requisiteur einen künstlichen See bauen. Als wir kamen, mußten wir nämlich feststellen, daß es in dem Park keinen See gab. Also stauten wir den kleinen Fluß auf, der durch den Griffith Park fließt, und bekamen so einen drei bis vier Fuß tiefen See. Der Oktopus mußte etwas bedeckt werden, damit man nicht bemerkte, daß ein Tentakel fehlte. Wir drehen also die Szene und bekamen dann wegen all des aufgestauten Wassers Ärger mit dem Leiter der Feuerwehr. Schließlich sagte ich zu dem Requisiteur, daß er einfach ein Loch in den Damm schlagen sollte. Das Wasser strömte heraus wie bei einer Springflut! Es überflutete sogar einen Golfkurs auf der anderen Seite der Straße. Eine schlimmere Flutwelle hatten sie wohl noch nicht gesehen. Lugosi mußte für eine kurze Szene ins Wasser steigen, das wirklich eiskalt war. Danach fror er so sehr, daß er eine ganze Flasche Jack Daniels austrank, um wieder warm zu werden.

Der Requisiteur wollte 20 Dollar für jede Flasche Schnaps haben. Lugosis Double für den Film (Eddie Parker) war eigentlich etwas zu groß, und es brauchte einige Takes, bis wir den Unterschied ausgeglichen hatten. Bei einer Szene machte ich zwei Aufnahmen, weil es bei der ersten noch nicht zusammenpaßte, aber im Schneideraum übersah ich es, und so gelangte der erste Take in den Film. Aus Bela Lugosi wird dann plötzlich ein Riese.

John Andrews: Als wir *Bride of the Monster* oben im Griffith Park drehten, ließ Ed eine Art Lagune ausheben, für diesen Oktopus. Art Manikin, der Kameraassistent, wollte nicht ins Wasser gehen, weil es ihm zu kalt war. Nun ja, es war Mitternacht, es war kalt, wir hatten keine Dreherlaubnis. Aber ich habe das sehr oft gemacht, ich habe zum Beispiel am Flughafen heimlich gedreht. Jedenfalls meinte Bud Osborne: »Ich gehe ins Wasser.« Und das tat er auch. Bela war betrunken, voll bis obenhin, und plötzlich zog auch er Schuhe und

Strümpfe aus, krempelte sich die Hosen hoch und stieg ebenfalls ins Wasser! Das waren ziemlich wilde Zeiten damals, und es hat Spaß gemacht, Filme zu drehen. Das einzige, was zählt, ist die Aufnahme. Darum geht's, egal, was man dafür tun muß.

Alex Gordon: Eddie schrieb das Drhebuch von *The Atomic Monster* um und drehte einen Low-Budget-Film, der sich vage an die Story anlehnte.

Ed Wood: Ich schrieb *Bride of the Monster* für Lugosi. Jede einzelne Zeile. Ich habe Alex Gordon nur erwähnt, weil er ein paar Ideen eingebracht hat.

Dolores Fuller: Für *Bride of the Monster* fehlten ihm 60 000 Dollar. Da tauchte plötzlich eine Frau auf, die das Geld besaß – Loretta King. Ich erinnere mich, daß wir in einer Bar, einem Nachtclub mit ihr übers Geschäft sprachen. Sie trank niemals Wasser. Als ich sie fragte, wie das möglich sei, man bräuchte doch Wasser, um den Körper zu durchspülen, um gesund zu bleiben, sagte sie zu mir: »Ich trinke kein Wasser, weil man davon dick wird.« Nun ja, sie kam also mit den 60 000 Dollar rüber, und er gab ihr meine Rolle. Die er für mich geschrieben hatte! Das brach mir das Herz. Aber schließlich fand ich es nur noch widerlich, nach allem, was ich für ihn getan hatte. Ich hatte ihn unterstützt, mit Geld, mit Kostümen von meinen Jobs als Modell, mit Kleidern. Offenbar gingen wir von unterschiedlichen Werten aus. Anständigkeit schien ihm nicht viel zu bedeuten. Wir hätten das Geld auch auf andere Weise beschaffen können. Ich mußte dann eine Nebenrolle übernehmen, mit ganz wenig Text, anstelle der Hauptrolle, die ich eigentlich hätte spielen sollen. Ed sagte: »Es wird andere Filme geben, in denen du die Hauptrolle spielst.«

Loretta King: Vor *Bride of the Monster* war ich in *Camay Theater*, ich hatte Arbeit und gar keinen Grund, den Film zu finanzieren. Außerdem hatte ich das Geld damals gar nicht! Er hat mich auch niemals wegen Geld angesprochen. Weder er noch jemand, der ihn vertrat. Ich sagte zu Dolores, ich wäre schon bei vielen Vorstellungsgesprächen gewesen, ohne die Rolle zu kriegen. Ich hatte keine Ahnung, daß es diesmal klappen würde. Aber ich glaube, er mußte dann vor ihr so tun, als hätte ich Geld in den Film gesteckt. Ed Wood suchte eben jemanden – und ich bewunderte ihn, weil er nicht jemanden nahm, mit dem er ein Verhältnis hatte. Was das Geld betrifft, diese Sache hat Tony McCoys Vater übernommen.

Marge Usher: Ich war bei den Dreharbeiten von *Bride of the Monster, Plan 9 from Outer Space* und *Revenge of the Dead* dabei. Ich war die ganze Zeit dort, und manchmal sollte ich ihm eine Flasche holen oder so etwas. Mir war das völlig egal, schließlich war es nicht mein Leben, das er zerstörte, sondern sein eigenes. Er trank alles. Wenn er Regie führte, verschwand er manchmal kurz, ich weiß nicht, wo er die Flasche versteckt hatte, und es ging mich auch nichts an, aber irgendwo hatte er eine Flasche. Man merkte es, weil er plötzlich wieder munter wurde, auch wenn er vorher erschöpft gewesen war. Man merkte sofort, wenn er einen genommen hatte.

Harry Thomas: Bei den Dreharbeiten habe ich Ed nie trinken sehen. Bei all den Filmen, bei denen ich mitgemacht habe, hat Ed kein Glas angerührt. Wenn er arbeitete, rührte er nichts an.

Loretta King: Es gab eine Szene, in der ich an einen Tisch gebunden war und Tor mich befreite und mir die Handfesseln abnahm ... ich dachte, jetzt bricht er mir den Arm! Aber er gab sich alle Mühe, vorsichtig zu sein.

John Andrews: Während er *Bride of the Monster* drehte, besaß Eddie kein Auto. Er schreibt das Drehbuch, führt Regie, ist Produzent und hat noch nicht einmal einen Wagen! Aber irgend jemand nahm ihn immer mit. Wenn er mit Bill Thompson fuhr, bat Bill ihn vor jeder Ampel: »Sag mir, wenn's rot wird.« Bill war farbenblind. Er war unser Kameramann!

Loretta King: Wir drehten eine Nachtszene im Griffith Park, allerdings am hellichten Tag. Sie machten irgendwie eine Nachtszene daraus. Ein Special Effect war die Szene, in der ich durch einen wütenden Sturm fahre. Eddie saß mit einer Gießkanne auf dem Dach des Wagens und sorgte für den Regen, indem er die Windschutzscheibe begoß. Für solche Dinge mußte man ihn bewundern. Ich meine, er, der Regisseur, mit einer Gießkanne am Wagendach festgebunden!

Ted Allan: Während *Bride of the Monster* hatte Lugosi oft starke Schmerzen. Ab und zu wirkte er entspannt, wahrscheinlich weil er ein Aspirin oder etwas Wirksameres genommen hatte. Seine Augen fingen an zu glühen, und er arbeitete ganz entspannt. Bestimmt nahm er irgendein gutes, starkes Schmerzmittel. Dann konnte er sich auch besser konzentrieren. Ed war kein Leuteschinder, aber er war Autor, Regisseur und Produzent in einer Person, und bei ein oder zwei Gelegenheiten fuhr er Bela an, weil er seinen Text vergessen hatte. Aber Bela nahm es ganz gelassen hin und machte weiter. Er hatte sein Schmerzmittel, erledigte seinen Job und ging nach Hause.

Fred Olen Ray: Ed erzählte mir, daß er gewisse Handbewegungen Lugosis aus *White Zombie* übernommen hatte. Ich fragte ihn, welche von Lugosis früheren Arbeiten ihn beeinflußt hätten, und er antwortete: »Vielleicht die Szene mit den Handbandagen aus *White Zombie*.«

Ben Frommer: In *Bride of the Monster* spielte ich einen Verdächtigen auf einer Polizeiwache. Ich lieh mir Larry Tierneys Satz aus *Dillinger:* »Kein Provinzkittchen kann mich halten, in spätestens 24 Stunden bin ich aus dieser Rattenfalle raus.« Ich fragte Ed vorher: »Kann ich Tierneys Satz sagen, aus *Dillinger*, wenn sie ihn ins Gefängnis stecken?« – »Klar.«

John Andrews: Es gab einen Mann, den Eddie haßte und verabscheute, den er am liebsten tot gesehen hätte – George Becwar. Ich übertreibe nicht, ich erzähle es, wie's war. In *Bride of the Monster* spielte Becwar den Agenten Strowski, der Bela im Sumpf aufsucht. Er versucht Bela zu überreden, nach Ungarn oder so zurückzukehren. Was die ungarischen Kommunisten tatsächlich getan haben. Sie boten Lugosi an, in Ungarn den Posten des Kultusministers zu übernehmen, Theater, Museen und diese Dinge. Aber Lugosi erzählte Eddie, daß er Angst davor hatte, nach Ungarn zu gehen. Er glaubte, daß man ihn in ein Straflager stecken würde.

George Becwar war jedenfalls unzufrieden mit seiner Bezahlung. Dabei hatte er sich zuvor damit einverstanden erklärt. Nachdem er gerade einen Tag gedreht hatte, ist er zur Schauspielergewerkschaft gerannt und hat Eddie angeschwärzt. Die Dreharbeiten wurden gestoppt, und Eddie bekam mächtigen Ärger mit seinen Geldgebern. Er verlor seine gesamten Rechte an dem Film, er verlor alles. Und er haßte George Becwar bis zu dessen Todestag. Leidenschaftlich!

Es gab noch jemanden, den er inbrünstig haßte. Das war der Manager des Kinos, in dem *Bride* Premiere hatte. Es war in Huntington Park, an den Namen des Kinos kann ich mich nicht mehr erinnern. Auf die Frage, was er von dem Film halte, meinte der Manager zu Eddie: »Er stinkt.« Eine Weile später schenkte Eddie mir ein Gruppenfoto. Auf dem Bild waren er, Dolores, Marco und Tor, glaube ich. Er gb mir das Foto und sagte plötzlich: »Mo-ment!« Er nahm eine Schere und schnitt diesen Typen heraus, der am Rand zu sehen war. Dann zerknüllte er den Schnipsel und warf ihn in den Papierkorb. »Wer war das?« fragte ich. »Nun, er existiert nicht mehr, also spielt es keine Rolle«, antwortete er. Er wollte nicht einmal darüber sprechen.

Henry Bederski: Wissen Sie, wie Tony McCoy zu der Hauptrolle kam? Sein Vater finanzierte den Film! Danach erschien McCoy noch in einem weiteren Film, und dann hat man nie mehr etwas von ihm gehört. Er saß ständig neben einem Haufen Filmdosen und sah aus, als sei etwas über ihn gekommen. Der personifizierte Trübsinn. Irgend etwas lief zwischen ihm und Ed. Irgend etwas stimmte nicht.

Dennis Rodriguez: Tony McCoy's Vater besaß eine Fleischfabrik. Er verlangte nicht nur, daß sein Sohn die Hauptrolle bekäme, wenn er den Film finanzierte. Er bestand auch darauf, daß am Ende eine Atomexplosion stattfinden sollte.

Marge Usher: Eines hat mir an Ed wirklich nicht gefallen, eine Sache, die ich ihm nie verziehen habe. Er hatte die Angewohnheit, seine Schulden nicht zu bezahlen, er schuldete mir eine nicht zu kleine Summe, und auch anderen Leuten, die ich kannte. Das ist etwas, was ich wirklich nicht leiden kann, wenn meine Schauspieler ihr Geld nicht bekommen. Wir hatten mehrere Treffen mit Ed, und je mehr er redete, desto skeptischer wurde ich. Tonys Vater brachte einen großen Teil des Geldes auf, Ed versprach ihm das Blaue vom Himmel, und dann konnte der Film plötzlich nicht weitergedreht werden. Tonys Vater mußte Eds Film vor dem endgültigen Ruin retten und wäre dabei beinahe bankrott gegangen. Vielleicht wäre alles besser gelaufen, wen Ed mal nüchtern gewesen wäre. Aber am Ende jedes Tages war er völlig blau, und dann drehten sie die ganze Nacht durch. Ed war meistens sternhagelvoll.

Robert Cremer: Ed hatte nie ein komplettes Budget, bevor er mit dem Drehen anfing. Er trieb eine gewisse Summe auf und fing dann mit der Produktion an. Er drehte ein paar Szenen, kaufte ein paar Rollen Film und zahlte Lugosi einen Teil seiner Gage aus, damit er zu dem Arzt gehen konnte, der ihm seine Drogen verschrieb. Dann ging Ed langsam das Geld aus, und er lief herum, um wenigstens so viel aufzutreiben, daß alle zufrieden waren, und versuchte nebenbei, den Film zu Ende zu kriegen. Wenn er dann den Film fast im Kasten hatte, wußte er nicht mehr, wem er wie viele Anteile verkauft hatte, wem er noch Geld schuldete und wieviel Filmmaterial er noch brauchte. Es war eine ziemlich schlampige Finanzierung.

Alex Gordon: Die Sneak Preview im Paramount Theater auf dem Hollywood Boulevard war äußerst komisch. Sie zeigten *Bride* ausgerechnet zusammen mit *End of the Affair* mit Deborah Kerr nach der Story von Graham Greene. Sam Arkoff und ich sahen ihn uns gemeinsam an, und seltsamerweise meinte Sam, für das geringe Budget sei es ein recht guter Film.

Bela Lugosis Augen in *Bride of the Monster*.

Lugosi am Drehort (Foto: Richard Bojarski).

Maila Nurmi: Ed veranstaltete ein Ehrenbankett zugunsten von Bela im Paramount Theater. Er ließ Anzeigen schalten und verschickte Einladungen an alle, in denen er schrieb, daß die Einnahmen an Bela gingen, der krank sei und das Geld bräuchte. Niemand kam. Niemand.

Mildred Worth: Frank und ich besuchten die Preview in einem Hollywood-Kino, und gegen Ende des Films herrschte im ganzen Publikum nur noch Gelächter. Sie hielten das Ganze wohl für das Dümmste, was sie je gesehen hatten. Für Ed muß es eine große Demütigung gewesen sein.

Ed Wood: Bela und ich gingen den Hollywood Boulevard entlang. An der Ecke Hollywood und Vine mußten wir an einer Ampel warten. Plötzlich fängt Bela an mit seiner gewaltigen, donnernden Stimme, die man nicht vergißt, wenn man sie einmal gehört hat, seine Rede aus *Bride* zu halten: »Heim ... ich habe kein Heim. Gejagt – verachtet – ich lebe wie ein Tier – der Dschungel ist meine Heimat! Aber ich werde der Welt zeigen, daß ich ihr Herr sein kann. Ich werde meine eigene Menschenrasse erschaffen – eine Rasse atomarer Übermenschen, die die Welt erobern wird!« Während er redete, versammelte sich eine Menschenmenge um ihn, und als er aufhörte, applaudierten sie ihm. Mitten auf der Straße! Dann gingen wir auf die andere Seite, und die Leute, die seine Rede, diesen ganzen Unsinn gehört hatten und mit uns in die gleiche Richtung gingen, hat wahrscheinlich der Schlag getroffen, als sie sahen, daß er direkt in die Leichenhalle ging! Ein alter Freund von ihm arbeitete dort, aber das wußte natürlich niemand!

Als *Bride* anlief, lag Bela im Krankenhaus, aber nachdem er entlassen worden war, nahm ich ihn zu einer Vorführung ins UA Theater in L.A. mit. Der Film gefiel ihm, und seine Rede gefiel ihm besonders. Als wir aus dem Kino kamen, lief ein alter Mann auf ihn zu, kramte einen Zettel aus seiner Brieftasche und bat um ein Autogramm. Wir waren kurz nach draußen gegangen, damit Bela seine Zigarre rauchen konnte. Wenn er knapp bei Kasse war, kaufte er immer lange, billige Zigarren, die er in der Mitte durchbrach. Leider stanken sie, sie stanken wirklich erbärmlich. Der alte Mann sagte zu ihm: »Ich bin jetzt 62, und ich fühle mich wirklich alt.« Lugosi streckte die Brust vor und entgegnete: »Ich bin 71, aber das Gehirn bleibt ewig jung. Der Körper mag alt aussehen, aber nie das Gehirn. Wenn das Gehirn noch jung ist, dann ist auch der Körper jung, wie der eines jungen Mannes.«

Ed Wood und Maila Nurmi (Vampira) beim Ehrenbankett für Bela Lugosi (Foto: Paul Marco).

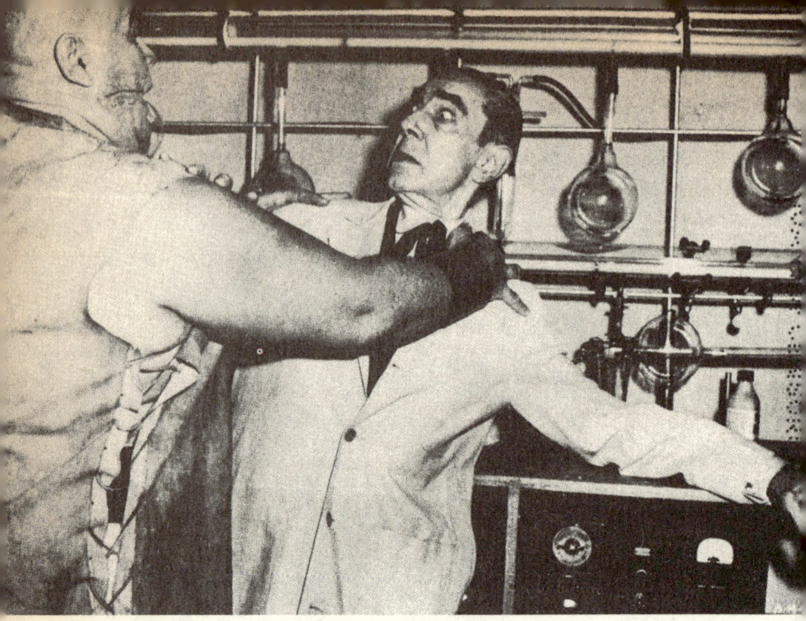

Zweimal Tor in Aktion in *Bride of the Monster* (Fotos: David J. Hogan).

Eine fliegende Untertasse aus *Plan 9*.

Tor Johnson steht von den Toten auf, rechts Vampira (Foto: Eric Caidin).

Plan 9

»HERRSCHER: Welchem Plan wirst du nun folgen?

EROS: Plan 9 – es war unmöglich, mit diesen Erdlingen zu arbeiten – ihre Seelen sind zu kontrolliert.

HERRSCHER: Plan 9 (nimmt den Bericht zur Hand). Ah ja . . . Plan 9 befaßt sich mit der Wiederauferweckung der Toten. Langstreckenelektroden werden in das Rückenmark kürzlich Verstorbener geschossen. Habt ihr schon versucht, diesen Plan in die Tat umzusetzen?

EROS: Ja . . .

HERRSCHER: Wie erfolgreich wart ihr?

EROS: Bis jetzt haben wir zwei auferweckt – aber wir werden noch erfolgreicher sein . . .

HERRSCHER: Die Lebenden – sind sie eurem Tun noch nicht auf die Schliche gekommen?

EROS: Wir sahen uns gezwungen, uns eines Polizisten zu entledigen. Aber keiner der Wiederauferstandenen ist bis jetzt gesehen worden. Zumindest von niemandem, der noch lebt . . .«

Aus dem Drehbuch von *Plan 9 from Outer Space*
von Ed Wood

Carl Anthony: Als er mit den Dreharbeiten zu *Plan 9* begann, waren wir beide Junggesellen. Da wir sowieso Tag und Nacht zusammen waren, um Geld aufzutreiben, beschlossen wir, zusammenzuziehen. Es sollte nur für die Dauer des Filmes sein. Wir wohnten im Herzen von Hollywood, auf der Bronson Street. Dann traf er Kathy. Er führte schon immer ein unregelmäßiges Leben, aber er trank, und das war das Problem.

Reverend Lyn Lemon: J. Edward Reynolds war bei den Baptistenkirchen in der Umgebung ein hochgeachteter Mann. Er sang oft bei den Gottesdiensten. Eines Tages fragte er mich, ob ich ihn auf seiner Fahrt zu einer Elektronikfirma begleiten wolle. Ich fuhr mit ihm, und er erzählte mir, daß er *The Billy Sunday Story* hätte und Ma Sundays Erlaubnis, die Geschichte als Film herauszubringen. Das war ein Wunschtraum von ihm, aber ihm fehlte das notwendige Kapital. So kam er auf die Idee, das Drehbuch eines seiner Freunde, Ed Wood, zu verfilmen. Es war eine Science Fiction-Sache. Wir sollten eine Firma gründen, unsere finanziellen Mittel zusammentun, den Film drehen, verkaufen, und die Einnahmen wieder in die Firma stecken, um dann *The Billy Sunday Story* zu machen. Danach wollten wir nur noch religiöse Filme produzieren. Er wollte wissen, ob ich mit einsteigen würde. Ich fand, es klang überzeugend, also belieh ich meine Lebensversicherung und steckte 500 Dollar in den Film.

Kathy Wood: Der Manager der Mariposa Apartments, in die wir einzogen, war Edward Reynolds, einer der Führer der Baptistenkirche von Beverly Hills. Reynolds steckte Geld in den Film, unter der Bedingung, daß sich die ganze Filmcrew vorher taufen lassen sollte. Eddie würde in einem jüdischen Swimmingpool in Beverly Hills getauft. Er und Tor wollten mich auch dazu überreden, aber ich sagte: »Kommt gar nicht in Frage.«

Ed Wood: Schließlich holten wir das Geld aus den Baptisten raus; nur bestanden sie darauf, daß wir alle vorher Baptisten werden sollten. Tor Johnson sah zu, wie alle in den Pool stiegen und dreimal untergetaucht wurden, während der Priester betete. Als er an der

Reihe war, flüsterte er mir zu: »Warte mal, bis er mich das dritte Mal untertaucht.« Als dieser dürre alte Reverend Tor dann zum dritten Mal untertaucht, bleibt der einfach auf dem Boden des Pools liegen. »Er ertrinkt! Hilfe! Hilfe!« kreischte der Reverend und rannte wie ein Verrückter umher, um jemanden zu schnappen, der ihm helfen sollte, diesen riesigen Wrestler aus dem Wasser zu ziehen. Sie schoben eine Menge Geld rüber.

Reverend Lyn Lemon: Ed Reynolds kam später auf mich zu und fragte mich, ob ich bei der Begräbnisszene in dem Film mitspielen wollte, er und Ed hätten darüber gesprochen. Ed zeigte mir meine Position, und als er »Action!« rief, fing ich an. »Die letzte Glocke eines großen Lebens hat geläutet ... es ist schwer, die richtigen Worte über einen Freund zu sagen, und Inspector Clay war ein Freund, ein guter Freund.« Ich verwendete auch die Stelle aus der Heiligen Schrift. »Größere Liebe hat kein Mensch als der, der sein Leben für einen Freund gibt.« Und wie das Leben so spielt, beerdigten wir Tor tatsächlich 1971 im Eternal Valley Memorial Park.

Dudley Manlove: Tor Johnson war solch ein warmherziger Mensch! Er war äußerst kooperativ – ein wunderbarer Mann. Stets pünktlich, kannte stets seinen Text. Früher war er ja Wrestler gewesen, aber Sie wissen ja, das ist alles nur Show. Nach den Kämpfen ist er mit seinen Gegnern immer einen trinken gegangen.

Paul Marco: Ed führte die Gespräche mit den Baptisten, ich saß mehr im Hintergrund. Sie haben nicht den ganzen Film finanziert, teilweise kam noch Geld von kleineren Investoren. Deshalb schrieb Ed für J. Edward Reynolds und Hugh Thomas kleine Rollen zu Beginn des Filmes. Sie wollten alle dabeisein, und so spielten sie Totengräber. Ed hätte einen überreden können, die Brooklyn-Brücke zu kaufen. Über den Titel *Grave Robbers from Outer Space* stritten sie wie wild. Ed liebte den Titel, und als sie ihn letzten Endes umänderten, sagte er: »Der neue Titel gefällt mir nicht, aber ich habe mit ihnen allen gekämpft, und ich habe verloren.«

Lugosi war richtiggehend verzweifelt darüber, daß Ed nach *Bride of the Monster* nicht sofort einen neuen Film angehen konnte. Dann wurde ein Film namens *The Ghoul Goes West* geplant, und einige Szenen wurden mit Bela schon gedreht. Diese Szenen wurden dann in *Plan 9* verwendet, weil er damals nicht mehr kräftig genug war, um auf einem Pferd zu sitzen. Dann drehten wir noch die Szenen auf dem Friedhof, mit Bela in seinem Cape. Ed schrieb die Story für *Plan 9* den Leuten auf den Leib, die ich ihm vorstellte, Vampira und Bunny Breckinridge, der damals bei mir zu Gast war. Er machte einen Außerirdischen aus ihm. David de Mering war Bunnys Sekretär, und er wurde einer der Piloten.

Maila Nurmi: Oh, ich war eigentlich erzürnt, als ich hörte, daß Ed mich haben wollte. In der Los Angeles Times las ich eine Kolumne, in der stand, daß Ed Wood einen neuen Film drehen würde und hoffte, Vampira dafür zu gewinnen. Ich fand es lächerlich, denn damals wollte mich jedes größere Studio haben, sie schlugen sich darum, einen Film mit mir zu machen, während ich sie abwimmelte und überlegte, wem ich den Vorzug geben sollte. Aber dann kam ich auf die Schwarze Liste, und nur Ed Wood nahm mich noch. Wenn mir jemand zuvor gesagt hätte, daß ich mal für ihn arbeiten würde, hätte ich gesagt: »Du spinnst, nicht in tausend Jahren . . .« Aber nun saß ich da, ich war am Verhungern und lebte von 13 Dollar in der Woche, und jemand kam zu mir und sagte, Ed Wood macht einen Film. Er hat Filmmaterial von der *Sincerely Yours*-Premiere mit Liberace und seinen Fans, er hat Filmausschnitte von fliegenden Untertassen, er hat Archivaufnahmen von der Armee mit Jeeps und solchen Dingen, Reste aus alten Bela-Lugosi-Filmen, nicht verwertetes Material aus seinen eigenen Filmen, und er will all das zusammenstückeln, er hat ein Drehbuch drumherum geschrieben, das er dir zusenden will. Ich sagte: »Na prima«, hauptsächlich, weil mir sonst niemand ein Drehbuch zugeschickt hätte. Und ich bekam es. Ich sollte 200 Dollar am Tag bekommen, das war der gewerkschaftlich vereinbarte Mindestlohn. Man arbeitet einen Tag, man bekommt 200. Ich sagte: »Wißt ihr was, wenn ich eine stumme Rolle daraus machen kann, als Zombie, dann sage ich zu.« Ich fuhr in meinem Filmkostüm zum Studio auf dem Santa Monica Boulevard, direkt im Schatten des Presbyterianer-Friedhofs von Hollywood.

Ed stand hinter der Kamera, und da ich keine Sprechrolle hatte, sagte er nur »Komm jetzt raus« oder »Geh hinein« oder »Aufnahme«. Aber an einer Stelle mußte ich einen Schrei ausstoßen, und all diese verbrauchten Hollywood-Wüstlinge fingen an zu applaudieren, wahrscheinlich weil ich schließlich doch einen Laut von mir gegeben hatte. Es war nicht leicht für mich, in meinem Kostüm umherzugehen, weil der Boden nicht sehr eben war, überall lagen künstliche Steine und künstliches Grünzeug herum. Ich hatte nicht einmal ein ordentliches Kostüm für *Plan 9*. Ich weiß nicht mehr, was mit meinen anderen Kostümen war, ob ich sie weggeworfen oder verloren hatte. Was ich trug, war alt und verschlissen. Wenn man genau hinsieht, wirkt es im Film, als habe mein Kleid ein

Loch im Schritt. Ein Loch im Schritt! Nun, ich dachte, was soll's, diesen Film sieht sowieso kein Mensch.

Gregory Walcott: Eds Filme gehören in eine andere Kategorie. Das sind keine B-Filme mehr, das sind E- oder F-Filme, schmuddelig, drittklassig, abseitig . . .

Ed hatte einen schlechten Geschmack und war undiszipliniert. Er hatte überhaupt keinen Geschmack. Selbst wenn er 10 Millionen Dollar gehabt hätte, wäre *Plan 9* nichts als ein Stück geschmackloser Mist geworden. Ich mochte Ed Wood, aber ein Genie sah ich wirklich nicht in ihm. Er hatte nur eines im Sinn: den nächsten Film zu drehen.

Für die Cockpit-Szene nahmen sie ein Stück Holz, zimmerten es zusammen und hängten ein Duschvorhang dahinter. Das nannten sie dann ein Cockpit! Das war die letzte Szene, die wir filmten.

Ed hatte gesagt, daß der Produzent, Reynolds, mit ein paar guten Special Effects kommen würde. Ich dachte, vielleicht kann das den Film noch retten. Aber das Ganze sah aus, als hätten sie es in der Küche gedreht. Als ich nach Hause kam, sagte ich zu meiner Frau: »Honey, das war wohl der schlechteste Film, der je gedreht worden ist.« Und jetzt, dreißig Jahre später, verfolgt er mich schon wieder.

Ed Wood: Bela sollte eine viel größere Rolle in dem Film haben. Als er mir sagte, daß er Geld bräuchte, hatte ich das Drehbuch schon fertig. Es ging nur noch darum, die 800 Dollar zu bekommen, die wir für den Tag brauchten, an dem die Friedhofsszene mit ihm gedreht werden sollte. Er sollte Vampiras Ehemann spielen. Der Arzt, der ihn nach seinem Tod doubelte, war ein Chiropraktiker namens Thomas R. Mason, der die gleiche Schädelform wie Lugosi hatte. Wir haben ihn in der Szene eingesetzt, in der der Vampir das Haus betritt. Bela jun. sah den Ausschnitt und meinte, daß es ein verdammt gutes Double wäre. Durch seinen Tod mußte ich Lugosi auch im Film viel früher sterben lassen, als ich es geplant hatte. Er sollte der Großvater der beiden jungen Leute sein, die in Tor Johnsons Haus lebten. Nachdem Lugosi tot war, mußte der Vampir zu einem für die Geschichte unwichtigen Charakter werden. Wenn ich einen seiner Imitatoren wie Rich Little zur Verfügung gehabt hätte, hätten wir auch die Stimme synchronisieren und Belas gesamten Part von einem Double spielen lassen können.

Wir mußten Lugosi im Film dann durch einen Autounfall sterben lassen, das war alles sehr unglaubwürdig. Er verläßt das Haus und pflückt die Blumen, die seine Frau noch gepflanzt hat. Dann geht er zum Friedhof, um das Grab seiner verstorbenen Frau zu besuchen. Seine Tochter und sein Schwiegersohn, ein Pilot, wohnen in einem Haus am Rande des Friedhofs. Lugosi sollte sie besuchen und ihnen erklären, daß er an fliegende Untertassen und dergleichen glaube. Das war die letzte Szene. Bela geht aus dem Bild, und dann haben wir einen Schrei eingeschnitten. Eigentlich sollte er von den Außerirdischen aufgegriffen werden, aber so blendeten wir kreischende Bremsen und einen Schrei ein, so daß es den Eindruck erwecken sollte, als hätte ihn ein Auto überfahren. Sehr unglaubwürdig.

Die Dreharbeiten zu *Plan 9* begannen einen Monat vor Lugosis Tod. Wir drehten auf einem Friedhof in Sacramento. Tors Sohn Karl war damals Polizeileutnant. Jedesmal wenn wir Polizeiwagen brauchten, liehen wir sie bei ihm aus. Er wiegt übrigens fast genausoviel wie sein Vater. Von ihm kam auch der Vorschlag, auf einem Teil des Friedhofs zu drehen, der gerade aufgerissen wurde, um Platz für ein Bauprojekt zu schaffen. Es war der perfekte Ort, aber ich mußte erst sicher sein, daß Lugosi den Job annahm. Ich rief ihn an, und er erzählte mir sofort, daß er dringend Geld bräuchte. Man konnte seine Stimme kaum verstehen. Dennoch rief ich Karl an und teilte ihm mit, daß ich am nächsten Tag mit Lugosi kommen würde. Ich fragte ihn, ob wir sein Haus benutzen könnten, und er meinte nur: »Klar.« Wir gaben ihm 100 Dollar dafür. Also gingen wir zu diesem Friedhof, ein alter mexikanischer Friedhof, der noch vor 1900 angelegt worden war. Man wollte auf diesem Teil ein Hochhaus mit Apartments bauen, die Arbeiten sollten bald beginnen. Wir waren ziemlich sicher, daß man die Leichen schon verlegt hatte, aber später sollten wir erfahren, daß dem nicht so war. Karl Johnson und Carl Anthony waren mitgekommen, um zu helfen. Die Grabsteine waren schon umgefallen und teilweise zerbrochen. Es war sehr schwierig, einen guten Winkel für die Aufnahmen zu finden, weil sie schon mit Aushubarbeiten begonnen hatten. Also durfte ich nicht zu weit nach links gehen. Zu weit nach rechts durfte ich auch nicht gehen, weil dort eine Straße war. Im Film sieht man dann, daß ich fast nur Frontalaufnahmen gemacht habe, kaum welche von der Seite. Wir mußten die Grabsteine am Rand des Friedhofes umstellen. Karl und Carl halfen mir dabei. Lugosi war nicht in der Lage, einen Grabstein durch die Gegend zu schleifen, aber er legte die Hand auf einen, damit es wenigstens so aussah. Karl verrenkte sich den Rücken, als er versuchte einen Grabstein anzuheben, der bestimmt eine halbe Tonne wog. Ich bezahlte ein paar Statisten 25 Dollar, die die Trauergemeinde spielten, und benutzte beim Drehen Reflektoren. Am nächsten Tag erschien eine Schlagzeile in der Lokalzeitung von San Fernando: »Grabschänder fallen über Friedhof her.« Der Redakteur hatte offensichtlich keinen blassen Schimmer, wer da über den Friedhof hergefallen war und die Grabsteine umgestellt hatte. Er schrieb in dem Artikel, daß die Angehörigen von lange Verstorbenen auf dem Gelände nach ihren Verwandten gesucht hätten. Das war das Komischste an der ganzen Sache.

Gregory Walcott: Ich war Mitglied der gleichen Kirche, der auch Eddie Reynolds angehörte. Er finanzierte *Plan 9* unter der Bedingung, daß ich eine Hauptrolle bekäme. Die Produktion sollte vier Tage dauern, eine Menge filmten sie aus einem Auto heraus mit einer Handkamera, und ein weiterer Teil war Archivmaterial. Ich hatte gerade einen großen Film für Warner Brothers abgedreht, bei denen ich unter Vertrag war. Dort arbeitete man ungefähr zehn Wochen an einem Film, und hier war Ed Wood und machte es in vier Tagen! Das Ganze ging etwas über meine Vorstellungskraft, meine Auffassungen und mein Anpassungsvermögen hinaus. Aber Wood war beeindruckend. Mittags ging er weg, um sich die Muster anzusehen ... und zwei Stunden später war er wieder da. Er war eher wieder da als alle anderen. Aber eines sagte er immer wieder: »Ich kenne mein Drehbuch, ich kenne mein Drehbuch.« Er führte die Schauspieler meistens an der langen Leine und kümmerte sich hauptsächlich um die Kameraeinstellungen. Ansonsten mußte alles so schnell wie möglich gehen.

Mona McKinnon: Wir hatten viel Spaß bei den Dreharbeiten. Bei *Plan 9* gab es eine Studioszene, in der Tor Johnson mich über den Friedhof jagt. Sie hatten Stoffbahnen als Gras ausgelegt und Grabsteine aus Pappe gebaut. Nun, ich rutschte aus und stürzte, und der gesamte Friedhof rutschte mit mir mit. Wir mußten alles wieder aufbauen und die Szene noch einmal drehen.

Lyle Talbot: Ich bekam einen Anruf von Ed Wood, zu einer Zeit, da es mir nicht sehr gutging. Ich war bereit, jeden Job anzunehmen, und sagte zu. Es gab keinen Vertrag, nichts dergleichen. Eddie zahlte mich immer bar aus, manchmal waren es ganze Bündel von Ein-Dollar-Scheinen, als hätte er sie selbst bündelweise bekommen. Sie steckten einfach in seinen Jackentaschen. Ein paarmal bezahlte er mich früh am Morgen, vor Drehbeginn. Einmal sagte er zu mir: »Lyle, ich gebe dir keinen Scheck, weil ich nicht möchte, daß er platzt . . .«

Harry Thomas: Wenn Besucher an den Drehort kamen, ging Ed stets zu ihnen und redete mit ihnen, auch wenn er gerade drehte. Er besorgte ihnen Stühle. Er war sehr zuvorkommend, hatte für jeden ein Lächeln und einen Scherz übrig. Und das sogar, wenn er nüchtern war. Wenn er etwas getrunken hatte, schwebte er geradezu.

Dudley Manlove: Ich hatte immer schon ein gutes Gedächtnis, konnte gut Texte auswendig lernen. Es gab da eine besonders lange Szene, eine Rede, und Ed sagte: »Junge, wenn du durch den ganzen Text kommen würdest, ohne daß wir einen Schnitt machen müssen, würde uns das eine Menge Geld sparen.« – »Kein Problem«, sagte ich, »das schaffe ich schon.« Und ich hab's geschafft. Ich habe ihm bestimmt ein oder zwei Riesen gespart, da er ohne Zwischenschnitt oder zweiten Take auskam. Aber ich glaube, ich hatte in dem ganzen Film keinen zweiten Take.

Kathy Wood: Ich half ein bißchen beim Drehbuch von *Plan 9* mit. An einem Nachmittag saßen wir in der Wohnung auf der Mariposa Avenue und überlegten, wie wir eine bestimmte Szene glaubwürdig gestalten könnten. Mir fiel das Wort »Solar« ein, und Eddie kam auf die Idee mit der »Solar-Bombe«. Es ging um die Sonnenstrahlen, es wurde ein toller Dialog, und ich erinnere mich, daß wir sogar die Bibel hervorholten. Wir unterhielten uns wie zwei Wissenschaftler. Eddie glaubte an all diese Dinge, er hielt es nicht für albern, er glaubte daran.

Maila Nurmi: John (Bunny) Breckinridge spielte in *Plan 9* sich selbst. Er war das schwarze Schaf einer reichen, angesehenen Familie und war in diesem Sinne erzogen worden – er war einer dieser Exzentriker, der sein Geld verloren hatte. Er war herrlich, ich liebte John, und ich liebte ihn in diesem Film. Man lacht über ihn, weil alles so aufgesetzt scheint, aber so war er auch in Wirklichkeit, er spielte es nicht.

Harry Thomas: Eddie sagte: »Seid nett zu Bunny Brekkinridge, er ist ein guter Freund, und er hat etwas Geld beigesteuert.« Ich war nett zu ihm, ich war nett zu allen diesen Leuten, auch wenn es ein Haufen Irrer war!

Jack Randall: Bunny fuhr nach Mexico, um sich einer Geschlechtsumwandlung zu unterziehen, aber auf dem Weg dorthin hatte er einen Autounfall, bei dem der Junge, der ihn begleitete, getötet wurde. Bunny verbrachte einige Zeit im Krankenhaus und besuchte mich auf dem Rückweg. Dann traf er in einer Schwulenbar David De Mering, der sofort sein Sekretär wurde. Er zog mit Bunny zusammen, und ich glaube, daß er ihn nachts unter Drogen setzte, damit er einschlief.

Bunnys Nachbarin war eine Alkoholikerin mit zwei Kindern, ich glaube, sie waren 11 und 13. Jungen. Als Bunny ihr eines Tages erzählte, daß er nach L. A. und danach nach Las Vegas fahren würde, fragte sie ihn:

»Können Sie die beiden nicht mitnehmen?« Und er tat es. Sie wohnten in einem Hotel auf dem Sunset Boulevard. Ich ging dort vorbei, um Bunny zu einem Dinner in meinem Haus abzuholen. Jedenfalls, als ich im Zimmer war, machte sich einer der Jungen an mich heran. Was mich etwas verwunderte, um es mal so zu sagen. Bunny hatte für ein paar Tage weggemußt und die Jungen einfach der Obhut eines Bekannten überlassen. Aber der Kerl erwartete eine Anklage wegen Kindesmißbrauch! Der Vater der Jungen war ein hoher Marineoffizier in Washington, und als er Wind von der Sache bekam, schaltete er das FBI ein. Bunny wurde ebenfalls verhaftet. Es war ein spektakulärer Fall, über den auch im Fernsehen berichtet wurde. Bunny, wie er sein Make-up vor den Fernsehkameras erneuert! Er kam für zwei Jahre nach Atascadero. Das ist eine Anstalt für geisteskranke Straftäter. Er blieb die ganzen zwei Jahre dort und wurde »Königin der Wäscherei«.

John »Bunny« Breckinridge: Zuerst glaubte ich, daß mein Film *(Plan 9)* ganz gut werden würde, aber letzten Endes war es ein Fehler, daß ich ihn gemacht habe. Er war nämlich nichts als Mist. Immerhin war ich in Paris ein bekannter Star gewesen. Sechs Jahre habe ich in Revuen getanzt und gesungen. Ich stand als Jaques Solange auf der Bühne. Ich kannte Puccini, Massenet, Mary Garden, all diese Leute, denn wir hatten ein wunderbares Haus in Paris, in das wir oft Gäste einluden, und es hat mir großen Spaß gemacht. Ich habe immer meinen Spaß gehabt. Ich sehe immer das Positive der Dinge – ich bin niemals deprimiert. Und wenn ich jemanden nicht mag, dann treffe ich mich eben nicht mit ihm. Punkt.

Kathy Wood: Tom Mason (Lugosis Double in *Plan 9*) war Chiropraktiker und Hypnotiseur. Wir nannten ihn nur Dr. Tom. Für *Bride and the Beast* hat Eddie von ihm wertvolle Hinweise über therapeutische Hypnose erhalten. Tom und ich fanden heraus, daß ich mich perfekt zur Hypnose eignete, er konnte mich sogar übers Telefon hypnotisieren, nur mit seiner Stimme. Während einer anderen Hypnose hatte ich meine Arme nach beiden Seiten ausgestreckt, und Tor setzte sein ganzes Gewicht ein, um sie niederzudrücken, aber es gelang ihm nicht.

Margaret Mason: Kathy hatte es immer mit diesem Trick – sie würde einen mit einem Fluch belegen, wenn man nicht täte, was sie wollte. Was mich nicht im geringsten beeindruckt hat.

Carl Anthony: Der muskalische Leiter, Gordon Zahler, war querschnittsgelähmt. Er benutzte ausschließlich vorhandene Schallplattenaufnahmen für die Filme, Archivmusik.

Ed Wood: Keiner von uns wußte, wie ein Raumschiff aussah. Tommy Kemp war wie immer für die Bauten zuständig. Bill Thompson war der Kameramann, er mußte seinen Lichtmesser bei Kerzenlicht ablesen. Die Gewerkschaft hatte ihren Daumen auf dem Film. Und wir hatten dieses stinkige kleine Studio mit Säcken an der Decke. Es war ungefähr 50 Meter lang, aber nur etwa einen Meter breit.

Wir hatten alles aufgebaut, außer dem Flugzeug. Von dem hatten wir nicht einmal eine Attrappe, weil uns das Geld ausgegangen war. Jeder hatte inzwischen seine Lebensversicherung beliehen, damit es weitergehen konnte. Wir nahmen die rechteckige fliegende Untertasse in Karl Johnsons Garten auf. Ich sagte: »Nun,

Lugosi in *Plan 9*.

Lugosis Double, Tom Manson. Ähnliche Ohren?

die runde Spitze werden wir überhaupt nicht sehen. Es sieht aus wie ein kleiner Zeppelin.« Genau das sagte ich zu Tommy Kemp. Ich ging zu einem Hobbyladen und kaufte drei Fliegende-Untertassen-Modelle, die mit dem flachen Boden. Deshalb war der Boden rechteckig. Die Spezialeffekte sollten nachträglich vom Kameramann, von mir selbst, vom Elektrotechniker und vom Requisiteur aufgenommen werden. Wir benutzten Häuser aus Pappe und so. Wir bauten auf diesem langen Tisch eine ganze Stadt und ließen die runden Modelle auf einem Pianodraht über diese künstliche Stadt gleiten. Die Untertassen waren aus Balsaholz, und wir entzündeten ein wenig Benzin in ihnen, damit es aussah, als käme hinten Rauch raus, aber jedesmal, wenn wir das taten, verbrannte der verdammte Pianodraht, die fliegende Untertasse stürzte ab und vernichtete zwei oder drei kleine Häuser auf dem Tisch.

Wir mußten uns also etwas anderes ausdenken. Jedesmal wenn die Untertasse abstürzte, kostete es mich 20 Dollar, um die Schäden an der Stadt zu beseitigen. Schließlich ging ich zu einer Firma für Spezialeffekte, Ray Mercer's, und meinte: »Ich weiß nicht, was zum Teufel ich noch machen soll. Wie kann ich das Problem lösen?« Mercer sagte: »Nun ja, wir könnten die fliegenden Untertassen an Pianodraht befestigen und vor schwarzem Samt aufnehmen. Danach werden sie auf Archivaufnahmen von Hollywood gelegt.« Ich ging zu Reginald Dennys Hobbyladen, aber dort gab es keine fliegenden Untertassen mehr. Die Kids kauften die Dinger, als wären sie nächste Woche aus der Mode. Dann kam Ray Mercer eine andere Idee, von der er meinte, daß es klappen würde. Er wollte die Radkappen von einem alten Cadillac verwenden. Das wurden dann schließlich unsere fliegenden Untertassen. Sie hatten zwar keine Gondeln auf der Unterseite, aber es ging auch so. Die Radkappen waren natürlich silbern, und Bill Thompson meinte, daß sie bei der Aufnahme zu sehr glänzen würden. Er übermalte sie alle grün, ein solches Kack-Grün hatte ich noch nicht gesehen. Natürlich drehte wir in Schwarzweiß, aber ich sah trotzdem alles in Farbe. Während Bill fort war, ließ ich die Radkappen beige anstreichen. Als er zurückkam, war er außer sich und brüllte: »Da mach ich nicht mit!« Schließlich hatte ich genug von der ganzen Sache. Normalerweise ließ ich nie den großen bösen Regisseur raushängen, aber diesmal reichte es mir. »Alle sagen dauernd, daß diese verdammten Untertassen silbern seien. Also streichst du sie jetzt wieder silbern, und dann hältst du den Mund, denn genauso werden wir sie aufnehmen.« Sie waren stinksauer, und es stellte sich heraus, daß Bill natürlich recht gehabt hatte, denn die Untertassen sahen auf der Leinwand aus, als glühten sie förmlich. Aber wir hatten kein Geld, um das noch im Labor zu korrigieren.

Harry Thomas: Ich habe Wood bekniet, die Kostüme der Außerirdischen und ihre Gesichter verändern zu dürfen. Ich sagte, diese Leute sehen aus, als kämen sie von der Universität. Ich wollte ihnen farbige Perücken aufsetzen ... grüne ... und wollte ihre Gesichter grün färben. Ein Frankenstein-Grün. Die Augen wollte ich auch ändern. Ich hatte schon Augen fertig – sie waren durchsichtig –, und die Schlitze in den Pupillen saßen anders, wie bei Katzen. Außerdem hatte ich Kinnstücke gemacht, die das Kinn verlängern sollten, um dadurch das Gesicht länger und schmaler wirken zu lassen. Sie waren schon fertig! Man brauchte sie nur noch mit Leim festzukleben. Ich hätte für jeden höchstens 15 oder 20 Minuten gebraucht. Ich dachte, er würde mitziehen. »Wood«, sagte ich, »diese Leute sehen viel zu normal aus. Sie sehen genauso aus wie wir. Außerdem solltest du ihre Stimmen verändern.« – »Und wie soll ich das machen?« fragte er. »Ganz einfach«, meinte ich, »sie können in ein Glas sprechen.« Ich machte es ihm vor, aber er ließ sich nicht darauf ein. Anstelle der merkwürdigen Militärkostüme, die sie trugen, zeigte ich ihm ein paar Zeichnungen. »Wood, sie müssen heller wirken, eine Art Schleier sollte sie umgeben.« Wir hätten sie mit Leuchtfarbe besprühen können. »Es wird dich keinen Cent extra kosten.« Aber er ging nicht darauf ein, meinte nur: »Dafür haben wir keine Zeit.« Das ist der Grund, warum ich mich geweigert habe, meinen Namen für den Abspann herzugeben. Statt dessen taucht nur der meines Assistenten, Tom Bartholomew, dort auf. Ich war stinksauer auf Wood.

Kathy Wood: Vor der Preview von *Plan 9* regnete es in Strömen. Wir hatten dieses Cadillac-Cabriolet, und wir bekamen das Dach nicht hoch! Ich sagte: »Eddie, es ist mir egal, was du machst, aber ich setze mich nicht in dieses Cabrio, während es Bindfäden regnet.« Der arme Eddie, mein Liebling! Er stieg tatsächlich in den Wagen, er sah so scharf aus, und er fuhr wirklich los, versuchte, so unbeteiligt wie möglich zu wirken. Er hatte sich herausgeputzt, der Regen prasselte herab, und er fuhr den Barham Boulevard hinunter. Die Leute starrten ihn an. Wahrscheinlich dachten sie, er sei verrückt, vor allem, weil er tat, als sei alles ganz normal. Während das Wasser im Wagen langsam stieg!

Bob Burns: Tor Johnson hat sich bei der Premiere von *Plan 9* wohl am besten amüsiert. Jedesmal, wenn er auf der Leinwand auftauchte, brach er in Gelächter aus. Criswell kündigte den Film an, sagte, wie großartig er sei, und dann standen nacheinander die Mitwirkenden auf. Tom Mason, der Chiropraktiker, stand auf und sagte, er sei dem »großen, leider verstorbenen Bela Lugosi« dankbar, daß er ihm die Chance gegeben habe, sein Filmdebüt zu feiern! Selbst der Kameramann Bill Thompson sagte, wie sehr ihm die Arbeit an diesem Film gefallen habe. Auch Dudley Manlove, der Chef der Außerirdischen, stand auf. Paul Marco sagte ebenfalls ein paar Worte. Dann trat Ed Wood vor den Vorhang. »Ich möchte diesen Film meinem großen Freund Bela Lugosi widmen.« An jenem Abend waren alle sehr aufgeregt, wie aufgedreht. Hier und da gab es jedoch ein paar Lacher, wenn die Spezialeffekte oder ein paar Szenen mißglückt waren.

Gregory Walcott: Ich erinnere mich an den Abend der Preview. Ich saß neben Ed Reynolds, und der arme Kerl tat mir so leid. Er versuchte den Film an die Distributoren zu verkaufen, aber niemand wollte ihn, niemand wollte etwas mit dem verdammten Ding zu tun haben. Hal Roach hatte eine Gesellschaft in New York, D.C.A., die sich schließlich entschloß, den Film für ihn rauszubringen. Ich glaube nicht, daß irgend jemand auch nur einen Cent daran verdient hat. Ich glaube, das war zuviel für Mr. Reynolds. Er starb wenige Jahre danach.

David Friedman: Mein Freund Don Davis, der vor ein paar Jahren gestorben ist, machte den Schnitt von *Plan 9* und hatte auch eine kleine Rolle. Er spielte einen Betrunkenen, der in der Gosse liegt und plötzlich fliegende Untertassen am Himmel sieht. Es war wie eine Prophezeiung. Er trank sich zu Tode.

Kathy Wood: In Mariposa sind Reynolds und Eddie hart aneinandergeraten . . .

Paul Marco: Reynolds setzte Eddie ständig unter Druck, er solle sein Faible für Kleider unterdrücken und sich männlicher geben, weil sein Auftreten der Kirche schade. Ed mußte einiges hinnehmen, damit er das Geld bekam, um den Film beenden zu können. Eines Tages sagte er zu mir, daß die Baptisten nun alles übernehmen würden und ich meine leitende Position abtreten müsse.

Kathy Wood: Eddie und Paul hatten einen riesigen Krach, und Eddie schubste Paul die Treppe hinunter. Es war ein einziges Chaos. Schließlich schlief ich auch noch mit einer Zigarette in der Hand auf dem Sofa ein, das Feuer fing und beinahe abgebrannt wäre. Eines kam zum anderen, und schließlich warf Reynolds uns aus dem Haus. Er war einer dieser Menschen, die nach außen religiös und fromm wirken, aber im Grunde war er ein widerlicher Gauner. Aber das merkten wir erst später.

Als wir auszogen, mieteten wir einen Lastwagen. Wir luden unsere Möbel auf, und als wir davonfuhren, verfluchte ich Reynolds vom Wagen aus: »Du wirst nie Geld mit diesem Film machen, du wirst als Penner enden...« Eines Tages kam Reynolds in unser neues Apartment. Er tat noch immer so, als sei er ein guter Freund. Ich sagte zu Eddie: »Trau ihm nicht, er hat irgend etwas vor.« Ich hatte die Wohnung verlassen, und als ich wieder zurückkam, hörte ich, wie Reynolds sagte: »Hier ist der Dollar. Was das andere betrifft...« Ich riß Ed den Schein aus der Hand und schrie: »Was zum Teufel ist hier los?« Aber Eddie nahm mir den Dollar wieder ab und sagte: »Alles okay, mach dir keine Sorgen.« Dabei hatte Reynolds gerade die Kontrolle über *Plan 9* übernommen. Für einen Dollar!

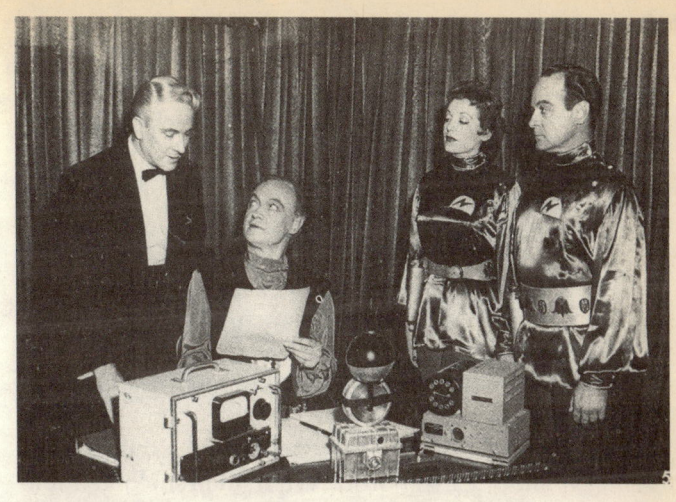

Zwei Szenen aus *Plan 9*.
Oben: Criswell, John »Bunny« Breckinridge, Joanna Lee, Dudley Manlove (Foto: Dudley Manlove). Unten: Carl Anthony, Duke Moore, Ben Frommer, Tor Johnson, Paul Marco, Conrad Brooks (Foto: Conrad Brooks).

Maila Nurmi: Criswell erzählte mir, daß *Plan 9* in New York in einem kleinen Theater in der 41. Straße gezeigt wurde und daß er dort anderthalb Jahre lief. Ein winziges Kino, aber es war immer gut besucht. Criswell meinte, der Film hätte tonnenweise Geld eingebracht. Aber nicht Ed Wood, sondern ihm. Denn er hatte Anteile daran.

Paul Marco: In Hollywood lief *Plan 9* nie, das weiß ich genau. Näher als bis San Diego kam er nicht. Ich glaube nicht, daß er oft in den Kinos gelaufen ist, bevor er ins Fernsehen kam. Aber da zeigte man ihn ständig.

Phil Cambridge: Er war sehr, sehr stolz auf den Film. »*Plan 9* ist mein ganzer Stolz. Wenn man mich kennenlernen will, soll man sich *Glen or Glenda* ansehen, das bin ich, das ist meine Geschichte. Keine Frage. Aber *Plan 9* ist mein ganzer Stolz . . . für die fliegenden Untertassen haben wir Cadillac-Radkappen benutzt.« Ich habe den Film dann zum erstenmal im Fernsehen gesehen, spätabends. Es gibt da eine Rede, gegen Ende des sogenannten Höhepunkts dieses Films. Der oberste Außerirdische steht in der Tür des Raumschiffs und hält eine Rede, so wie Michael Rennies in *The Day the Earth Stood Still* (Der Tag, an dem die Erde stillstand). Aber ich habe kein Wort verstanden, es war ein einziges dümmliches Geplapper. Eigentlich ziemlich witzig, dachte ich mir, da hält er diese bedeutsame Rede und erzählt nur Schwachsinn. Als ich Ed von dem Film erzählte, fragte er sofort: »Wie fandest du die Rede?« Ich wollte gerade sagen, wie sehr ich lachen mußte, und grinste schon, als er mir zuvorkam. »War das nicht großartig? Ich habe an nichts so hart gearbeitet wie an dieser Rede. Hat es dir wirklich gefallen?« Also blieb mir nichts anderes übrig, als ihm beizupflichten.

Dudley Manlove, Tor Johnson, John Breckinridge und Joanna Lee in *Plan 9*.

Vampira in *Plan 9*.

Nigth of the Ghouls
&
The Sinister Urge

»1. AUSSEN. FRIEDHOF – HALBTOTALE – SCHWENK – NACHT.

Die Kamera schwenkt über einen alten Friedhof; Grabkreuze, Grabsteine, Mausoleen usw. Kameraschwenk endet vor einer alten Krypta oder Gruft.

BILD LÖST SICH AUF UND ENTHÜLLT:

INNEN. GRUFT – HALBTOTALE – KAMERAWAGEN – NACHT:

Wir blicken auf einen alten, verwitterten Sarg in der Gruft. Die KAMERA SCHWENKT, HALBTOTALE. Der Sarg füllt die Leinwand völlig aus. Nach einem Augenblick des Wartens hebt sich der Sargdeckel, bis die Leinwand ganz schwarz ist, dann:

ÜBERBLENDUNG TITEL UND VORSPANN

VORSPANN VERSCHWINDET LANGSAM – der Sargdeckel senkt sich. Im Sarg, in einer geraden, starren Pose sitzt CRISWELL, ein merkwürdiges Licht hinter ihm.

CRISWELL: Ich bin CRISWELL ...

Die KAMERA fährt zu einer EXTREMEN NAHAUFNAHME heran – während Criswell fortfährt.

CRISWELL: Schon viele Jahre berichte ich das schier Unglaubliche – zeigte das Irreale und bewies, daß es mehr als Tatsachen gibt. Nun werde ich von den Schwellenmenschen berichten, eine Geschichte, die so erregend ist, daß einige von Ihnen vielleicht in Ohnmacht fallen. Dies ist die Saga von denen in der Schattenzone – einst Menschen, nun Monster, bedauerns-

Criswell steigt aus seinem Sarg, um den Eröffnungsmonolog in *Night of the Ghouls* zu halten.

Regieanweisungen von Ed Wood für Kenne Duncan, Tor Johnson und Duke Moore in *Night of the Ghouls*.

werte Monster, und doch verabscheuenswürdig...
Die Nacht der Grabschänder...«

Aus dem Drehbuch *Night of the Ghouls* von Ed Wood

Tony Cardoza: Ich lernte Ed im August 1957 kennen, durch einen meiner Freunde, der ein Vertreter für Fuller-Bürsten war, ob Sie's glauben oder nicht. Er war mit Ed ein paarmal einen trinken gewesen, und als ich hierherkam, erzählte er Ed von mir und davon, daß ich Geld in ein Mietshaus stecken wollte. Statt dessen überredeten sie mich, es in einen Film zu stecken.

Kathy Wood: Eines Morgens, Ed nimmt gerade ein Bad, kommt dieser Fuller-Bürsten-Mann an die Tür. Er hieß George Cilly. Als er anfing, sich mit Ed zu unterhalten, vergaß er seine Bürsten völlig. Schließlich blieb er den ganzen Nachmittag und spielte zwischendurch mit Eds Pistole. Sie war nicht geladen.

Valda Hansen: Ed kannte mich schon vor *Night of the Ghouls*, er hatte mich im Theater als die Naive gesehen. »Ich möchte einen Film mit dir machen. Er heißt *The Night the Banshee Cried*«, sagte er zu mir. Ich sagte: »Soll ich etwa für Sie lesen und es auf Band aufnehmen?« Er meinte, ja, und gab mir diesen langen Text, den ich dann auf Band sprach. Es war der Auftritt der Todesfee. »Vor langer, langer Zeit... lebte ich auf dieser Erde...« Ich spielte die vertriebene Fee mit Stöhnen und allem.

Das genügte. Ed sagte: »Sie ist der Weiße Geist, sie ist Sheila.« Er kam auf mich zu – ich war ganz in Schwarz gekleidet, ein enger Rock, ein enger Pullover, ein goldener Gürtel, Stöckelschuhe – und fragte mich, wie groß ich sei. »1 Meter 65«, antwortete ich, und er rief: »Perfekt!« Dann lächelte er, ein zwinkerndes Lächeln,

Kenne »Horsecock« Duncan und Valda Hansen in *Night of the Ghouls* (Foto: Valda Hansen).

eine Mischung aus schalkhaft und schüchtern, und sagte: »Bist du mein Liebling?«

Sie kennen sicher die »Fingerszene« aus *Night of the Ghouls*, die Szene, in der man meine Hände und die langen silbernen Fingernägel sieht? Jeder fragt mich, wie ich es geschafft habe, meine Finger so zu bewegen wie Schlangen. Ed Wood ist auf die Idee gekommen – er liebte diese Szene! Er konnte Gefühlen Ausdruck verleihen, über die man sich im Augenblick des Drehens selbst gar nicht klar war.

Kenneth Duncan flüsterte mir zwischen den Aufnahmen dauernd obszöne Dinge ins Ohr. »Magst du es mit der Zunge?« flüsterte er immer wieder. Ed war erschöpft, er hatte bis spät in die Nacht gearbeitet, er war unrasiert, müde, fertig – alles lastete auf seinen Schultern, und das Geld war knapp. Er war angespannt und voller Sorgen und blieb stets fröhlich und optimistisch. Jedenfalls hörte Kenne nicht auf, mir zuzuflüstern, was er mit mir machen wollte. Ich war noch Jungfrau, aber plötzlich hatte selbst dieses schüchterne Mädchen genug von dem alten Lüstling, und ich schrie ihn an: »Jetzt ist aber Schluß!« Die Mikrofone waren noch an, und das ganze Team konnte es hören. Sie kriegten sich nicht mehr ein und platzten fast vor Lachen, aber Eddie war am schlimmsten – er weinte vor Lachen und trampelte mit den Füßen auf den Boden!

Wenn er Regie führte, wurde Ed manchmal sehr emotionell, aber man hatte nie das Gefühl, daß er einen verletzen oder unterdrücken wollte . . . er hatte so eine Art . . . manchmal steigerte er sich in eine regelrechte Tirade. »Ich habe doch gesagt, daß es so nicht funktioniert, warum macht ihr es immer wieder so?« Er wurde richtig laut, aber dann mußten wir plötzlich alle lachen, und er wurde wieder ein netter kleiner Junge und sagte: »Ihr wißt doch, daß ich euch liebe.«

Paul Marco: Ich wurde k. o. geschlagen, weil ich zu nahe bei Tor stand. Sie hatten eine volle Ladung in die verdammte Pistole getan, und Funken sprühten auf seinen Arm, der fast zu brennen begann. Mich hat er deshalb k. o. geschlagen! Er hob mich hoch wie eine Erdnuß, legte mich in den verdammten Sarg und machte den Deckel zu. Dort lag ich, bis sie schrien: »Wo ist er bloß?« Endlich kamen sie darauf, daß ich in dem verdammten Sarg lag.

Kathy Wood: Bunny besuchte uns in unserem bescheidenen, kleinen Apartment auf der Mariposa Street, in dem früher Jean Harlow einmal gewohnt hatte. Er trug einen riesigen wunderbaren Panamahut mit einer roten Kordel. Wir fuhren zum Drehort, und Ed und Bunny saßen hinten, ein Skelett zwischen sich! Alles starrte und lachte und winkte, und Bunny amüsierte sich köstlich.

Valda Hansen: Es war während der Dreharbeiten zu *Night of the Ghouls*. Ich trug mein weißes Kleid, als Weißer Geist, um uns war Nebel, und die Weiden rauschten. In den Drehpausen »heulten« die Männer mir zu, sie wollten mich mit Wolfsgeheul und sexy Gesten wohl verunsichern, denn ich war erst 16, süße 16 und noch unschuldig. Ich ging weg und stand allein im Nebel. Plötzlich sah ich, daß sich eine Motte auf meiner Schulter niedergelassen hatte. Sie klammerte sich an mich, ihre kleinen silbernen Flügel bebten. Behutsam strich ich darüber. Niemand verfolgte mich mehr, sie waren alle fort, und ich stand allein im Nebel. Dann spürte ich etwas. Ich blickte auf und sah Ed Wood. Er sah mich durchdringend und aufmerksam mit seinen schillernden grünen Augen an. Im nächsten Moment wandte er sich ab.

Wir waren auf dieser Erde, aber nicht von ihr. Wir kannten einander. Dieser Augenblick sagte alles.

Ronnie Ashcroft: Ich lernte Ed Wood im Haus meines Freundes Kenne Duncan kennen. Kenne war jahrelang bei Republic Pictures unter Vertrag gewesen und wurde als »der gemeinste Schurke des Films« angepriesen. Er spielte nur die harten Kerle. Also, ich war bei Kenne, als es an der Tür klopfte und Ed hereinkam. Kenne machte uns miteinander bekannt. Ed sah mich an und sagte nach einer kleinen Pause: »Ron, vielleicht kann diese Begegnung ein Problem lösen.« Kenne sah Eddie an und meinte nur: »Verdammt, erzähl mir bloß nicht, du hast schon wieder Probleme. Was ist es diesmal?« Eddie erklärte, daß sein Regieassistent gekündigt habe und daß er bis sechs Uhr abends Ersatz bräuchte. Kenne kriegte vor Staunen den Mund nicht mehr zu. Alle schwiegen, bis ich schließlich sagte: »Ich stehe zur Verfügung.« Eddie lachte. »Ron, du kannst Gedanken lesen.« – »Nein, aber ich bin pleite«, entgegnete ich. Eddie erklärte mir die Sache. »Ich drehe bei Picture Recorders, der Ton-Gesellschaft, ich benutze die kleine Bühne, die sie nebenan haben, und ich habe drei Szenenaufbauten vorbereitet. Wir drehen von sechs bis Mitternacht. Eigentlich schließt der Tonraum um sechs, aber einer der Toningenieure bleibt noch da, um die Szenen aufzunehmen.«

Ich kannte Picture Recorders, ich hatte ein paar Filme dort vertont. »Mensch, Eddie, diese Bühne ist nicht viel größer als eine Telefonzelle.« Er unterbrach mich. »Ron, hör mir zu: Ich habe diese Bühne für 20 Dollar pro Nacht bekommen. Und du weißt, was Tommy Kemp leisten kann, wenn es darum geht, bei Low-Budget-Produktionen ein paar Dollar zu sparen.« Sicherlich hatte er recht, aber dann fiel mir noch etwas ein: »Verdammt, Eddie, mit 20 Dollar kannst du nicht einmal die Stromrechnung bezahlen. Die Beleuchtung!« Eddie hob die Hand und sagte: »Keine Sorge Ron, ich habe Zeit, die Elektrizitätswerke schicken ihre Rechnung nur alle zwei Monate.« – »Eddie«, sagte ich, »im Vergleich zu dir wirkt Roger Corman wie einer, der sein Geld zum Fenster rauswirft.« Eddie lachte. »Ich gebe dir eine Liste der Szenen, und du schnappst dir die Schauspieler und studierst mit ihnen ihren Text ein und sagst ihnen, wie sie sich bewegen sollen. Sie müssen bereit sein, wenn ich fertig bin, damit wir alles in einem oder höchstens zwei Takes schaffen. Bist du einverstanden?« – »Schön.« Um fünf gingen Eddie, Kenne Duncan, Bill Thompson, ich und noch ein paar andere ins College Inn. Eddie bestellte gleich eine Runde Martinis und erzählte ein paar witzige Geschichten. Plötzlich zog er ein riesiges Dollarbündel aus der Jackentasche, bestimmt ein paar hundert – tausend waren es sicher nicht, wie ich Eddie kannte. Ich wußte ja nicht, daß er mit seinen Leuten vereinbart hatte, sie vor Beginn des Drehens in bar zu bezahlen.

Wir saßen also da und amüsierten uns, bis ich auf die Uhr sah und sagte: »He, Eddie, es ist schon nach sechs, wir sollten ins Studio.« – »Ach komm, eine Runde noch.« Nun ja, er hatte schon ziemlich geladen, und ich machte mir langsam Sorgen. Also bestellte er noch eine Runde, und als er schließlich bezahlte, war sein Dollarbündel erheblich geschrumpft.

Als wir endlich am Drehort eintrafen, herrschte dort das übliche Chaos, die Leute standen herum, Zeit wurde verplempert, bis sie endlich eine Szene im Kasten hatten. Eddie sagte: »Schnapp dir Tor und geh mit ihm seinen Text durch.« Ich begrüßte Tor und stellte mich vor, aber er sagte nur: »Mr. Ashcroft, bevor ich aus dieser Tür komme, möchte ich mein Geld sehen.« Ich lief wieder zu Eddie. »Tja«, meinte er, »leider habe ich zuviel im College Inn verpulvert, aber was soll's, Tor muß einfach ein bißchen warten. Geh wieder zu ihm, aber sei nicht zu hart...« Ich sagte: »Ich denke nicht im Traum daran, mit diesem Kerl hart umzuspringen.« – »Sag ihm nur, daß ich ihn erst später bezahlen kann.«

Also ging ich zurück, klopfte an Tors Tür. »Mr. Johnson, ich habe mit Mr. Wood gesprochen, und er sagt, daß...« – »Ach, hören Sie schon auf«, unterbrach er mich. »Ihre Fassung will ich gar nicht hören. Sagen Sie mir klipp und klar, was er gesagt hat.« – »Na schön. Also, Eddie Wood sagt, daß er das Geld nicht hat, und daß Sie rauskommen und ihre Szenen spielen möchten, er wird Sie später bezahlen.« Tor stand auf und riß sich mit einer Hand seine Latexmaske vom Gesicht und warf sie auf den Boden. Er zog seine normalen Sachen an, sagte: »Mr. Ashcroft, ich verabschiede mich. Gute Nacht«, und ging davon.

Als ich es Eddie erzählte, meinte er nur: »Ach, Mist, ich hätte gedacht, daß er spielt. Dann geh einfach den Text mit Kenne und Valda durch.« Kenne konnte ich zunächst nicht finden, also ging ich zu Valda und teilte ihr mit, daß ich mit ihr und Kenne den Text durchgehen wollte. »Einen Moment, Mr. Ashcroft«, sagte sie. »Ich werde zwar dafür bezahlt, in diesem Film mitzuspielen, nicht aber dafür, mit Mr. Duncan Überstunden zu machen.«

Als ich Kenne schließlich fand, erzählte ich ihm, daß Valda sich geweigert hatte, mit ihm zu proben, und erst erscheinen würde, wenn die Kamera bereit sei. »So ein Mist«, meinte Kenne. »Dabei habe ich bei unserem ersten Treffen nur gesagt: Ich würde gern ein bißchen an deinen Titten kauen.«

So lief der ganze verdammte Abend. Der nächste Abend lief genauso. Dann rief Eddie mich zu sich und sagte: »Ron, ich muß dir sagen, daß unser Assistent wieder da ist ... wärst du sehr wütend auf mich, wenn ich dir einfach hundert Dollar gäbe ...« Ich sagte: »Eddie, das ist völlig in Ordnung.«

Sam Kopetzky: Ich war der Tonmann bei dem Film. Die Aufnahmen dauerten zwei Wochen, aber ich hatte den Eindruck, daß alles ziemlich schleppend voranging. Er hatte Ärger mit Tor, Tor ließ ihn ein paarmal auflaufen. Oft genug konnten wir nicht drehen, weil Tor nicht aus seiner Garderobe kam. Ed lief durch die Gegend. »Der Hundesohn will mehr Geld!«

Valda Hansen: Eines Abends stand ich mit ihm im Regen. Es war in Westwood, und er stand weinend auf der Straße. Ich werde diesen Abend nie vergessen. Seine Tränen strömten ebenso heftig wie der Regen. Er sagte: »Sie wollen mit mir das gleiche machen wie bei *Plan 9*, aber das werde ich nicht hinnehmen, Valda. Ich liebe diesen Film so sehr, er ist wie ein Teil von mir. Und dieses Mal werden sie es nicht schaffen. Dieser Film ist mein Baby – sie werden es mir nicht fortnehmen.« Er war so traurig. In solchen Augenblicken war er stets nüchtern ... eine tiefsinnige, tragische Gestalt. Nur wenige kannten oder sahen diese Seite von Ed Wood.

Paul Marco: Die erste Preview war in einem großen alten R.K.O.-Kino mit Balkon über Balkon, es war eines der frühen Vaudeville-Theater gewesen. Wir waren ganz oben, und es war voll, ausverkauft. Eds Film lief zusammen mit *Imitation of Life (Solange es Menschen gibt)* mit Lana Turner.

Danach kamen die ganzen schwarzen Kids zu ihm, und Eddie sagte immer wieder: »Das ist Kelton – da ist er!« Eddie war stolz, als sie schrien, wenn Tor Johnson mich durch den Flur verfolgt. Es schien, als würden sie minutenlang schreien. »Paß auf, paß auf! Dreh dich um, dreh dich um!«

Ed Wood: ein Brief an Anthony Cardoza

2. August 1959

Mein lieber Tony,
nur ein paar Teilen, um Dir meine neue Adresse mitzuteilen:

Tu mir einen Gefallen: Gib diese Adresse niemandem, der sie nicht schon hat; ich möchte nämlich die Idioten loswerden, die hier rumhängen – ein paar kennst Du selber gut, aber es gibt noch viel mehr.

Ich glaube, daß ich hier gut arbeiten kann, weil es so ruhig ist. Wir haben ein kleines Haus – es kostet natürlich viel weniger Miete; Du weißt, daß sie mich aus der anderen Wohnung rausgeschmissen haben, aber zumindest konnte ich die wenigen Dinge, die ich besitze, mitnehmen.

Morgen treffe ich mich erneut mit Corridine bei KTTV wegen des Films *(Night of the Ghouls)*. Er schwätzt jetzt schon über eine Woche – aber bis jetzt ist nichts Definitives rausgekommen. Das Geld hat er, wenn er es machen will – er hat sogar schon einen zweiten Film für die Doppelvorführung.

Verlier nicht den Mut – ich habe bis jetzt noch keinen im Stich gelassen, und ich werde es auch jetzt nicht tun.

Ed

Ed Wood: Brief an Anthony Cardoza   22. Sept. 1995

Lieber Tony,
habe schon länger nichts mehr von Dir gehört und

dachte, ich schreibe mal, um zu erfahren, ob Du schon unter der Erde liegst – oder nur zu viel arbeitest. Ich hoffe, daß es der Familie gutgeht.

Was unseren Film betrifft, er wird heute abend wieder gezeigt – für immer, hoffe ich. Ich habe gehört, daß es bis zu den Ferien noch eine Menge Filme geben wird, aber danach soll es die schlimmsten Kürzungen in der Geschichte geben, bis zum Sommer 1960.

Aber wie auch immer, ich versuche gerade einiges zu verbessern – statt der Criswell-Szenen, die wir jetzt am Anfang, in der Mitte und am Ende haben, möchte ich lieber Aufnahmen mit Lugosi einfügen. Ich will auch den Müll im ersten Teil entfernen, außerdem will ich den Titel ändern – das sollte es bringen, denn ansonsten ist der Film nicht so schlecht.

George Weiss in New York besitzt die Lugosi-Aufnahmen und hat angedeutet, daß er sie mir auf einer Zahl-später-Basis überlassen wird. Das ist auch gut so, denn zuerst müssen ja noch so viele von euch bezahlt werden.

Ich plane außerdem, in den nächsten Wochen für eine andere Firma einen Sexfilm zu drehen und kann Dir eine Rolle darin geben, wenn Du willst. Sex heißt, alles bleibt im legalen Rahmen, so daß der Film in den normalen Kinos laufen kann – kein Schmutz –, aber trotzdem genug Geld einbringt und die Firma wenig kostet.

Ich hoffe, bald von Dir zu hören – also schreib oder komm vorbei. Ich habe noch kein Telefon – ich habe kein Geld für die Kaution.

Ed

»Johnny zögert einen Moment. Dirk hebt drohend sein Messer. Offensichtlich hat er Johnnys Absichten durchschaut.

Criswell, Tor Johnson, Valda Hansen und Paul Marco bei der Preview von *Night of the Ghouls* (Foto: Valda Hansen)
Unten: Valda Hansen, Criswell und Kenne Duncan in *Night of the Ghouls* (Foto: Valda Hansen).

DIRK: Versuch es erst gar nicht, Daddy-O. Solange ich dieses Messer habe, kriegst du mich nicht. Vielleicht irgendwann mal – aber nicht, solange diese Klinge auf dich gerichtet ist.

Johnny fällt auf das Sofa zurück. Dirk wirft einen kurzen Blick durch die Vorhänge am Fenster.

DIRK: Genauso – schön cool bleiben, Mann – bleib ganz cool.

JOHNNY: Was ist denn los mit dir?

DIRK: Ihr Schießbudenfiguren habt euch wohl für ziemlich schlau gehalten, als ich mich in den präparierten Wagen gesetzt habe. Aber ich habe deinen Deal mit Angel durchschaut.

JOHNNY: Wovon redest du?

DIRK: Davon, daß du und diese Puppe das ganze Gold schnappen und mir nur ein paar Krümel übriglassen wollt. Aber jetzt leite ich die Vorstellung, und ich werde euch beide aus dem Verkehr ziehen.

JOHNNY: Hör zu, Dirk, ich wollte dich nicht in den Wagen setzen. Es war alles Glorias Idee ... sie hat die ganze Sache geplant – der Wagen – die Bremsen – alles ...

DIRK: Sicher, Mann, sicher.«

Aus Ed Woods Drehbuch *The Sinister Urge*

Conrad Brooks: Der ursprüngliche Arbeitstitel für *The Sinister Urge* lautete *Hellborn*. George Weiss begann den Film, und wir drehten gerade mal einen Tag. Dann lag die Sache erst einmal für sechs Monate auf Eis. Weiss konnte offensichtlich kein Geld auftreiben, um weiterzumachen. Also kaufte ich ihm den Film ab, aber auch mir fehlte das Geld, um ihn fertigzudrehen. Dann machte Ed einen Deal mit Roy Reid, der mir die gedrehten Szenen abkaufte. Weiss hatte mir die Rolle von Dino Fantini zugedacht, aber Reid änderte eine ganze

Menge am Drehbuch, und ich denke, er wollte einen seiner eigenen Leute einsetzen. Deshalb tauche ich in *The Sinister Urge* nur in der Kampfszene mit Ed auf.

Roy Reid: Ed hatte die Story geschrieben und wollte auch Regie führen; also ließ ich ihn. Ich beobachtete ihn, und er machte seine Sache wirklich gut. Wir besetzten die Rollen mit Schauspielschülern eines Studios auf dem Sunset Boulevard. Es war einer dieser Filme mit kleinem, kleinem Budget, wie es damals üblich war. Dino Fantini, der den jungen Gauner spielt, war erst 18. Es war seine erste Filmrolle.

Michael »Dino« Fantini: Ich war in Harry Keatans Schauspielschule, einem Workshop, und Roy Reid und Ed Wood kamen und ließen einige von uns vorsprechen. Ed Wood sagte: »Ich will *ihn* für die Rolle.«

Carl Anthony: Später habe ich gehört, daß Dino Fantini ins »Kentucky Fried Chicken«-Geschäft eingestiegen sein soll. Er war wirklich ein hingebungsvoller Schauspieler, er kniete sich hinein und gab alles.

Roy Reid: Jean Fontaine entdeckten wir in L.A. Wir sahen ihre Aufführung in einem Nachtclub, wo sie sang und tanzte. Sie wurde uns von Freunden von Bill Thompson empfohlen. Im Film trägt sie ihre Bühnenkleider.

Carl Anthony: Jean Fontaine war mit einem Arzt verheiratet, in Beverly Hills. Die Schauspielerei war mehr ein Hobby für sie, wie für manche dieser Frauen. Ihr Ehemann arbeitete viel.

Roy Reid: Ed wußte, was er tat. O ja, er war sehr fähig. Natürlich habe ich immer auf die Produktionsvorbereitungen geachtet. Wir quetschten alles in acht Stunden. Ich ließ fünf Sets in den Rocket Studios bauen, einem kleinen, unabhängigen Studio. Wir improvisierten viel. Statt, sagen wir, zehn Drehtagen, gaben wir uns nur sechs oder sieben. Die eigentlichen Dreharbeiten sind es ja, die das Filmemachen so teuer werden lassen. Es ist der Zeitfaktor. Es kommt darauf an, wen man auf der Gehaltsliste hat, wie viele und wie schnell man fertig wird. Das macht's aus.

Ed Wood:
Mein Drehplan

Matts Büroszenen sollen am ersten Tag gedreht werden, weil es dann noch ziemlich hektisch zugeht – die Crew muß sich kennenlernen, die Schauspieler treffen zum ersten Mal aufeinander. Deshalb scheint es ratsam, zuerst die Büroszenen zu drehen, denn wir werden den größten Teil des Tages für Matt und Randy brauchen. Gegen Mittag sollte sich alles etwas eingespielt haben; dann würde ich gerne den Inspector und Romain drehen – Romain ist für die ganze Geschichte sehr wichtig, und daher möchte ich für die Szenen mit ihm soviel Zeit wie möglich haben. Am ersten Tag sollen insgesamt 26 Szenen gedreht werden.

Am zweiten Tag fangen wir am Morgen ganz leicht mit Mary und Francy an, denn später wird es ziemlich verwirrend werden, wenn so viele unserer Schauspieler auf der Bühne stehen. Solange der Set der gleiche ist, dürfte es angenehmer sein, abwechselnd eine leichte und eine schwere Szene zu drehen. Wenn Johnnys Büro zu Ende ist, fangen wir also wieder mit einer leichten Aufnahme im Fotostudio an, wo Mary fotografiert wird. Sie muß an diesem Tag häufig die Kostüme wechseln und hat viel Text, aber hier muß sie nur dasitzen. Die anderen Szenen werden auch nicht allzu schwer, und den Überfall heben wir uns bis zuletzt auf, weil wir dafür den Set verändern müssen. So haben wir dann den Rest des Tages nur dafür. Die INT. PIZZA Joint-Szene ist auch relativ einfach, und wenn wir sie am zweiten Tag nicht mehr schaffen – obwohl ich sicher bin, daß es klappt –, drehen wir sie eben am nächsten. Unsere Hauptdarsteller sind sowieso alle für eine Woche bezahlt – Dirk ist also immer bei der Hand. Szenenanzahl für den zweiten Tag: 21.

Die Szenen in Glorias Apartment, ihrem Wohnzimmer und auf der Veranda sprechen zum größten Teil für sich selbst. Es wäre eine gute Idee, sie nacheinander zu drehen, aufgrund von Glorias häufigem Kostümwechsel. Sie sollte sich schnell umziehen können, während die Kamera in der nächsten Dekoration aufgebaut wird. Ich habe die Szene, in der die Polizei eintrifft, an die letzte Stelle gesetzt, damit nicht das Risiko besteht, während der Dirk-und-Johnny-Szene falsche Positionen zu bekommen. Gesamtszenen: 30.

Den dritten und vierten Tag müssen wir für Außenaufnahmen kalkulieren. Es besteht die Möglichkeit, den Film in vier Drehtagen fertigzustellen. Dazu kommt ein Tag für die Produktionsvorbereitung.

Wir haben 50 stumme Szenen, die wir mit einem Minimum an Crew drehen können – Wagen, die hin und her fahren – Mary vor dem Haus – Dirk, der im Park zwei Mädchen tötet – alles stumm. Es gibt 15 Szenen mit Dialogen. Das schaffen wir am vierten Tag – und dann drehen wir noch, was am Tag der Produktionsvorbereitung nicht gemacht worden ist. Ich betone noch einmal: Unsere Hauptdarsteller werden für eine Woche bezahlt – die anderen pro Tag – keine Verluste.

Außer den Archivaufnahmen sind sämtliche Kosten im Budget enthalten.

Sinister Urge – Headliner Production Nr. 112
Budgetaufgliederung

Vervielfältigung: $ 87
Regie: $ 2600
Schauspieler: $ 3020
Studiomiete (3 Tage): $ 750
Sechs Aufbauten – vollständig: $ 750
Kostüme und Requisiten: $ 550
Kamerateam und Ausrüstung: $ 2835
Tonteam und Ausrüstung: $ 660
Filmmaterial: $ 1000
Entwicklung und Kopie: $ 2750
Vertonung: $ 750
Vorspann, Abspann, Einblendungen: $ 600
Musik: $ 750
Schnitt: $ 900
Buchhaltung: $ 250
Versicherung, Steuern, Anwaltskosten: $ 400
Produktionsleitung: $ 1500
GESAMTSUMME: $ 20 152

Roy Reid: Bill Thompson war an der Kamera. Ich glaube, es war der letzte Film, den er machte, denn er konnte nur noch sehr schlecht sehen. Ed mußte seine Beleuchtung überprüfen. Wir beide mußten das tun. Aber er hat Großes geleistet, in den Stummfilmtagen war er einer der größten Kameramänner überhaupt. Big Bill Thompson.

Michael »Dino« Fantini: Wir fuhren zu Harry Keatons Ranch in Palmdale und drehten dort eine Menge Szenen; wir verbrachten das Wochenende dort und schliefen auf Pritschen. Für einige Außenaufnahmen benutzte Ed sein Haus in Glendale. Die Szene mit dem

Dino Fantini und Betty Boatner auf einem Kinoplakat für *The Sinister Urge*.

Mädchen und der Zigarette wurden im Griffith Park gedreht.

Die Szenen mit mir wurden fast alle in einem Take gedreht, ich brauchte kaum welche zu wiederholen. Einmal mußten wir für eine Außenaufnahme proben, aber ich wußte immer, was ich zu tun hatte. Bei den Innenaufnahmen bekamen wir unseren Text, gingen ihn zusammen durch, probten einmal und drehten dann – das war's.

The Sinister Urge lief in Palmdale, California, an, einer kleinen Stadt in der Wüste. Für die Matinee hatten sie ein paar Kids herangekarrt, für die wir Autogramme schrieben. Ich kann mich nicht erinnern, daß der Film jemals in L.A. lief, aber er lief in einem Kino an der 42. Straße in New York. Immerhin 13 Wochen lang.

Anzeige von Headliner Film zu *The Sinister Urge*.

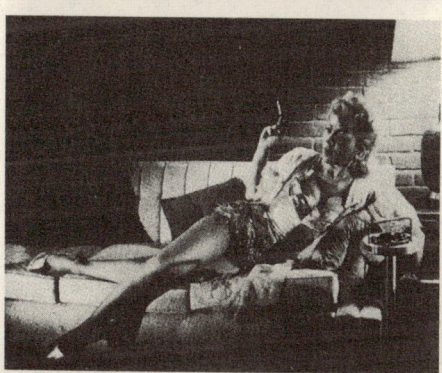

Aus *The Sinister Urge*.
Oben: Henry Kekoanui.
Mitte: Jean Fontaine.
Unten: Eine Bondage-Szene, zugleich eine Einführung Woods in die Welt der Sexploitation-Filme.

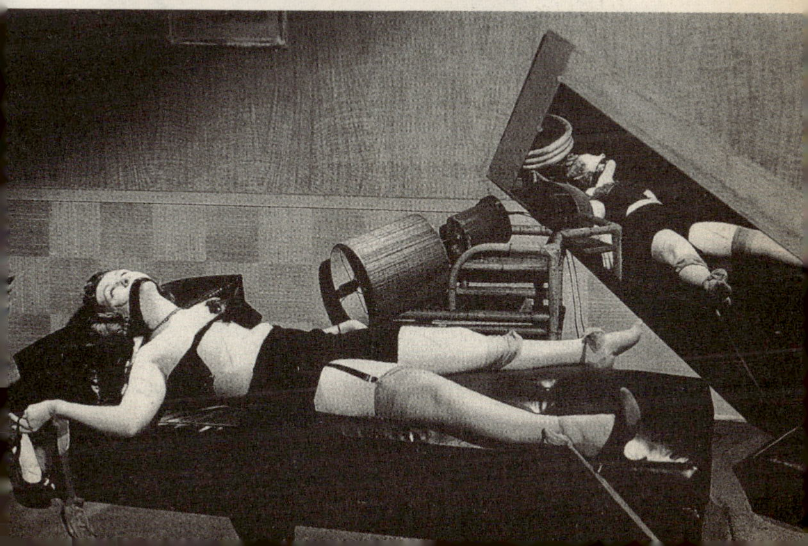

Vampira alias Maila Nurmi.

Ed Woods Gruselgalerie
(Bela, Vampira, Criswell, Tor, »Bunny« & Kenne)

Ed Wood: Ich erinnere mich daran, wie Vampira das erste Mal auf Kanal 5 in L.A. zu sehen war. Sie zeigten *White Zombie*. Lugosi und ich sahen uns den Film gemeinsam an. Er sagte, er würde gerne wieder einen Film mit ihr machen. Er hielt *White Zombie* für den besten seiner Filme, fand ihn noch besser als *Dracula*.

Maila Nurmi: Meine erste Begegnung mit Bela Lugosi fand an der Ecke Hollywood Boulevard/Las Palmas statt. Ich fuhr auf Rollschuhen, hatte ein Barett auf und hätte ihn fast umgefahren, als er um die Ecke kam.

Im Juni 1954 arbeiteten wir das erste Mal zusammen, in der *Red Skelton Show*. An das Drehbuch erinnere ich mich nicht mehr genau, ich weiß nur noch, daß ich in diesem Sarg lag, in einer Art Mausoleum, wo man die Särge aus der Wand rollen lassen kann. Red Skelton zieht dieses Ding heraus, ich glaube, er dachte, es sei ein Ofen, und plötzlich liegt dieser friedlich ruhende Leichnam vor ihm.

Bela blieb allein in seiner Garderobe. Am Schluß traten wir zusammen vor den Vorhang. Es war ein langer Weg bis zur Bühne; er nahm seinen Arm unter dem Cape hervor und nahm mich bei der Hand, auf diese altmodische viktorianische oder europäische Art und Weise. Er gab mir das Gefühl, eine echte Lady zu sein. Er war so höflich, so elegant, so fürstlich. O, er war wunderbar. Er gab mir das Gefühl, eine Fürstin zu sein, das war es. Und dabei war ich nur ein Hollywood-Tramp.

John Andrews: Als Bela in der *Red Skelton Show* auftrat, ließ er Eddie kommen. »Eddie«, sagte er, »die wissen hier nicht, wie sie für mich schreiben müssen. Du mußt schreiben. Du schreibst.«

Ed Wood: Ich war Lugosis Dialogberater. Es gab einige Wörter, die geändert werden mußten, weil er sie nicht richtig aussprechen konnte.

Harry Thomas: Bela war äußerst großzügig und stets zuvorkommend. Ich konnte ihn auch sehr private Dinge fragen. Einmal sagte er zu mir: »Weißt du, das Leben ist nicht so leicht.« – »Ja, man steht schnell vor den Scherben«, entgegnete ich. Er schüttelte den Kopf, aber es war als Zustimmung gemeint.

Robert Cremer: Niemand wollte Lugosi helfen. Er war völlig vom Markt ausgeschlossen. Tatsache ist, daß Ed der Meinung war, er sei der einzige, der sich während seiner letzten Jahre um Lugosi kümmerte, der einzige, der auf ihn zuging und ihm half.

Paul Marco: Ed machte gerne seine Scherze mit Bela, und Bela saß da und schüttelte sich vor Lachen ... und das brachte ihn wieder ins Leben zurück. Wie bei einem kleinen Kind. »Eddie! Wie sieht's mit unserem nächsten Film aus? Wann fangen wir an?« Das war alles, was Bela wollte – arbeiten.

Ed neckte Bela dauernd mit seiner Frau. »Wo hast du bloß diese junge Blondine her?« fragte er ihn immer, und Lugosi fühlte sich tatsächlich geschmeichelt. Ed gab ihm wohl das Gefühl, immer noch ein toller Kerl zu sein, auch noch im Alter.

Hary Thomas: Bela rauchte immer diese sagenhaften schwarzen Zigarren. »Hallo«, sagte er, »hier, nimm 'ne Zigarre.« Ich nahm auch immer eine, aus reiner Höflichkeit, und er steckte sie mir an. Nach ein paar Minuten fing dann das Zimmer an, sich um mich zu drehen, aber ich wollte natürlich nicht zugeben, daß ich nicht Manns genug war, um diese Dinger zu verkraften. »Gute Zigarre«, pflegte er zu sagen, und ich murmelte: »W-wunderbar.«

Das Haar trug er immer nach hinten gekämmt. Damals brachte Faktor eine fettfreie Substanz namens Bandoline auf den Markt, die er gerne benutzte. Ich schnitt ihm die Haare und kämmte sie. Er sagte: »Wie schön von dir, mir die Haare zu schneiden, erspart mir den Weg zum Friseur.« Ich entgegnete: »Und es ist umsonst, nicht wahr, Bela?«

John Andrews: Bela liebte Hunde. Er hatte zwei Lieblinge, einen Dobermann namens Dracula, der immer hinter ihm her rannte und ihn in die Fesseln biß. Bela junior erzählte mir, daß er von diesen Bissen richtige Narben an den Beinen hatte. Außerdem besaß er einen deutschen Schäferhund, Bodri.

Eddie hatte auch einen Hund bekommen, den er mit zu Bela brachte. Bela saß blau in seinem Schaukelstuhl, und der Hund sprang sofort in seinen Schoß. »Was für ein süßes kleines Monster«, meinte er. Von diesem Tag an nannte Eddie den Hund Monster.

Ed Wood: Die Kinder liebten Bela, und es verging kein Halloween, an dem er nicht in seinem Draculakostüm aus dem Haus kam und Süßigkeiten verteilte.

John Andrews: Bela ist wirklich ausgeklinkt, Mann. Diese Rollen haben seine Psyche beeinflußt. Hope und

Bela heirateten im Manly Palmer Hall Home. Ein paar Tage später rief Bela Ed an und fragte ihn, ob er sie fahren könne, sie wollten eine kleine Hochzeitsreise machen. Sicher, meinte Ed, und sie fuhren los, irgendwohin, in ein Motel. Aber Bela war krankhaft eifersüchtig. Sie buchten zwei Zimmer, eins für das Ehepaar, das andere für Ed. Nachts um zwei wacht Ed plötzlich auf und sieht in der Dunkelheit Lugosi vor seinem Bett stehen. Er gestikuliert mit den Händen, wie in seiner Dracula-Rolla, er glaubte, tatsächlich, er könne jemanden hypnotisieren! »Eddie ... was willst du ... von Hope?« – »Ich will überhaupt nichts von Hope.« – »Eddie ...« Und weiter ging es mit diesen Handbewegungen. Am nächsten Morgen behauptete Bela, er könne sich an nichts dergleichen erinnern.

Carl Anthony: Bela erwähnte, daß Universal manchmal zwei Tage brauchte, um eine Szene zu drehen, und er bewunderte Ed, daß dieser, wenn es nötig war, 20 bis 30 an einem Tag drehen konnte, daß es dem Mann bei der Geschwindigkeit, mit der er drehen mußte, überhaupt gelang, etwas annähernd Zusammenhängendes fertigzustellen. Alles, damit das Budget nicht überschritten wurde. Bela schätzte Ed als Künstler – es gab einen tiefen beiderseitigen Respekt.

John Andrews: Eddie erzählte mir diese Geschichte, wir saßen zusammen und tranken – was sehr ungewöhnlich war ... oh, oh! Für diesen Satz werde ich wahrscheinlich in der Hölle schmoren. Jedenfalls war er damals mit dieser Blonden zusammen – Dolores. Es war Sonntag morgen, und Eddie sagte: »Kommt, wir fahren an den Strand.« Sie langweilte sich. Er langweilte sich. Und war schon ziemlich blau. Damals hatte er dieses Buick Cabrio. Bela ging jederzeit überall mit

Eine Bierreklame? Bela flirtet mit einer unbekannten Schönen und Dolores Fuller (Foto: Dolores Fuller).

Eine Zeitung aus Los Angeles berichtet über Belas Versuch, im Krankenhaus von seiner Heroinsucht loszukommen.

'Dracula' in Dramatic Appeal to Break Drug Habit

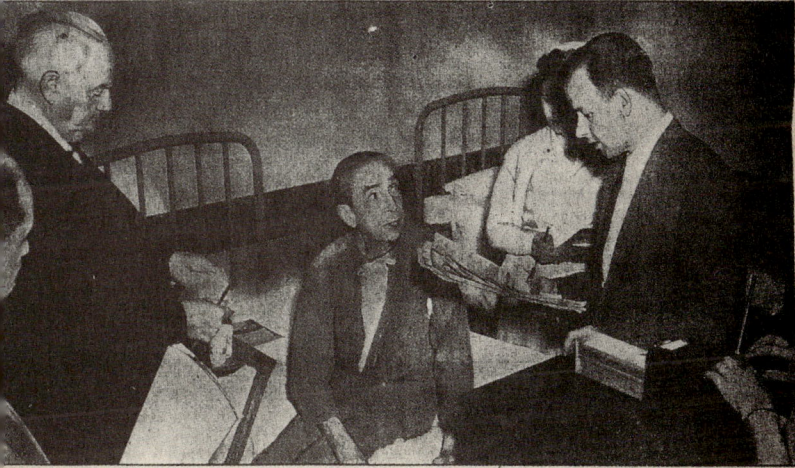

hin – er langweilte sich wirklich zu Tode, Mann, niemand kümmerte sich um ihn, er war vergessen und pleite.

Also fuhren sie nach Malibu. Eddie und Dolores zogen sich aus und sprangen in die Wellen. Bela rollte sich lediglich die Hosen bis zu den Knien hoch und zog Schuhe und Strümpfe aus. Er ging nur bis dahin, wo die Wellen aufhörten. Er hatte eine Heidenangst vor Wasser. Dracula! Mein Gott! Später gingen sie ins Albatross Inn. Da fingen sie dann richtig an zu saufen. Sie hatten schon den ganzen beschissenen Tag getrunken, und nun ging es drinnen weiter. Bela verfiel in Trübsinn. »Was für eine beschissene Kneipe! Ich hasse diese Kneipe. Eddie, warum hast du mich hierhergeschleppt? Hier ist es« – und er schlägt mit der Hand auf den Tisch – »grauenhaft«. Der Oberkellner erscheint und sagt zu Lugosi: »Mr. Lugosi, es ist uns eine große Ehre, Sie hier zu begrüßen. Darf ich Ihnen die Hand schütteln?« – »Aber sicherlich.« Und Lugosi schüttelt ihm die Hand und sagt: »Und jetzt verpissen Sie sich.« Aber der Mann bediente sie danach weiter, als wäre nichts geschehen. Wissen Sie, warum Bela niemals verhaftet worden ist? Egal was er getan hat? Er war einfach zu groß. Wer wird schon Dracula verhaften?

Don Fellman: Ich traute mich nicht, Wood zu fragen, was er in seinem Buch über Lugosi schreiben wollte, aber glücklicherweise kam er von selbst mit ein paar Anekdoten rüber. Er erzählte mir, daß Lugosi in Restaurants durchzudrehen pflegte. Er warf die teuren Pelzmäntel der Frauen auf die Straße – und Ed durfte die Reinigung bezahlen! Aber es klang fast so, als habe es ihm selbst Spaß gemacht. Ich fragte ihn, warum Lugosi so etwas tat, und er antwortete: »Einfach so! Deshalb ist er ja so wundervoll!«

Mona McKinnon: Ich war in Bela Lugosis Apartment, und es war wirklich unheimlich. Überall dieses seltsame Zeug... Schädel und die verschiedensten Voodo-Dinge... alle möglichen seltsamen Dinge.

Valda Hansen: Bela und Ed gingen eines Nachts auf einen Friedhof. Sie amüsierten sich köstlich. Bela hatte sein altes schwarzes Cape um und lief umher, als sei er eine Fledermaus, und machte ständig »Woooh!« Sie kletterten über das Eingangstor und liefen dann im Mondlicht über den Friedhof. Bela sagte immer: »Ich bin Dracula... ich bin die Fledermaus.« Nachdem er mir das erzählt hatte, meinte Ed: »Wirklich, Liebes, in meinem ganzen Leben habe ich nichts Aufregenderes erlebt.«

Ed Wood: Eines Nachts rief er mich in Burbank an. Er hatte nichts... nicht einmal mehr Scotch. Nur seine Arbeitslosenhilfe hielt ihn noch über Wasser. Er bat mich, zu ihm zu kommen und eine Flasche Whisky mitzubringen. Es war drei Uhr. Er kam hinter dem Vorhang hervor, hinter dem er stets verschwand, wenn er sich eine Spritze setzte. Wenn ich da war, achtete er darauf, daß er geschlossen blieb, weil er wußte, daß ich das nicht mochte. Plötzlich hat er eine Pistole in der Hand. Er richtet sie auf mich, zitternd wie Espenlaub und weinend. Ich glaube es war, weil er kein Geld mehr hatte für das Zeug, das er brauchte, seine Drogen. Er zitterte am ganzen Körper. Ich rührte mich nicht. Er hält die Waffe immer noch auf mich gerichtet und sagt: »Eddie, ich werde heute nacht sterben, und ich möchte dich mitnehmen.« Ich war völlig verblüfft, aber ich bin niemand, der schnell in Panik gerät, nicht, seit ich im Südpazifik von einem Hai angegriffen worden bin. Ich versuche also, ihn zu beruhigen. »He, ich hab dir deinen Scotch mitgebracht.« Er ging mit der Waffe in der Hand auf mich zu. »Warum genehmigen wir uns erst nicht noch ein paar Drinks.« Bela ging einfach an mir vorbei zum Kühlschrank, auf dem eine Dose warmes Bier stand – er trank es nie kalt –, und kam zurück, immer noch mit der Pistole in der Hand. Ich gab ihm die Flasche, und er nahm sich nicht einmal ein Whiskyglas. Er schüttete sich ein ganzes Bierglas voll! Endlich legte er die Waffe beiseite, und als ich sicher war, daß er sich beruhigt hatte, nahm ich die Pistole und legte sie in eine Schublade. Das war das einzige Mal, daß ich ihn in solch einer Selbstmordstimmung sah. Im Grunde fürchtete er den Tod.

John Andrews: Als Bela noch mit Lillian zusammen war, wohnten sie eine Zeit lang am Rodeo Drive, in dem Teil, der schon eher Inglewood als noch Beverly Hills ist. Eines Tages war Eddie zu Besuch, und Bela, der sich gerade spritzen wollte, traf die Vene nicht. Eddie säuselte ziemlich herum. »Ach, der arme Bela, er schafft es nicht.« Blablabla. Schließlich reichte Lillian Eddie das Besteck und sagte: »Wenn du ihn so sehr liebst, dann tu du es. Ich kann es nicht mehr ertragen.« Aber Eddie wußte gar nicht, wie man das machte, er hatte plötzlich eine Heidenangst.

Ed Wood: Ich wußte gar nicht, daß er im Krankenhaus war. Er rief mich von dort aus an und teilte es mir mit. Man hatte ihn nicht eingewiesen, es war sein eigener Entschluß gewesen, sich dort helfen zu lassen. Er sagte mir auch nichts davon, daß er gar kein Geld hatte. Ich besuchte ihn fast jeden Tag. Immer wenn er Entzugserscheinungen bekam, schrie er nach der Schwester: »Sie müssen mir eine Spritze geben, geben Sie mir eine Spritze!«

Er erzählte mir, daß sie ihn gegen Mitternacht rausgeschmissen hätten, weil er die Krankenhausrechnungen gar nicht bezahlten konnte. Er sei dann zu den Alkoholikern und den Drogenabhängigen gekommen, die versucht hätten, ihn zu küssen. Außerdem sagte er: »Sie pissen und scheißen überall hin, selbst auf mich. Ich kann es nicht ertragen.« Er begann, Paraldehyd in sein warmes Bier zu tun, das er mit dem Scotch trank. Im ganzen Haus stank es nach dem Zeug, ein Geruch wie nach Äther. Das war die Entziehungsmethode für Alkoholiker, und er gewöhnte sich schnell dran. Es brachte einen schnell hoch.

John Andrews: Nachdem Bela *The Black Sleep* fertiggedreht hatte, mit Tor Johnson, John Carradine und Lon Chaney, fuhren sie alle nach Washington, um den Film zu promoten. Tor und Bela teilten sich ein Zimmer. In den ersten beiden Nächten jammerte Bela ständig: »Ich springe aus dem Fenster! Ich springe! Auch du kannst mich nicht aufhalten!« Schließlich wurde es Tor zu bunt, und er schrie: »Dann tu es doch! Spring doch endlich! Bring es hinter dich! Spring!« Und Bela murmelte: »Also gut, ich gehe wieder ins Bett.«

Maila Nurmi: Ich will Ihnen von der Promotion-Tour erzählen, die wir absolvierten. Ed Woods Gruselgalerie, genau. Oh, es war großartig. Es war drei Wochen vor Belas Tod, und wir hatten eine Limousine gemietet, einen alten Leichenwagen. Tor Johnson saß vorne, glatzköpfig, mit den weißen Kontaktlinsen, als sei er blind. Hinten gab es zwei kleinere Sitze für Lugosi und mein Faktotum namens Excelsior. Bela trug einen schwarzen Samtkragen, mit dem er fast wie ein Mandarin aussah. Außerdem hatte er stets einen alten Geigenkoffer bei sich, aus dem ein Fuß heraushing. An

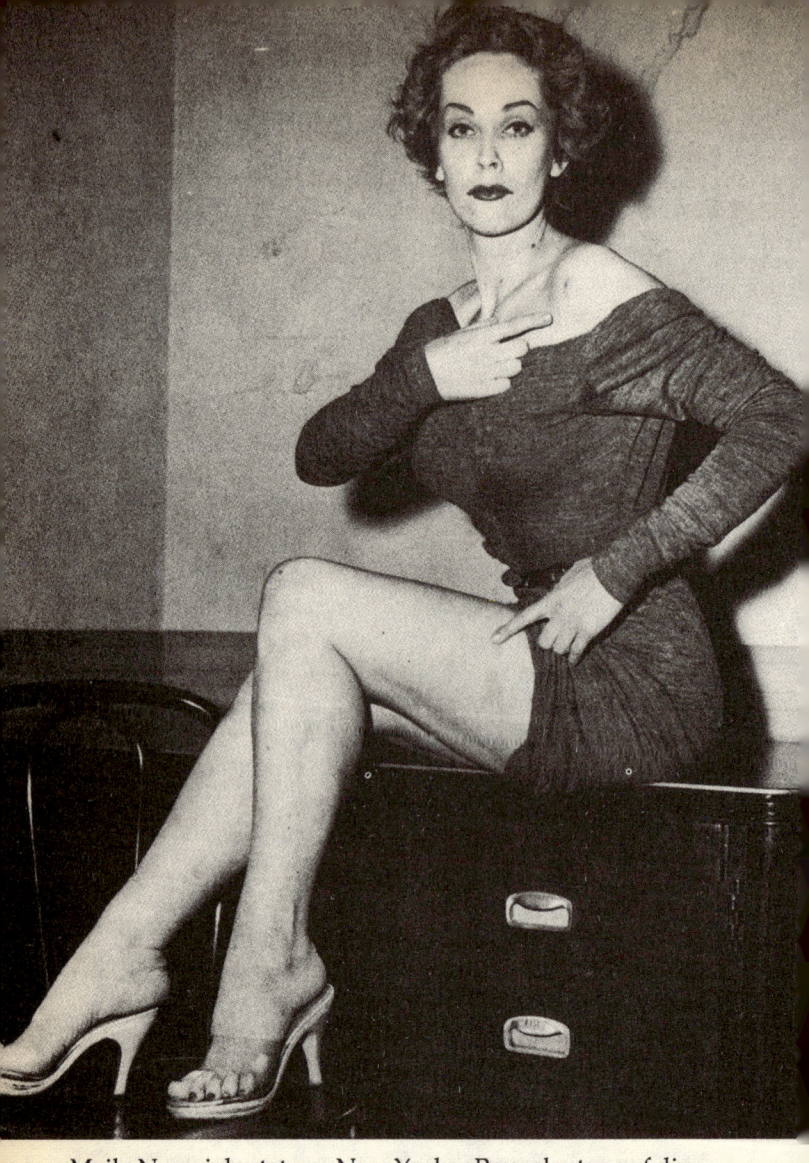

Maila Nurmi deutet vor New Yorker Presseleuten auf die blauen Flecke an Bein und Schulter, die von einer versuchten Vergewaltigung stammen (Januar 1956) (Foto: Louis Liotta).

einem Finger saß ein großer Giftring; er sah wirklich unheimlich aus, wie der verrückte Wissenschaftler. Ich liege hinten im Sarg, als Vampira.

Wir machten die Runde für *Bride of the Monster*. Als wir am Pic-Theatre ankommen, warteten schon die Paparazzi, nicht allzu viele, aber immerhin ein paar. Sie machten den Leichenwagen auf und schoben mich in meinem Sarg hinaus. Ich spielte die ganze Zeit eine Tote. Die Fotografen hielten ihre Kameras zwischen meine Beine, und später erschienen Fotos, auf denen man einen dunklen Fleck dort erkennen konnte. Sie behaupteten, es seien meine Schamhaare, aber in Wirklichkeit war es ein Teil meines schwarzen Hüfthalters. Tja, es tut mir leid, zehn Millionen Fans enttäuschen zu müssen, aber so war's. Als wir ins Kino kamen, mußte ich Tor durch die Mittelreihe führen, weil er mit seinen weißen Kontaktlinsen nichts sehen konnte. Bela schwankte sowieso, und Tor sah nichts. Die Leute warfen mit Popcorn und waren wirklich respektlos und ordinär. Eine Frau schrie: »Die Blinden führen die Blinden!« Sie haßten Bela, weil er als Drogensüchtiger so viel schlechte Presse bekommen hatte, sie waren einfach ekelhaft.

Dabei war Bela praktisch von seinem Totenlager aufgestanden, um aufzutreten. Er schwankte so, weil er nicht mehr lange zu leben hatte. Und diese Frau schrie diese Gemeinheiten! Er war solch ein liebenswerter Mann, einer der liebenswertesten Menschen, die ich je kennengelernt habe. Nachdem wir das Pic verlassen hatten, fuhren wir nach Inglewood, wo *Bride* ebenfalls lief. Als wir dort fertig waren, stellten wir fest, daß einige Teenager den Leichenwagen verwüstet hatten. Also saßen wir in Inglewood fest und mußten ein Taxi kommen lassen. In jenen Tagen gab es nur eine einzige dunkle Straße, die sich über die nachtschwarzen Berge,

La Brea, wand. Um uns herum das Geräusch der Ölpumpen – sehr gespenstisch. Wir quetschten uns in das Taxi, alle vier. Plötzlich merkten wir, daß uns diese Teenager folgten, und sie zwangen den Fahrer an der Seite der Straße zu halten, mitten in diesem öligen Niemandsland. Der Taxifahrer rief über Funk die Polizei, aber Tor Johnson sagte: »Ich rede mit Ihnen«, und stieg aus. »Geht nach Hause Jungs, ha? Geht nach Hause.« Sie wissen, er sprach mit diesem langsamen, schwedischen Akzent. »Geht nach Hause Jungs, ha?« Und das taten sie auch. Sie gingen nach Hause.

Kathy Wood: Eddie gab Bela das Drehbuch zu *Final Curtain*, das er selbst geschrieben hatte. Bela war begeistert. Er saß in seiner Wohnung am Harold Way und las das Drehbuch, als er starb. Ich weiß, daß klingt wie in einem Bühnenstück, aber es ist wahr. Als Hope heimkam und ihn dort fand, lag das Manuskript auf seinem Schoß.

Ed Wood: Ich war einer der beiden vorderen Sargträger. Ich berührte seine Hand und den großen Ring von Graf Dracula, als er im Sarg lag. Er wurde in seinem Draculakostüm beerdigt, mit Anzug, Kragen und Umhang. Ich sagte: »Auf Wiedersehen Bela, mein lieber Freund.«

Maila Nurmi: Nach meiner Show bei KHJ ging ich zum Ranch Market, um mir einen Hot Dog zu kaufen. Ich trug noch immer mein Kostüm. So lernte ich Criswell kennen. Er kam auf mich zu und sagte: »O nein, Sie sind Vampira, tatsächlich, Sie sind Miß Vampira. Ich habe eine Freundin, die sie liebend gerne kennenlernen würde. Sie wäre so erfreut. Ich spreche von Miß Mae, Mae West ...« Ich sagte: »Sie wäre erfreut, mich kennenzulernen?« – »Ja, sie ist ein großer Fan von Ihnen.« Ich sagte: »Nun ja, ich habe sie schon kennengelernt, sie hat mich aus *Catherine The Great* gefeuert.« Von da an war er unser Mittelsmann. Mae West war eine begeisterte Köchin, und wenn sie glaubte, etwas ganz Besonderes gekocht zu haben, dann ließ sie es von ihrem Chauffeur in der Limousine zu Criswell bringen. Und der rief mich dann immer an, weil er wußte, daß ich kurz vor dem Verhungern war. »Mae West hat uns schwedische Hackfleischbällchen geschickt.« Ich kam sofort rüber, und wir aßen sie auf.

Buddy Hyde: Nach seiner TV-Show sind Criswell und ich zusammen mit einem halben Dutzend anderer auf einen Cocktail ins Brown Derby gegangen. Wir gingen die Show durch und gaben's uns so richtig, was wir falsch gemacht hatten usw. Daraus wurde schließlich der Brown Derby Friday Night Club. Jeden Freitag abend trafen sich schließlich 120 oder 150 Leute, und das ging 10 oder 12 Jahre so.

Ed Wood kam auch, ich hielt ihn für leicht übergeschnappt; ich glaube, wer ihn nicht kannte, mußte ihn einfach für übergeschnappt halten. Mit der Zeit findet man dann heraus, daß die eine Hälfte nur Show ist, die andere aber der Wahrheit entspricht.

Valda Hansen: Criswell und Ed waren gute Freunde, sie machten eine Menge Unsinn und hatten viel Spaß zusammen.

Mona McKinnon: Eddie erzählte mir, daß Criswell gerne in einem Sarg schlief...

Buddy Hyde: Criswells Leben war sehr interessant, er wurde in einem Hinterzimmer eines Bestattungsunternehmens in Indiana geboren. Sein voller Name lautete Charles Jeron Criswell King. In einem seiner Räume stand ein Sarg – mit weißer Seide und Satin ausgeschlagen –, in den er gerne mal kroch, um ein Nickerchen zu machen.

Als er als Radiosprecher arbeitete, wurde er per Zufall zum Wahrsager. Er hatte gerade die Nachrichten gesprochen, als ihm der Sender das Signal gab, er müsse die nächsten 15 Minuten irgendwie überbrücken. Und er sagte: »Leider habe ich keine Nachrichten mehr für Sie. Daher werde ich nun versuchen, Ihnen eine Nachricht von morgen vorherzusagen.« Er sagte also irgendein Ereignis voraus, und unglaublicherweise traf seine Voraussage am nächsten Tag ein. Der Sender wurde mit Briefen überschwemmt. Criswell meinte nur: »Was soll's, ich bin auf eine Goldmine gestoßen.«

Harry Thomas: Criswell lud mich in seine Wohnung in der Nähe des Hollywood Boulevards ein, zeigte mir seine Särge und erzählte mir, wie bequem sie seien. Ed weiß schon, wie er seine Typen findet.

John Andrews: Wir saßen bei Criswell und tranken etwas. Irgendwann sagte er zu mir: »Kannst du dir vorstellen, daß diese Idioten tatsächlich mein Buch kaufen? Sie glauben wirklich, daß ich die Zukunft voraussagen kann. Dabei könnte ich nicht mal aus dem Fenster schauen und dir sagen, wie das Wetter ist, verdammt noch mal.«

Karl Johnson: Ed und mein Vater standen sich sehr nahe. Wir gingen oft nach Mexiko, zum Angeln, meistens nach Ensenada. Ed als Ex-Marine schoß gerne, und ich lud ihn oft ein, ein paar Runden mit uns zu ballern.

Ed Wood, John Andrews, Criswell, Shelley und Steve Apostolof bei der Eröffnung von Apostolofs Kino auf dem Santa Monica Boulevard, 1968 (Foto: Steve Apostolof).

links unten:
Kenne Duncan und Ed Wood, April 1962.

rechts unten:
Eds Tochter Kathy an ihrem 17. Geburtstag am 23. Mai 1963.

Kathy Wood: Tors Frau Greta bereitete die köstlichsten schwedischen Gerichte zu. Einmal besuchten wir sie zu Ostern – mein Gott, was für eine Tafel!

Henry Bederski: Tor übernachtete ein paarmal bei mir. Als er im Bett lag, meinte ich zu ihm: »Tor, wenn du nicht abnimmst, wird dein Gewicht dich umbringen.« So in dieser Richtung. Als ich fertig war, richtete er sich plötzlich auf und sagte: »Mann, hast du mir Angst eingejagt.« Ich konnte sehen, daß er es ernst meinte.

Harry Thomas: Tor lud mich in sein Haus im Valley ein. Es war ein heißer Sommertag, wir saßen so da. »Meine kleine Frau wird auch bald kommen«, sagte Tor. Dann hörte man ein Pochen. Laut. Tor macht die Tür auf, und seine Frau ist *groß*. Mein Gott, sagte ich zu mir selbst, die nennt er »meine kleine Frau«? Sie fangen an, das Essen aufzutragen, Pasteten und Schinken. »Der kleine Kerl kommt auch zum Essen«, sagte Tor. Wenig später hört man wieder dieses laute Pochen, und dann steht Karl vor mir – fast zwei Meter groß, riesig. »Das ist mein kleiner Junge«, sagte Tor. Sie waren wie drei große Bären.

Dann begannen sie zu essen. Sie hatten sich Spezialstühle machen lassen, weil ein normaler Stuhl unter ihnen zusammengebrochen wäre. »Iß, iß, iß«, sagten sie zu mir. »Du willst doch groß und stark werden.« Sie selbst konnten wirklich essen. Sie hatten Löffel, die wie kleine Schaufeln aussahen! Zum Nachtisch stellten sie mehrere Schachteln mit Eiscreme vor mich hin, zusammen mit dieser Schaufel von einem Löffel. »Iß – die kleine Frau hat es selbst gemacht.« Es waren riesige Portionen, Erdbeer, Banane, Kokosnuß, alles mit Schlagsahne, und ich dachte, o Gott, wer soll das alles essen? »Beeil dich«, sagte Tor. »Gleich gibt's eine kleine

Wassermelone.« Ich stöhnte, ich hatte Schmerzen und murmelte nur noch: »Ich warte lieber, bis ich alles verdaut habe.« Dann brachten sie die Melonen herein. Jeder von ihnen hatte eine halbe Wassermelone! »Jetzt werden wir ein kleines Nickerchen machen, und hinterher gibt's dann noch etwas zu essen.« – »O das tut mir leid«, sagte ich, »aber ich muß dringend nach Hause.«

Kathy Wood: Wir hatten alle was getrunken, und Eddie und Tor spielten eine Szene aus *Bride of the Monster* nach. Eddie tat so, als sei er Lugosi, und kommandierte Tor herum. Es war nur ein Spiel, aber plötzlich hob Tor mich am Hals hoch, und es tat wirklich weh. Eddie rief: »Hinunter, Lobo, hinunter! Hinunter mit ihr!« Und sofort ließ er mich herab.

Tony Cardoza: Eines Abends betrank Tor sich in meinem Haus. Er trank mehr als *vier Liter* Wein. Dann legte er sich einfach auf den Boden und schlief. Mit sechs Mann schafften wir es schließlich, ihn auf die Ladefläche des Pick Up-Trucks zu heben und nach Hause zu bringen.

John Andrews: Als Eddie in Glendale lebte, '62, '63 ungefähr, kam Tor einmal zu Besuch. Er brachte eine Palette Bier, das sind 24 große Dosen. Eddie trank kein Bier, Kathy auch nicht. Aus Höflichkeit tranken sie eine Dose mit. Das bedeutete 22 Dosen für Tor! Er trank sie alle aus. Als er nachts nach Hause gehen will, bricht er mitten auf der Türschwelle zusammen. Er ist wie tot, und sie können ihn nicht hochheben! Sie können ihn nicht einmal hereinziehen! Es blieb ihnen nichts übrig, als Tor die ganze Nacht dort liegenzulassen, zwischen Tür und Angel!

Tony Cardoza: Er war in Neu Delhi, um mit einem Wrestler namens King Kong zu kämpfen. Der Veranstalter sagte, er könne ihm nur 3000 Dollar zahlen, weil er nicht viel Einnahmen erwartete, aber er würde noch ein Flugzeugticket für einen Rundtrip dazulegen, und dies und jenes. Als Tor den Ring betritt, sieht er, daß das riesige Stadion vollbesetzt ist, mit 80 000 Leuten. »Du Hundesohn!« schreit Tor. »Du willst mir nur 3000 Dollar geben, und das ganze Stadion ist voller verdammter Inder! Ich bringe dich um!« Er hetzte den Veranstalter so lange durch den Ring, bis er mehr Geld bekam.

Jack LaRue warf uns aus seinem Restaurant auf dem Ventura Boulevard, weil Tor die Kellnerin nach ›M. S.‹ fragte. »Was ist das?« fragte die Kellnerin zurück, und Tor antwortete: »Muschi-Service.« Daraufhin warf Jack uns raus. Tor sagte: »Jack, du bist doch mein Freund, was meinst du damit, wir sollen gehen?« – »Tut mir leid, aber macht, daß ihr rauskommt.« Aber er war ein lustiger Typ, der alte Tor. Er stahl in den Hotels immer die Klositze, weil er sie ständig zerbrach. Er steckte sie in seinen Koffer und nahm sie mit nach Hause.

Don Fellman: Ed erzählte von einem Autounfall, den Tor gehabt hatte. Tors Wagen war offensichtlich einer von diesen zwergenhaften ausländischen Dingern, nicht viel größer als Tor selbst. Er hatte wohl einen sitzen und Lust auf eine kleine Spazierfahrt. Man konnte Ed ansehen, wie sehr ihm die Geschichte gefiel, das ganze Bild: Der riesige Tor in diesem kleinen Auto, in dem er grinsend wie ein Idiot durch die Gegend fuhr. Kathy war der Meinung, daß Ed solche Geschichten nicht erzählen sollte. »Er ist tot!« rief Ed zurück, als würde das alle Einwände erübrigen. »Der Mann ist tot.«

Henry Bederski: An Indien hatte Tor keine guten Erinnerungen. Er wurde von einem Chauffeur irgendwo hingefahren, als ein kleines Kind auf den Wagen sprang, und um etwas Geld bettelte, aber der Chauffeur stieß das Kind einfach vom fahrenden Wagen. Tor sagte: »Mein Gott, das arme Kind ist auf die Straße gefallen und hat sich den Kopf aufgeschlagen, aber niemand hat sich darum gekümmert.«

Tony Cardoza: In Indien schickten sie ein 13 Jahre altes Mädchen in Tors Hotelzimmer. Er fährt mit der Zunge über ihre Brüste, spürt aber ein komischen Geschmack im Mund und macht das Licht an. Was er für ihre dunkle Haut gehalten hatte, war eine Schmutzschicht gewesen! Dort, wo er geleckt hatte, war ihre Brust weiß.

 »**Bekannter Besucher fliegt flügelschlagend ein!
 Bunny als Christine? Aber nein, meine Liebe!**«
Er trägt eine rosa Schleife am Hut, Frauenschuhe an den Füßen und hat reichlich verwirrendes Parfüm aufgelegt – John Cable Breckinridge – seinen intimen Freunden als Bunny bekannt – ist in der Stadt! Er beginnt heute damit, den ersten Teil eines Films zu drehen, der Geschichte machen könnte.

Bunny, ein 50jähriger Großvater mit einem Vermögen von 8 Millionen Dollar, geht davon aus, den Film nach einer Hokus-Pokus-Operation in Mexiko als Frau beenden zu können.

Aber er – bald eine Sie – wehrt sich gegen jeden Vergleich mit der vor kurzem gestorbenen Christine Jorgensen aus Kopenhagen.

»Christine war nicht echt . . . sie war eine Schwindlerin, nichts als ein veränderter Mann, meine Lieben«, zwitscherte Bunny den Presseleuten zu, die ihn bei seiner Ankunft aus San Francisco erwarteten.

»Ich möchte eine Ehefrau werden.«

Er sagte, daß er sein Geschlecht auf Drängen seines 26jährigen Sekretärs ändern wolle

»Wir werden nach der Operation in Mexiko heiraten, nachdem er von seiner Frau – einer richtigen Frau – geschieden ist. Er heißt Jamie und ist sehr süß und gutaussehend«, sagte Breckinridge und zeigte ihren Hochzeitsring vor, der am richtigen Finger saß.

Der geplante Film soll »Magic Moments« heißen, und der magische Moment soll die erhoffte Geschlechtsumwandlung werden.

Breckinridge sagte, daß seine Tochter, die Comtesse de Bruchard von Cannes, es »prima« fände, daß er sich der Operation unterziehe, nach der er sich seit seinem 15. Lebensjahr gesehnt habe – lange bevor sie geboren wurde.

Seine Ankunft auf dem Lockheed-Terminal an Bord einer United Airlines-Maschine sorgte für einige Verwirrung.

Zwei Dutzend rotgesichtige Geschäftsleute versuchten zu fliehen, als sie die Fotografen an der Flugzeugtür bemerkten.

»Nicht ich«, protestierten sie, während sie die Gangway hinunterhasteten. »Er kommt noch.« Nur ein oder zwei erkundigten sich, wer eigentlich ihr seltsamer Mitpassagier gewesen war.

Ein paar Minuten später verließ ein fröhlich winkender Bunny das Flugzeug, der nicht vergessen hatte, sich bis unter die Augenbrauen zu pudern.

Eine Stewardeß berichtete, daß er sich zuvor noch etwas Parfüm hinter die Ohrläppchen getupft habe. Es hieß »Meine Sünde«.

The Mirror, 14. Mai 1954

Charles Anderson: Kenne Duncan war der berüchtigte Bösewicht der B-Western. Beim *Lone Ranger* sieht man Kenne häufig als den Schurken. Er hatte immer dieses verächtlich Grinsende, er war sehr gut darin. Über die B-Western und die Rolle des Bösewichts ist er nie hinausgekommen.

Kathy Wood: Manchmal fuhren Ed und ich mit Kenne Duncan auf seiner 36-Fuß-Jacht »Oil Ken« auf See. Wir hatten riesigen Spaß. Kenne steuerte das Boot durch die Wellenbrecher, und wenn er ein einlaufendes Segelboot entdeckte, schrie er: »Da kommt ein Lumpenschiff! Vorsicht!«

Wenn er in Marina Del Ray im Hafen lag, besuchten Ed und ich ihn am Wochenende. Ed und Kenne steuerten die »Oil Ken«, während ich der Galeerensklave war. Einmal brachte Kenne das Boot vom Lagerplatz zum Dock. Sie hatten alle viel zuviel getrunken und fuhren geradewegs auf das Dock auf. Roy Barcroft fiel über Bord. Es war wirklich verrückt ...

Harry Thomas: Kenne war ein Schürzenjäger. Er veranstaltete Partys, sehr gewagte Partys. Er liebte das weibliche Geschlecht und versuchte alles zu bekommen, was er kriegen konnte. Überall sah man nackte Menschen ... typische Hollywood-Partys. Er sagte: »Bleib doch da und amüsier dich.« Ich sah an Kenne herab und ... es stimmt nicht, daß alle Menschen gleich erschaffen sind.

Anthony Cardoza: Kenne Duncans Spitzname war »Horsecock«, »der Pferdeschwanz«.

Ronnie Ashcroft: Kenne besaß ein Buch, ein sehr dikkes Buch, mit den Namen aller Frauen, mit denen er im

Bett gewesen war. Er sagte, es seien über tausend. Tausend Frauen! Er spielte fast in jedem Film mit, den ich gedreht habe – *The Astounding She Monster*, *The Outlaw Queen*, und er war ein sehr guter Freund von mir. Ich konnte es kaum glauben, als ich von seinem Selbstmord hörte. Aber er war des Lebens überdrüssig. Wie George Sanders – er hatte alles gesehen, alles gemacht. Zuletzt saß er nur noch da und sah fern.

Charles Anderson: Nach Kennes Tod wurde Ed zum Testamentsvollstrecker bestimmt. Er veranstaltete eine Totenfeier, die am Swimmingpool von Eds Haus in der Strohm Street abgehalten wurde. Ed, Kathy und andere Freunde versammelten sich um den Pool, und jeder trat nacheinander auf das Sprungbrett, um ein paar Worte über Kenne Duncan zu sagen.

Conrad Brooks: Ed traf seine Tochter 1967 zum ersten Mal, als sie noch nicht ganz 20 war. Sie lebte in Lancaster und hatte nach Lebenszeichen ihres Vaters gesucht. Zu dieser Zeit fuhr Ed Taxi und verdingte sich nebenbei als Ghost Writer für die Wahlkampagne von Sam Yorte. Seine Tochter blieb ein oder zwei Tage, aber man sprach später nicht mehr darüber ... offenbar kamen sie nicht miteinander zurecht. Es heißt, daß er ihre Mutter kennenlernte, als er bei den Marines war.

Bob Derteno: Einmal fuhr er nach New York, soviel ich weiß, zur Hochzeit seiner Tochter. Später erzählte mir jemand, daß Ed Wood Großvater sei.

Lillian Wood: Sie war 17, als sie mir ihr Bild schickte. 1946 geboren, daß weiß ich. Wir schickten ihr eine Uhr zum Schulabschluß, aber wir haben nie gehört, ob sie sie bekommen hat.

Kathy Wood: Ich habe diese selbsternannte Tochter getroffen. Es gab niemals einen Beweis, nur die Aussage dieser Frau auf einer Geburtsurkunde. Ed hat mir erzählt, daß sich 20 Marines aufstellten, um auf ihre Dienste zu warten, und er war einer von ihnen. Es hätte also jeder sein können. Es gab nur ihre Anschuldigung.

Valda Hansen: Ich lernte Eds Tochter in seinem Haus in Valley kennen. Sie sah ihm sehr ähnlich. Wunderschön, feine Züge. Grüne Augen, dunkles, schokoladenbraunes Haar. Sie war sehr süß.

John Andrews: Als seine Tochter kam, mußte sie auf dem Sofa schlafen. Und dann schmiß Kathy sie auch noch raus! Ed betrank sich fürchterlich und schrie: »Du hast meine Tochter aus dem Haus geworfen! Du hast sie rausgeworfen!« – »Das ist nicht deine Tochter, diese Schlampe hat dich belogen.« So ging es hin und her.

Kathy Wood: Als Eddies Bruder Billie nach Vietnam geschickt wurde, besuchten sie uns vorher. Es war kurz vor Weihnachten, ich holte das beste Silber heraus und kochte ein großes Essen ... danach saßen wir alle herum und tranken, und es gab einen großen Streit. Ich hatte Bill eine kleine Messingstatue von Buddha geschenkt, die Ed einmal von einem Reporter bekommen hatte. Ich sagte: »Das soll dir Glück bringen.« Später habe ich dann gehört, daß er in Japan von einem Transportlaster gefallen ist und im Krankenhaus landete – er ist nie bis Vietnam gekommen! Bill war immer ein bißchen eifersüchtig auf Eddie, und ich glaube, seine Frau auch. Sie waren eifersüchtig auf seinen Erfolg.

Kathy Wood: Seine Mutter war sehr autoritär, achtete nur auf Disziplin.

Lillian Wood: Alle drei Wochen rief er mich an, immer gegen zwei oder drei Uhr nachts. Er schickte mir 100 Dollar, ohne daß seine Frau davon wußte.

Kathy Wood: Das Schlimmste für mich war, wenn Eddies Mutter zu Besuch kam und ich mit ihr in einem Bett schlafen mußte. O Gott, wie ich das haßte! Sie mochte mich nicht, und ich mochte sie nicht, und mehr gibt es darüber nicht zu sagen.

Belas Begräbnis. Der mittlere Sargträger rechts ist Ed Wood (teilweise verdeckt).

Irre Szenen mit dem Rattenfänger

Kathy Wood: Um Eddie hingen immer eine Menge Leute herum, wie um einen Planeten im Weltall, alle möglichen Sachen passierten um ihn herum. Sie drehten sich um Eddie. Alle möglichen Leute wollten etwas von ihm oder glaubten, daß sie etwas für ihn hätten, und manchmal wurde es eine wirkliche Plage, auch wenn das etwas hart klingt.

John Andrews: Eddie hatte eine linke und eine rechte Seite ... und man wußte nie, aus welcher Richtung er gerade kam, so schnell konnte es sich ändern. Einmal kam ich in seine Küche, und er hielt eine Zigarette in jeder Hand! Für jede Persönlichkeit eine! Eddie sah sich als Moralist, als jemand, der vollkommen ist, während der Rest der Welt teuflisch und sündhaft war. Er aber war göttlich. Bela war der gleiche Typ, sehr leidenschaftlich, wie Eddie. Entweder mochten sie einen oder sie haßten einen wie die Pest, und ich meine echten, tiefen Haß.

Eddie konnte nicht ertragen, wenn andere vorwärtskamen. Er wollte die Nummer eins sein, König oder Königin dieser ganzen verdammten Szene, und er hatte eine tiefe Abneigung gegen jeden, der erfolgreicher war als er

Henry Bederski: Verdammt noch mal, Eddie hatte zwar kein Geld, aber er lebte immer auf großem Fuß. Ich meine, ich hatte Geld und lebte vergleichsweise ärmlich. Aber Eddie brauchte den äußeren Glanz, und immerhin hatte er den Mut, das zu tun, was er tat. Ich könnte nie irgendwo einziehen und sagen, na ja, 500 Dollar im Monat, egal, ich werd's schon bezahlen, und dann nach einem Monat feststellen, daß ich gar nicht zahlen kann. Eddie scherte sich einen Teufel um solche Dinge, was soll's, die Welt wird schon nicht untergehen, weil der Vermieter seine verdammte Miete nicht bekommen hat.

Paul Marco: Kathy und Ed stritten sich ziemlich oft. Sie fing an zu nörgeln. »Trink nicht soviel, laß mir auch was übrig.« – »Ach halt doch den Mund«, gab er zurück, doch plötzlich nahm er dann sein Gebiß heraus und grinste sie an, und sie platzte fast vor Lachen, und alles war wieder vergessen.

Kathy Wood: Wenn der Eismann vorbeikam, lud Eddie alle Kinder in der Nachbarschaft zu einem Eis ein. Sie liefen hinter ihm her wie hinter dem Rattenfänger von Hameln. Die Kinder liebten ihn, weil er sie nie herablassend behandelte, sondern sie stets als seinesgleichen sah.

Henry Bederski: Eines fiel mir an Ed besonders auf. Wenn irgend jemand irgend etwas tat, was ihm nicht paßte, dann hieß es immer: »Diese Idioten, diese Idioten«. Das war sein Lieblingswort, Idiot. »Idioten, das sind alles Idioten.«

Mona McKinnon: Wir feierten ziemlich wilde Partys ... ich meine nicht Sex oder so was. Wir machten einfach einen drauf und hatten viel Spaß. Wir tanzten und alberten herum, das war angesagt. Und der neueste Klatsch. Schließlich waren wir alle völlig betrunken und hauten uns irgendwo hin. Oft waren wir dann noch am nächsten Tag da. Auf den Halloween-Partys verkleidete sich Eddie gerne als Hitler. Sehr witzig, wie er als Hitler durch den Raum stolzierte. Er sah ihm täuschend ähnlich.

Francine Hansen: Ich kann mich an einen Nachmittag erinnern, als wir ihn in seinem Haus besuchten. Er war wirklich ein irrer Vogel. Er hatte Kathys Schuhe angezogen, solche mit Keilabsatz, und stolzierte damit herum und spielte den Clown.

Valda Hansen: Dann kreiste er mit den Hüften und schob das Becken vor, wie eine Tunte. Wir kreischten vor Lachen.

Harry Thomas: Er war der einzige, der mich fast jeden zweiten Tag anrief, und ich freute mich jedesmal, seine Stimme zu hören. Ich wußte immer, wenn er dran war, denn niemand sonst rief so spät oder so früh an wie er. »Hab was für dich« – so redete er immer – »Muß dir was zeigen« – »Möchte, daß du rüberkommst« – »Hab 'ne neue Idee.«

Henry Bederski: Er sagte zu mir: »Henry, laß uns zum A&P-Supermarkt gehen und einkaufen, ich lade dich zum Essen ein.« Also gehen wir hin, er schmeißt alle möglichen Sachen in den Einkaufskorb, Steaks und dies und jenes, aber als wir dann vor der Kasse stehen, bin ich plötzlich derjenige, der bezahlt. Eddie meinte nur: »Mensch, Henry, du solltest froh sein, daß du einem Filmregisseur unter die Arme greifen kannst.« Aber was soll's, ich hatte eine Menge Spaß mit Ed!

Kathy Wood: Wenn wir Geld gehabt hätten, dann hätten wir so weitergemacht ... Tag und Nacht Partys, jede Menge Spaß. Aber wir wurden alle älter ... und ärmer.

»Wir tranken noch einen Martini. Wir standen sehr eng beeinander, und ich spürte den Wunsch, ihre festen Brüste zu berühren, ganz leicht nur. Als ich mein Glas auf der Theke abstellte, geschah es. Ich mußte an ihr vorbeireichen, und dabei streifte ich mit dem Handrükken über ihre festen, bebenden Rundungen. Es durchfuhr mich wie ein elektrischer Schlag. Auch Glorias Körper schien sich zu straffen. Es hatte nur einen winzigen Augenblick gedauert, aber die Luft schien elektrisch geladen. Sie wich nicht zurück, und in ihren Augen lag noch immer dieses Glitzern. Ich wußte, daß sie mich genauso wollte wie ich sie, aber noch konnte ich mich nicht entschließen, aus dem Wunsch Wirklichkeit werden zu lassen.«

Suburbia Confidentiall, Ed Wood

Kathy Wood: Eddie besaß ein schwarzes Cadillac-Cabrio, das in unserem Hinterhof stand. Einer von den Müllmännern hatte ein Auge darauf geworfen. Er bezahlte 50 Dollar dafür und meinte dann: »He, ich lege noch meinen dressierten Affen drauf.« Eddie sagte: »Ich weiß nicht recht, wir können ihn uns ja mal ansehen.« Der Müllmann brachte also den Affen vorbei, und das erste, was das Tier tat, war, auf Eddies Kopf zu springen und ihm ins Gesicht zu scheißen!

Um 1970 herum hatten wir Nachbarn, die ihr eigenes Marihuana anbauten, und eines Abends ging Eddie ganz wagemutig rüber und rauchte einen Joint mit ihnen. Als er zurückkam, benahm er sich wie ein alberner Schuljunge, der gerade seine erste Zigarette hinter der Scheune geraucht hat. »Ich hab's getan, ich hab's getan.«

1964 oder '65 lernten wir die Hells Angels kennen. Das waren die nettesten Leute, die man sich vorstellen kann, sie verkauften kleine Modelle von Planwagen, und wir kauften ihnen ein paar davon ab. Sie waren sehr stolz darauf, Hells Angels zu sein. Sie nahmen uns einmal nach North Hollywood mir, wo sie Freunde besuchten. Eddie mochte sie besonders. Er konnte sich jederzeit überall anpassen. Als Eddie eine wichtige Verabredung hatte, nahmen sie ihn auf einer Harley Davidson mit. Leider fuhren sie durch eine große Pfütze, und Eddie wurde über und über mit Schlamm bespritzt. Da saß er nun, mit Anzug und Krawatte, alles verdreckt.

David Ward: Ich besuchte Eddie '73 mit meinem Freund Jimmy Whiton, der *The Abominable Dr. Phibes* geschrieben hatte. Eddie wohnte damals in der Tiara Street in North Hollywood, er hatte Grippe oder so was, und Kathy war betrunken. Ein Transvestit leistete ihm Gesellschaft. Ich weiß nicht, ob er gerade operiert worden war, jedenfalls sagte Eddie zu dieser Person: »Zeig ihnen deinen Busen.« Und dieses Wesen hob tatsächlich die Bluse hoch. Ich glaube, ich sagte: »Sehr hübsch, wirklich, sehr nett, äh, Eddie, ich glaube, wir müssen schon wieder gehen...«

Bob Burns: Jemand brachte ein paar Ed Wood-Filme zu CBS, die wir uns während der Mittagspause ansahen. Es gab da einen 16-Millimeter-Film, auf dem Eddie in Frauenkleidern zu sehen war, wie bei einer Modenschau, er trat in zwei oder drei verschiedenen Kostümen auf. Er trug eine blonde Perücke. Eines der Damenkostüme war rosa- und mandarinenfarben.

Paul Marco: Criswells Haus stand immer für Gäste offen. Ed und Cris mochten italienisches Essen, besonders Spaghetti. Cris kochte stets einen riesigen Topf Fleischsoße, das war seine Spezialität. Jeden Sonntag trafen sich Leute auf seiner Veranda und brachten etwas zum Essen mit, das dann zusammengeschmissen wurde. Cris hatte eine riesige Wohnung, riesige Wohnzimmer, mit einem Eßzimmer kombiniert. Aber der Mittelpunkt unseres gesellschaftlichen Lebens waren die Einladungen in das Hollywood Brown Derby jeden Freitag abend.

John Andrews: Mit Eddie war jeder Tag wie Silvester ... ach Scheiße! In den alten Tagen, ich meine die guten alten Tage, arbeitete Criswell mit Mae West zusammen, auf der Bühne. Wer sie kannte, nannte sie »Miß West«. Auch nach ihrer Zusammenarbeit blieben sie befreundet. Eines Tages rief sie ihn an. »Hast du einen Dollar?« – »Was, du brauchst einen Dollar?« – »Ja, ich brauche unbedingt einen Dollar, Cris, komm bitte schnell zu meinem Anwalt.« So ging es weiter, und schließlich setzte sich Cris in ein Taxi. Er selbst fuhr nie. Als er ankam, fragte sie ihn: »Hast du den Dollar dabei?« – »Klar.« – »Dann gib ihn meinem Anwalt.« Er reicht ihm also den Dollar, und der Anwalt gibt ihm die Papiere für Mae Wests rosafarbenen Cadillac! Es war ein '54er. Sie hatte sich gerade einen neuen gekauft, und überließ den alten Cris für den symbolischen Preis von einem Dollar!

So fuhren wir dann durch die Gegend, Eddie, Cris und ich saßen auf dem Rücksitz, während Cris' neuester Handlanger, wer immer es auch war, den Chauffeur spielte ... das waren verrückte, wilde Fahrten, Mann. Eddie trank Imperial, einen billigen Whisky. Für Cris mußte es Beefeater Martini sein, extra trocken. Ich trank alles, was ich vertragen konnte. Manchmal fuhren wir den Strip entlang und besuchten Herb Jeffries, um ihm eine Weile auf die Nerven zu gehen. Eddie versuchte, ein Filmprojekt auf die Beine zu bringen, in dem Herb Jeffries (ein Jazzsänger im Swingstil) die Hauptrolle spielen sollte, aber leider kam es nie zustande. Das wäre unglaublich geworden.

Steve Apostolof: Wir gingen in eine Bar und bestellten Hamburger, Eddie liebte Hamburger mit Pommes frites. Er nahm das Ketchup und schüttete sich die ganze verdammte Flasche über seinen Hamburger. Ich sagte: »Eddie, bist du verrückt, die Kellner kucken schon komisch.« Aber er lächelte mich nur an.

Kathy Wood: Eddie war wirklich stolz auf seinen Farbfernseher. Es war eine sehr heiße Nacht, und er schlief im vorderen Schlafzimmer. Ich saß auf der Couch und rauchte, und irgendwie fing die Couch plötzlich an zu brennen, die Flammen breiteten sich auf die Jalousien aus. Ich wachte auf und hörte die Sirenen der Feuerwehr. Schreiend weckte ich Eddie. Unten brachen die Feuerwehrmänner die Tür auf, und als sie im Zimmer stehen, die Äxte in den Händen, läuft Eddie mit nacktem Hintern vor den Fernseher und ruft: »Rettet den Fernseher! Rettet den Fernseher!«

Paul Marco: Er war völlig vernarrt in Cowboy-Filme. Er durchforstete die Fernsehzeitung und strich jeden Western an. Nachts um drei sah er sich Buck Jones an. Der Fernseher lief ohne Unterbrechung. Ich weiß nicht, wann er schlief, das Licht blieb die ganze Nacht an.

John Andrews: Ed rief mich an und sagte: »John, John, hast du nicht irgendwas über B-u-c-k J-o-n-e-s für mich?« Er zog manche Wörter so in die Länge, daß einsilbige wie zwei- oder dreisilbige klangen. »Ja, kommt drauf an, was du suchst?« – »Kennst du die B-i-g Little-Bücher?« – »Aber klar doch?« – »Hast du welche?« –

»Tja, ich hab da eins über Chandu the Magician.« – »O ja? Mit Bela?« – »Ja.« – »Wieviel willst du dafür haben?« Ich sagte: »Das ist unverkäuflich, Eddie, man bekommt sie kaum noch. Wie soll ich denn ein neues Exemplar bekommen? Nein, das behalte ich. Aber ich habe The Lost City.« – »Welches Lost City, welches?« – »Das mit Kane Richmond.« – »Ooooh.« Es klang richtig heiß. »Das ist auch unverkäuflich, Eddie, diese Sachen sind unbezahlbar, wir reden hier von 1935.« – »Kannst du mir dann wenigstens ein B-u-c-k Jones besorgen?« – »Vielleicht. Ich melde mich in ein paar Tagen bei dir.«

Wir haben dann jeden Tag darüber gesprochen. Ich wußte, daß diese Sachen nicht leicht zu finden waren, aber schließlich ging ich zu Cherokee Books. Oben hatten sie eine ganze Abteilung mit Big Little-Büchern. Shirley Temple und alle möglichen Sachen. Ich fand drei Titel, alle aus Serien, für je einen Dollar. Später rief ich Eddie an: »He, Mann, ich habe sie, drei verschiedene Titel.« Sie waren mit Standfotos illustriert, echte Produktionsoriginale. Also hab ich sie Eddie pro Stück für zwei Dollar verkauft. Er war so dankbar. Eine Woche später ruft mich Criswell an. »Mein Gott, ist Eddie sauer auf dich.« – »Wieso?« – »Er sagt, du hättest 10 Cent pro Buch bezahlt und ihm für zwei Dollar weiterverkauft. Stimmt das, John?« – »Nein, das stimmt nicht. So groß war der Unterschied nicht. Außerdem habe ich die Dinger ja aufgespürt, ich habe Benzin verfahren, dafür muß ich auch etwas bekommen.«

Ich arbeitete im Beverly Hills Health Club, leitete die Übungen. Dort traf ich einen Buchhändler, der einige alte Fotos gekauft hatte, darunter eine signierte Aufnahme von Buck Jones, in komplettem Western-Outfit und mit seinem Pferd Silver. Der Typ schenkte sie mir einfach, und sofort rief ich Eddie an: »Mann, ich hab was für dich. Ein signiertes Foto von Buck Jones.« –

»Wirklich? Bring es vorbei.« – »Morgen«, sagte ich. »Ich muß noch arbeiten.« Zwei Minuten später rief mich Kathy an. »Hast du wirklich ein signiertes Foto von Buck Jones?« – »Ja, das habe ich. Und es ist für Eddie.« – »Wieviel?« – »Gratis. Umsonst. Ich weiß, wie sehr er Buck liebt. Ich schenke es ihm.« Am nächsten Tag fuhr ich zu ihnen. »Da wären wir, Eddie.« Und er: »O mein Gott, ach du lieber Himmel! Ohhhh!« Er geht nach nebenan, und ich höre seine Stimme auf der Veranda: »Schauen Sie mal, was ich hier habe! Sehen Sie sich das nur an! Niemand auf der ganzen Welt besitzt ein signiertes Foto von Buck Jones!« Und eine Frauenstimme antwortet: »Wer ist denn Buck Jones?«

Forrest J. Ackerman: Eine Zeitlang rief er mich häufig an, aber er war immer völlig besoffen ... Ich hatte ihm eigentlich nicht viel zu sagen und konnte auch nichts für ihn tun. Ich weiß nicht einmal genau, was er wollte, wenn er mich anrief, es war immer nur in der Richtung: »Wir müssen uns unbedingt mal treffen, alter Junge«, dieses Zeug.

Anthony Cardoza: Ed hat mir das Leben gerettet. Es war in den Lanaii Apartments gegenüber von Warner Brothers. Ich schwamm im Pool und ging plötzlich unter. Ich wäre ertrunken, wenn er nicht vom Balkon aus dem zweiten Stock gesprungen wäre und mich aus dem Wasser gezogen hätte. Der Pool war fast drei Meter tief.

Scott Zimmerman: Im Frühjahr 1975 lief *Bride of the Monster* als Teil einer nächtlichen Film-Show auf Cincinnati tv. Ich und mein bester Freund, auch ein großer Lugosi-Fan, warteten gespannt. Endlich war es zwei Uhr. Als der Vorspann lief, waren zwei Paar Augen und Ohren für die nächsten 90 Minunten 100% empfangsbereit. Ich hatte im Laufe der Jahre viel über den Film gelesen, aber es ist natürlich ein riesiger Unterschied, ob man etwas über einen Film liest oder ihn tatsächlich sieht. Ich erinnere mich gut daran, wie sehr mir Lugosis überdrehte Vorstellung gefiel. Ich war in ein mir völlig unbekanntes Reich der Filme vorgedrungen.

Ich wollte unbedingt mehr über den Regisseur dieses Filmes erfahren. Ich wählte einfach die Nummer der Auskunft für L. A., und zu meiner Überraschung sagte das Fräulein vom Amt: »Ed D. Wood, Jr. – 469-4998.« Sofort rief ich an, den Kopf voller Fragen. Seine Frau war am Apparat: »Nein, Eddie ist im Valley, er arbeitet an einem Film. Geben Sie mir Ihre Nummer, er ruft auf jeden Fall zurück.«

Als ich am nächsten Morgen im Restaurant meines Vaters eintraf, wo ich arbeitete, teilte mir mein Dad mit, daß ein gewisser Mr. Wood ihn um drei Uhr nachts angerufen habe, ein Mr. Zimmerman habe ihn angerufen. Dad war wohl etwas verwirrt und wies darauf hin, daß es schon drei Uhr nachts sei, worauf Ed Wood erwiderte: »Hier ist es erst Mitternacht.« Als ich wieder zu Hause war, rief ich sofort wieder bei ihm an. Ein Gentleman mit einer herzlichen Stimme meldete sich. Ed Wood! Ich erklärte ihm, daß mein Vater die Bedeutung von *Bride of the Monster* nicht würdigen könne, und Ed zeigte sich sehr verständnisvoll. Es war sicher mehr als generös von ihm, mit einem tölpelhaften Teenager aus dem mittleren Westen zu diskutieren. Auf mich machte er einen sehr coolen Eindruck.

Plan 9 From Outer Space hatte ich noch nicht gesehen, und Ed Wood lud mich sofort ein, ihn zu besuchen, wenn ich in L.A. sei, Freitag abends zeige er immer seine Filme. Sie können sich vorstellen, wie ich mich dabei fühlte. »Ich hasse diesen Titel«, sagte er. »*Graverobbers*, es sollte *Graverobbers From Outer Space* heißen. Es gibt da eine Szene, in der Tor Johnson aus dem Grab steigt, die wird dir den Atem nehmen.«

Er erwähnte auch, daß er nach einem Foto von Buck Jones in *The Phantom Rider* suche. Ich brachte den Namen Tod Slaughter auf, weil ich einige seiner Filme im Fernsehen gesehen hatte, die Eindruck auf mich gemacht hatten. Er sagte: »Oh, diese Sachen sind so schrecklich! Aber ich liebe sie, ich liebe sie!«

Er hatte eine sehr volle, warme Stimme, die mich an Lord Buckley erinnerte. Ich fragte ihn, ob er Musik möge. »O ja«, antwortete er. »Besonders die großen Opern.« Gab es etwas in seinem Leben, das er noch tun wollte? »Ich habe immer alles getan, was ich tun wollte.« Dann gab es eine kleine Pause. Er zog an einer Zigarette. »Außer diese Klippen in Neu-Mexiko hinunterzuspringen. Aber dafür bin ich jetzt natürlich zu alt.«

Robert Cremer: Es war das erste Mal, daß sich die Schauspieler, jedenfalls die, die noch übriggeblieben waren, trafen, um über Bela Lugosi zu sprechen. Wir gingen in die Small World auf der La Cienega, und Ed Wood zog mich zu dieser Frau hin, die an der Bar saß und sagte: »Ich möchte Ihnen Cristine Jorgenson vorstellen. Um sie sollte es in *Glen or Glenda* gehen, aber als ihre Eltern davon hörten, bekamen sie einen Anfall, und sie mußte absagen. Das war der Punkt, an dem ich Bela dazuholte, der dann diesen übernatürlichen Firlefanz dazutat, und ich schnitt ihn in einen Film, den ich eigentlich schon begonnen hatte.« Cristine Jorgenson machte sich darüber lustig und meinte, nicht in dem Film aufgetreten zu sein, wäre das Beste gewesen, das sie für ihre Karriere hätte tun können, aber Ed schien in guter Stimmung, es war eine dieser typischen Hollywood-Sticheleien.

Wir verließen die Bar und gingen zu Ed. Wir saßen beisammen und tranken etwas. Dann ließ Ed *Plan 9* laufen. Immer wieder hielt er den Film an und schaltete das Licht ein. Er schenkte nach, und dann schwelgten sie über die einzelnen Szenen, zum Beispiel über Dudley Manloves »Soliloqium«, und ich saß da und dachte: »Soliloqium«? Wovon redet ihr eigentlich? Sie steigerten sich so hinein, bis *Plan 9* schließlich ein epischer, alle Kassenerfolge sprengender, großer Hollywood-Film war. Ich saß nur da und dachte, spinnst du oder spinnen sie? Ich wartete nur noch darauf, daß Rod Serling hereinkam und sagte, daß es Zeit für die Werbeunterbrechung sei. Es war einfach phänomenal!

Mein Interview mit Ed Wood war nebenbei tatsächlich das letzte, das ich noch brauchte, um das Puzzle zu vervollständigen (für die Bela-Lugosi-Biographie *The Man Behind the Cape*, Regnery, 1976).

Es erwies sich, daß niemand in den letzten Jahren so engen Kontakt zu Lugosi gehabt hatte wie Ed. Als wir Ed Wood für das Interview bezahlten, war er nüchtern, verhielt sich ganz normal und redete zusammenhängend. Aber dann löste er den Scheck ein und schickte jemanden los, um Schnaps zu besorgen. Danach wurde es chaotisch.

Gegen Ende der letzten Interview-Sitzung, begann er, immer wütender auf mich zu werden, weil er der Meinung war, daß er selbst Lugosis Biographie hätte schreiben sollen. Er wurde erst trübsinnig und dann gewalttätig. Er ging in die Küche, um sich einen weiteren Schluck Wild Turkey einzugießen, aber die Flasche war leer. Er zertrümmerte sie auf der Küchentheke und ging damit auf mich los. Wood versuchte irgendwie nach mir zu stechen, aber er war so betrunken, daß ich ihn leicht gegen die Wand stoßen konnte, wo er zusammenbrach. Dann ging ich einfach zur Tür hinaus und sagte: »Nun, Ed, ich schätze, das war unser letztes Interview. Mach's gut.«

Der Mann mit den Ideen

John Andrews: Eddie steckte voller Ideen. Jeden Tag hatte er eine neue. Und daran arbeitete er bis zur Erschöpfung. Bis zur nächsten Idee. Er hatte auch diese Idee über einen Comic mit Bela Lugosi, so um 1951, der wie Dracula und White Zombie und diese Sachen sein sollte, aber mit Originalgeschichten von Ed. Er ließ sich von einem Zeichner ein paar Probeseiten anfertigen und schickte sie an so ziemlich jeden Comic-Verlag, den es gab. Nicht eine Antwort.

Eddie war in seinem Produktionsbüro, es war Anfang der Fünfziger, als plötzlich George Zucco hereinkommt. George hatte mit einigen Sachen mittelmäßigen Erfolg gehabt, aber sie waren schon bemerkenswert gewesen, die *Mummy*-Serie, *The Mad Ghoul*, *The Mad Monster* mit Glenn Strange bei P.R.C. Der arme George sagte zu Eddie: »Ich nehme alles, egal, was es ist, ich spiele jede Rolle, und wenn es nur ein Satz ist, ich spiele es.« Aber gerade zu diesem Zeitpunkt konnte Eddie ihm wirklich nichts anbieten. Er hätte es nur allzu gerne getan. Eddie war ein sehr sensibler Mensch. Er freute sich, Zucco zu sehen, aber es tat ihm weh, ihn so zu sehen, verzweifelt nach Geld Ausschau haltend, um seine Familie zu ernähren.

Valda Hansen: Es war in den späten Fünfzigern, ich spielte in einem Stück namens *Accidently Yours*, und Ed und John Carradine kamen hinter die Bühne. Ed war immer auf dem Hollywood Boulevard zu finden und hatte John Carradine zufällig getroffen, der auch gerne dramatische Auftritte auf dem Hollywood Boulevard inszenierte, indem er mit seinem schwarzen Umhang herumlief und Shakespeare zitierte.

Ewing »Lucky« Brown: 1957 drehten wir in den Kenmore Studios in Santa Monica – sie gehörten Larry und Harry Smith. Eddie führte Regie. Es war so eine Werwolf-Geschichte mit Lon Chaney, Jr. Wir hatten ein großartiges Bühnenbild, die Ecke eines Gebäudes, eine Steinmauer. Und Chaney sollte dieses gottverdammte Ding hinaufklettern. Er klammerte sich mit Händen und Füßen an die Mauer, mit seinen pelzigen Händen und der Wolfsmaske. Wir konnten uns vor Lachen kaum beherrschen, aber wir drehten ohne Ton. Schließlich schrie Chaney: »Wenn ihr meint, daß es so einfach ist, dieses verdammte Ding raufzuklettern – dann macht ihr es doch! Verdammt noch mal!« Das machte alles nur noch schlimmer. Jedenfalls drehten wir ein paar Probeaufnahmen, und Eddi versuchte damit, Geld aufzutreiben. Ich war Kameramann, zusammen mit Bill »The Moose« Thompson.

Ted Allan: Ed sollte die *Dr. Acula*-TV-Show für Bela Lugosi schreiben, aber es ist nie dazu gekommen, weil Bela sehr schwierig und sehr nervös wurde. Er schien irgendwie ausgeflippt zu sein, und wir scheuten das Risiko, mit ihm zu arbeiten. Ich selbst hatte auch Schwierigkeiten. Jemand versuchte, mir mein Studio wegzunehmen, also hätte es wahrscheinlich sowieso nicht geklappt.

George Weiss: Er kam nach New York, es war '57 oder '58, um einen Deal über ein »Double Feature« abzuschließen. So machte man das damals. Man verkaufte einen Doppelpack, der unter einem Titel lief, so daß man es nicht als Doppelvorstellung machen mußte.

Johnny Carpenter: Wenn Eddie sehr beschäftigt war, dann setzte er sich seine Kappe verkehrt herum auf, mit dem Schirm nach hinten, wie ein Baseballspieler. Wir schrieben *The Lawless Rider* in seinem Haus an der Ecke Riverside Drive und Victoria Boulevard. Ed machte alles, er schrieb das Drehbuch, war Produktionsassistent, half mir, die richtigen Leute zu finden. Wir arbeiteten füreinander, ohne Bezahlung. Er schrieb eine Dialogzeile, und ich las sie und schmiß sie weg. Seine Dialoge klangen ein bißchen zu gestelzt. So sprachen die Grenzsiedler nicht.

Henry Bederski: Ed schrieb das Drehbuch für den Johnny-Carpenter-Western *The Lawless Rider*, aber auf der Leinwand heißt es »Drehbuch: John Carpenter«. Dabei war es von Ed, aber Johnny brüstete sich damit. Johnny Carpenter hätte nicht mal ein Drehbuch schreiben können, wenn es um sein Leben gegangen wäre.

John Andrews: An einem Halloween-Abend zeigte Eddie einen Ausschnitt aus seinem Fernsehwestern *Crossroad Avenger*. Irgendso ein Möchtegern-Schreiber war mit einem Projektor vorbeigekommen, und Ed zeigte uns die Szene, in der Harvey P. Dunne einen alten Goldsucher spielt, der sein Revolverhalfter wie ein Suspensorium trägt. Das sollte witzig sein.

David Ward: Es gab eine Szene, in der Tom Keenes Pferd Wasser trinken sollte, aber der Gaul wollte nicht. Also kniete sich Eddi vor das Tier, außerhalb der Kamera, und zog seinen Kopf am Zügel herunter zum Wasser. Dann gab es noch eine Szene, in der er durch die Stadt reitet, die etwas ganz Besonderes werden sollte. Aber er verlor die Kontrolle über das Pferd, und obwohl es die Szene ruinierte, ließ er sie darin. Das

Pferd stürmt die Dorfstraße hinunter und Eddie – man weiß nicht, sitzt er noch im Sattel oder nicht? Er war umwerfend komisch.

Ron Ashcroft: Ich schnitt gerade eine Sequenz meines ersten Filmes *The Astounding She Creature*. Ich war an dem Punkt angelangt, wo die Außerirdische auf den riesigen schwarzen Bären trifft. Als das Mädchen aus dem Weltall seine Hand in einer freundlichen Geste ausstreckt und den Bären berührt, fällt er tot um. Aber ich war nicht zufrieden mit dem, was ich gedreht hatte, ich war nicht glücklich damit. Eddie kam zufällig in den Schneideraum, und ich erzählte ihm von meinem Problem. Er sah sich die Szene an und sagte: »Hör zu, Ron, du gehst am besten zu einem Kostümverleih und besorgst dir ein richtiges Bärenfell. Das hier sieht aus wie eines von den billigen Dingern, mit denen man auf eine Party geht. Es muß echt aussehen. Dann stecken wir jemanden in das Bärenkostüm und gehen noch mal an den gleichen Drehort zurück.«

Also besorgte ich den Bären, und Ed überredete Kenne Duncan, den Bären zu spielen. Unsere ganze Meute fuhr dann zum Frazier Park. Lorraine (Ashcrofts Frau, nicht die Schauspielerin in dem Film) trug das Außerirdischen-Kostüm und die irre Perücke, und Kenne stieg in das Bärenfell. Eddie kümmerte sich ums Licht, Gene Crop um die Kamera. Wir machten ein, zwei Aufnahmen, als plötzlich Kennes Stimme aus dem Bärenkostüm dröhnte: »Verdammt, aufhören, holt mich hier raus!« Er hatte sich tatsächlich eine Zigarette dort drinnen angesteckt, und der Qualm erstickte ihn fast. Aber Eddies Idee funktionierte. Er verstand eine Menge vom Geschäft, wußte sich aus jeder Klemme zu befreien. Als wie die Aufnahmen am nächsten Tag im Kopierwerk betrachteten, stellte sich heraus, daß sie großartig geworden waren und sich mühelos in den Film schneiden ließen.

Echte Freundschaften sind in Hollywood selten. Das eine kann ich über den guten alten Eddie sagen: Wenn ich wirklich in Schwierigkeiten war und Hilfe brauchte, war Eddie Wood für mich da.

Kathy Wood: Als ich ihn kennenlernte, hatte er noch Bänder von den meisten seiner Werbefilme, aber wie alles andere verschwanden auch sie mit der Zeit. Es gab da einen Werbespot für Wesson-Speiseöl, das seinen schrägen Humor zeigte. Man sieht zwei Forscher, die im tiefsten Afrika von Eingeborenen gefangen werden. Sie haben einen großen Kessel mit Öl, in dem sie herumrühren. Einer der Forscher sagt: »Ich bin zu alt, um in Öl gebraten und verspeist zu werden.« Der andere meint: »Ich bin zu zäh, um in Öl gebraten zu werden.« Darauf sagt der Koch der Eingeborenen: »Nichts ist so zäh, daß man es nicht in Wesson-Öl braten kann.«

Eddie machte auch Industriefilme für Autonetics. Für einige schrieb er das Drehbuch, bei anderen führte er Regie. Ich glaube, daß alle Filme für Autonetics geheim waren. Eddie wurde auch vom FBI überprüft, aber er war sauber.

Valda Hansen: Ed hatte ein Drehbuch, *Operation Salami*, eine ganz verrückte Sache mit viel Humor. Joe E. Brown kam – kurz nachdem er *Some Like it Hot* (*Manche mögen's heiß*) gemacht hatte – und sagte sofort: »Ich liebe Valda, ich will sie als Hauptdarstellerin.« Alles lief perfekt, Ed sah mich immer wieder an, ich glaube, er empfand eine Art väterlicher Liebe für mich, er wollte mich beschützen. Er zwinkerte mir zu, er sah, wie glücklich ich war. Wie gesagt, alles lief großartig, aber dann verstarb Joe E. Brown leider.

Don Fellman: Wood wollte noch ein letztes Mal Karloff und Lugosi zusammenbringen. Er wollte auch noch Joe E. Brown dazuholen, aber das hat man ihm wohl weggeschnappt. Brown tauchte später in *Comedy of Terrors* auf, in dem auch alle die anderen Horror-Darsteller mitwirken – alle, bis auf Lugosi. Wood sagte, sein Film würde *Invasion of the Gigantic Salami* heißen. Ganz recht, Invasion der Riesensalami, er fand das zu komisch.

John Andrews: Es hatte eine Menge Archivmaterial, wilde Aufnahmen von Bela. Aber er hatte sie alle auf Nitrat aufgenommen. Eines Morgens öffnete er die Dose, und all diese unbezahlbaren Szenen hatten sich in Staub aufgelöst. Er atmete auch noch die giftigen Dämpfe ein und mußte sich übergeben. Das war das Ende des *Ghouls of the Moon*-Projektes.

Don Fellman: Er hatte ein Drehbuch für *The Beverly Hillbillies* geschrieben, aber, so sagte er, es sei »in letzter Minute abgelehnt« worden.

Timothy Farrell: 1974 sprach ich das letzte Mal mit Ed. Er war sternhagelvoll, aber glücklich. Gerade hatte er Geld für einen neuen Film aufgetrieben. Er hatte seinen Anwalt bei sich und rief dauernd irgendwelche Leute an. Mein Gott, dachte ich, er wird das ganze Geld versoffen haben, bevor er den Film überhaupt anfängt.

Robert Cremer: Wood sagte oft: »Wenn ich nur einmal genug Geld gehabt hätte, wäre vieles anders geworden.« Ich glaube, daher stammt seine Frustration, er meinte, daß er nie so eine Chance bekommen hatte wie andere, die nicht talentierter waren als er.

Der Alkohol hatte leider einen großen Einfluß auf seine Fähigkeit, klar zu denken und Geschäfte zu machen. Er drehte völlig durch, wenn er etwas getrunken hatte. Dann kam der ganze Frust raus, sein Gefühl, daß Hollywood ihn betrogen hatte und daß Alex Gordon ihm hätte helfen können . . .

Dennis Rodriguez: Ed rief immer nachts an, um zwei, völlig breit. Dann ging es immer um ein geheimes, großes Geschäft. Die Saudis seien in der Stadt, sie hätten fünf Millionen Dollar für einen Film bereit, und er würde sie morgen im Bel Air treffen – alles reine Hirngespinste.

John Andrews: *Island of Lost Souls* lief im Fernsehen. Eddie rief an: »Siehst du dir den Film an?« – »Natürlich sehe ich mir den Film an.« Als er zu Ende war, rief er wieder an und meinte: »Weißt du, ich würde ein Remake von diesem Film machen, aber ich würde sie wirklich in die Körper hineingreifen und Gedärme und Leber herausholen lassen.« Und er machte weiter mit diesem kranken Mist, und ich sagte nur: »Prima, Eddie.« Was soll man zu so etwas sonst sagen?

Don Fellmann: Ed erwähnte ein Drehbuch, *Heads No Tails*, das auf Tod Slaughters *Demon Barber of Fleet Street* basierte.

Barry Elliott: Ich gab ihm etwas Geld für das Drehbuch (*Heads No Tails*) und versuchte es später umzuschreiben. Ich glaube, er verlangte pro Drehbuch nur 200 Dollar . . . der arme Kerl war am Verhungern.

Don Fellmann: Wood plante einen Film über Bela Lugosis letzte Tage, *Post Mortem*. Er arbeitete schon an dem Drehbuch, als ich mit ihm sprach, er tippte es in die Maschine. Peter Coe sollte Bela spielen, und eine Multi-Media-Gesellschaft namens Blue Dolphin sollte den Film produzieren. Ich sollte eine Pressemitteilung über den Film schreiben. Zuerst hielt ich die Idee für lächerlich, aber dann war ich doch der Meinung, daß es etwas werden könne. Blue Dolphin vermarktete hauptsächlich Rock'n'Roll-Schallplatten, und Wood gab sich alle Mühe, sich ihrem Image anzupassen, was sehr komisch war, weil er normalerweise überhaupt keine Kompromisse einging. Aber sein Kommentar zum Rock'n'Roll war eindeutig. »Weißt du, was es ist?« fragte er mich. »Tja, Rhythm and Blues?« antwortete ich. Er sagte: »Ich wünschte, das wäre es. Ich sag dir, was es ist. Es sind schwarze und rote und grüne und lila Punkte, die in der Gegend herumspringen und schreien!«

Mona McKinnon: In einem Buch (*The Count: The Life and Films of Bela »Dracula« Lugosi* von Arthur Lennig) hieß es: »Edward D. Wood, Jr., Produzent, Regisseur und Promoter machte die schlechtesten Filme von Hollywood.« So ging es weiter, immer auf ihn drauf. Seine Filme wurden auseinandergenommen. Eddie lachte nur. Er fand es komisch.

Don Fellmann: Ich weiß nicht, was es hochbrachte, aber er hielt eine ganze Tirade gegen Lennig. »Das war doch nur ein kleiner Junge ... ein kleiner Junge. Ich habe mit Lugosi *gelebt*!« Dann zitierte er irgendeine negative Stelle aus dem Buch und giftete: »Lennig, dieses Schwein! Aber wenn *mein* Buch erst mal rauskommt!« Er sagte das mit echtem Abscheu.

Die Crew von *Orgy of the Dead*. (Von links nach rechts) Untere Reihe: Ed Wood (Drehbuch), Bob Derteno (künstlerischer Leiter), Steve Apostolof (Regisseur und Assistent), Mark Desmond (Choreograph). Obere Reihe: Bill Davis, T. V. Michaels (Techniker), unbekannter Kameraassistent, Bob Maxwell (Kamera). Hinter der Kamera: Robert Caramico (erster Kameramann) (Foto: Steve Apostolof).

Nackte Tatsachen

»Es heißt, daß in klaren Nächten Hund und Wolf das kalte Licht des Mondes anheulen; dann kriechen unheimliche Wesen aus dem Schlamm.«
Orgy of the Dead von Ed Wood

Sam Kopetzky: Es überraschte mich nicht, daß Ed ins Sexgeschäft einstieg. Eine Menge Leute machten Sexfilme, weil man dabei kein Geld verlieren konnte.

Stephen Apostolof: *Orgy of the Dead* war der erste Film, den Ed und ich zusammen machten. Er schrieb nicht nur das Drehbuch, sondern war gleichzeitig Produktionsleiter und half beim Casting. Wir hatten Probleme mit Criswell, und Eddie versuchte zu helfen, weil er sich persönlich verantwortlich fühlte. Criswell konnte seinen Text nicht behalten, und der Hundesohn hatte stets eine Begleittruppe dabei, die am liebsten noch »Bravo« gerufen hätte. Im Film erkennt man, daß er den Text abliest, er sieht nicht genau in die Kamera, sondern etwas darunter, wo der arme Eddie mit den Texttafeln saß. Während einer Mittagspause suchten wir Cris. Er lag in friedlichem Schlummer – in seinem gottverdammten Sarg.

Immerhin wurde auch ich belohnt. Als *Orgy of the Dead* auf der Leinwand zu sehen war, begann Criswell zu weinen. »Du hast mich so fürstlich aussehen lassen«, schluchzte er. Das hatte ich in der Tat, dieser Hundesohn!

Wir saßen in der Cafeteria der KTTV-Studios, als Eddie ganz nonchalant hereinkam, die goldene Perücke auf dem Kopf, die Pat Berringer in *Orgy* trägt. Billy Barty, der Zwerg, war auch da, und er und Eddie machten ihre Witze. Wir lachten uns krank, die ganze Cafeteria weinte vor Lachen. Am nächsten Tag kam er mit der Werwolf-Maske. Ein anderes Mal hatte er das Mumienkostüm angezogen, jagte hinter jemandem her und erschreckte alle. Ich sagte: »Mach Schluß, Eddie, sonst schmeißen sie uns noch aus diesem Studio raus.«

John Andrews: Die arme Pat Berringer. Sie litt am Lou-Ojena-Syndrom; sie glaubte, daß sie ein großer, berühmter Star werden würde. Dabei konnte sie noch nicht einmal überzeugend schreien. Sie konnte gar nichts. Und nebenbei: Diese Titten sind aus Silikon.

Steve Apostolof: Eddie bekam gar nicht mit, wie schlimm es mit seinem Trinken geworden war. Mitten beim Drehen wollte Eddie Geld von mir haben, und sobald er Geld hatte, betrank er sich. Er trank Bourbon, Old Crow und süßen Vermouth. Er war dann voll bis obenhin. Man sah es an seinen Augen, es schien, als habe er sich was gespritzt. Ich schickte ihn nach Hause. Er schlief sich aus, und am nächsten Tag war alles wunderbar.

John Andrews: Wenn Eddie nach Hause kam, erzählte er Kathy alles, was den Tag über passiert war. Sie nannte Steve nur noch »dieser bulgarische Bastard, dieses unnütze Stück Dreck«.

Und so weiter. Aber wenn Steve Eddie keine Arbeit gegeben hätte, was zum Teufel hätten sie denn getan?

In *Orgy* taucht ein Mädchen in einem hautengen, goldenen Kleid auf. Auf der Drehschlußfeier tankten wir alle ganz schön, und Ed sagte zu mir: »Ich will dieses Kleid.« Ich sagte: »Und ich will einen von diesen Totenschädeln aus Keramik.« Ich organisierte alles, kam zurück und sagte: »Es ist alles im Auto.« – »Cool«, meinte Ed. Wir tranken Ballantine, obwohl Eddie ihn haßte, wir hatten keinen Imperial finden können. Außerdem mußten wir aus diesen Styroform-Bechern trinken. Ich ging zu Bob Caramico, dem Kameramann, und unterhielt mich mit ihm. Er sagte: »Ich weiß, daß er bei den Ledernacken war, genau wie ich, aber jetzt lebt er nur noch von Tag zu Tag. Und wenn ich du wäre, John, dann wollte ich nichts mehr mit ihm zu tun haben.« Als ich ein paar Minuten später einen Schluck aus meinem Becher nehmen wollte, hatte sich der Whisky durch den Schaumstoff gefressen ...

Ed Wood: Brief an Valda Hansen

10. 2. 65

Liebes,
gerade wieder einen Film gedreht, »Orgy of the Dead«. Habe verzweifelt versucht, dich zu erreichen unter GR 84639 (KEINE CHANCE) – keine Zeit zum Schreiben gehabt – Termine.

Eine Neuigkeit: Meine neue Adresse lautet 6136 BONNER St NORTH HOLLYWOOD – PO 96446.

Ich habe ein Haus gekauft, mit Swimmingpool und Gästehaus. Laß von Dir hören, damit wir mehr schreiben und miteinander sprechen können.

Ich hoffe, du ehrst meinen blauen Angora-Pullover.
In Liebe

Ed

Deine – wie immer – großartige Karte erhalten und gebührend bewundert.

Kathy Wood: *Take It Out In Trade* wurde gedreht, kurz bevor wir unser Haus in der Bonner St. verloren, 1970. Ich war nicht ganz bei mir ... sie waren dabei, uns unser Haus wegzunehmen.

Es war ein süßer, kleiner Film, den Ed auf einem »Movieola« in seiner Hütte bearbeitete und schnitt. Es hielt mich praktisch jede Nacht wach. Er ließ einige unserer Nachbarn mitspielen, wie Kenne Duncans alte Freundin Nona Carver, sie spielte eine alte Hure (Sleazy Maisie Rumpledinck). Geld hat er mit dem Film wohl nicht verdient, aber das hat er ja nie getan ...

Harry Thomas: Nona Carver – dicker Busen, aber dünne kleine Beine. Sie kaute ständig Kaugummi. War eine der Hauptnummern im Gaiety auf Main St.

Nona Carver: Ich traf Ed Wood ein paarmal in Keenes Haus.

Es gab zwei Versionen von *Take It Out In Trade*. In der einen ging es etwas pornographischer zu als in der anderen. Wir drehten in Lockwood, in einem Privathaus, es dauerte nur zwei Tage. Die Gewerkschaft wußte nichts davon, aber es waren ein paar SAG-Leute dabei. Zwei Schwuchteln spielten auch mit. Ich stellte eine Puffmutter dar, die an der Nadel hing und dauernd in einem Baby-Doll-Kostüm herumlief. Irgendwann tauchte ein Typ auf, der mich schlägt, und ich schreie und weine und flehe ihn an. Ich machte es so realistisch, daß jemand die Polizei rief! Ein echter Witz.

So wie ich es verstanden habe, ging Ed in einige Clubs und verhandelte mit Leuten, die Pornofilme kaufen wollten. Ed sagte, ich kann einen solchen Film drehen. Wenn Sie 2000 Dollar anlegen, können Sie auch selbst Profit machen. Ich drehe zwei Versionen. Die eine können Sie völlig legal an die Vertreiber verkaufen. Ihre private Fassung enthält dann einige andere Szenen.

Valda Hansen in ihrem (blauen) Angorapullover (Foto: Valda Hansen).

Ed Wood als »Alecia« in *Take It Out In Trade*.

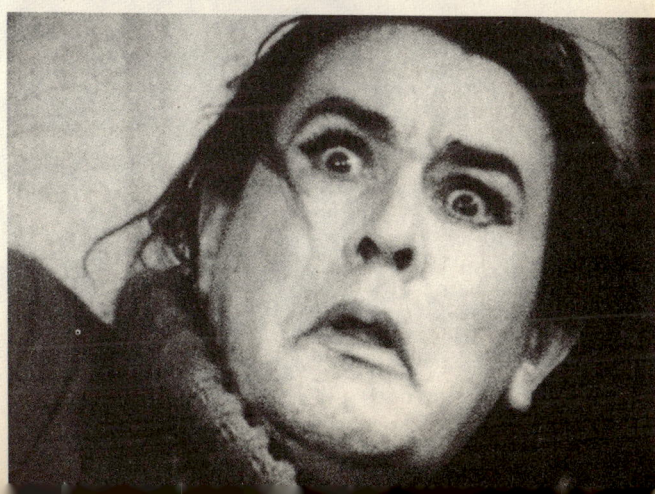

Aus *Take It Out In Trade:* Rechts: Monica Gayle und Linda Colpin amüsieren sich. Oben: Michael Donovan O'Donnell erhält bei Madame Puntacita's eine Sonderbehandlung.

Ronnie Ashcroft: Es war Anfang der Siebziger. Eddie war dabei, einen Film zu bearbeiten, und der Ton lief nicht mehr synchron zum Bild. Er rief mich an, und ich fuhr rüber. Als die Tür aufging, sah ich zuerst Eds Hund Monster und diese beiden Füße in rosafarbenen Slippern. Ich wollte gerade »Hallo Kathy« sagen, aber es war Ed. Er sah schon ziemlich komisch aus, in seinem rosa Nachthemd und mit den Bartstoppeln. Aber ich ließ mir nichts anmerken.

Ich sah mir die Sache an. Es war eine Szene mit zwei Typen in der Küche, die sich küßten oder sonst was. Ed hatte Streit mit dem Cutter gehabt, und der war nach Hause gegangen. Dann hatte Ed eine Aufnahme von einem klingelnden Telefon hineingeschnitten, und nun wunderte er sich, warum der Ton nicht mehr synchron war. Ich mußte es ihm tatsächlich erklären: »Eddie, wenn du eine Spur reinschneidest, dann mußt du genausoviel Spur entfernen, sonst hinkt der Ton hinterher.«

Michael Donovan O'Donnell: Wir hatten an einem Film gearbeitet, bei dem Apostolof Regie führte, *Hot Ice*. Ich glaube, Eddie spielte darin einen Hausmeister. Als diese *Take It Out in Trade*-Sache aufkam, besetzte er die Rolle des Privatdetektives mit mir. Er sagte: »Du bist perfekt dafür.« Mac McGregor – das war ich. Ich gab diesem McGregor etwas von Philip Marlow. Ich liebte Marlow, weil sein Mut größer war als er selbst. Angreifen und alles riskieren.

Ed führte einen an der langen Leine, man konnte sein eigenes Ding machen. Man zeigte ihm, wie man es machen wollte, und dann wurde es so gemacht. Eddie ließ einen viel improvisieren, sehr viel. Wahrscheinlich deshalb, weil er nicht auf ein bestimmtes Konzept fixiert war.

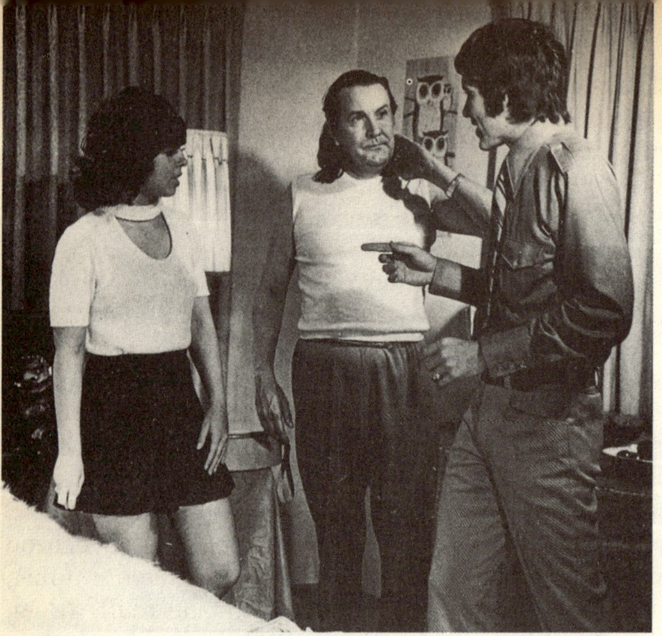

Ed Wood mit den Schauspielern Rene Bond und Ric Lutze, *Necromania*, 1971 (Foto: Kathy Wood).

Criswells Sarg diente als Schauplatz für eine Hardcore-Szene aus *Necromania* (Foto: Kathy Wood).

Charles Anderson: *Necromania* kam ins Gespräch, als Pendulum einen Film haben wollte. Ed sagte sofort zu: »Ich kann alles machen – wollen Sie ein zweites *Gone With the Wind* (*Vom Winde verweht*)? Was immer Sie wollen, ich liefere es Ihnen.« Aber es war ihnen egal, was er drehte, solange es sexy war und in ihren Markt paßte. Da kam er mit dem *Necromania*-Projekt an, was eigentlich nur eine Verwertung seiner früheren Sachen und seiner Arbeit mit Vampira war. Der Film sollte in Kinos wie den Pussycat Theatres laufen.

Eine Woche bevor die Produktion von *Necromania* beginnen sollte, begab Ed sich wieder auf eine seiner Sauftouren. Der Termin rückte näher und näher ... und immer noch kein Ed. Wir riefen bei ihm zu Hause an, und er hieß, Ed sei indisponiert oder was auch immer. Jeder nahm schon Wetten an. Irgendein Zyniker meinte, Ed sei schon so lange aus dem Geschäft, daß er Angst davor habe, wieder einen Film zu machen. Aber Ed lachte zuletzt. Am Nachmittag vor Drehbeginn tauchte er unerwartet auf. Er trug sein besticktes Western-Kostüm und hatte Kopien des Drehbuchs unterm Arm. Es konnte losgehen.

Er selbst spielte in *Necromania* eine Art Orson-Welles-Figur, einen Zauberer. Seine Szenen hatten etwas Irres an sich, er verbreitete eine Atmosphäre wie ein teuflischer Arzt.

Die letzten Filme, die er je machte, waren ebenfalls für Pendulum. Sie waren Teil dieser »Heimstudienreihe«, die sie herausbrachten. Man bekam einen Acht-Millimeter-Film zusammen mit einem Buch. Wir gingen in diesen Filmen immer von irgendeiner idyllischen, romantischen Situation aus, zum Beispiel Mann und Frau im trauten Heim, und dann entwickelte sich das Ganze zu einem Hardcore-Porno. Aber nach außen hin tat man so, als sei es eine Art ... psychologische

Hilfe. Wir führten gemeinsam Regie, aber unsere Namen tauchten nirgendwo auf.

John Andrews: Als Ed mich wegen *Necromania* anrief, sagte er: »Jetzt wirst du mal einen Regisseur in Aktion erleben.« Und er war wirklich gut. *Necromania* wurde in Hal Guthus Studio gedreht, an einem Wochenende. Man hatte einige Zimmer aufgebaut, so daß es aussah wie ein Hotel oder Motel, was immer es sein sollte. Ich erinnere mich, daß sofort nach Drehbeginn die Kamera kaputtging! Die Arriflex blockierte dauernd! Man konnte nicht eine Aufnahme machen. Der Kameramann sagte: »Besorgen wir uns lieber eine Eclair-Kamera.« Eddie wußte überhaupt nicht, was eine Eclair war! Ich sagte: »Ja, Eddie, hol eine Eclair. Und nimm eine mit einem Zoom von 12 bis 120, dann brauchst du nicht ständig den Standort zu wechseln.« Eddie hatte offensichtlich nicht die geringste Ahnung, wovon ich sprach, und der Produzent meinte: »Sieht nicht so aus, als gäben Sie hier den Ton an«, und Eddie sagte: »Zugegeben, zugegeben.« Also benutzten wir die Eclairs. Ich war Eddies Assistent, für 75 Dollar am Tag. In Hal Guthus Studio durften Nacktaufnahmen gemacht werden, aber keine Hardcore. Die Hardcore-Aufnahmen wurden dann am dritten Tag in einem anderen Studio gedreht. Es war so eine Verwunschenes-Hotel-Geschichte, verschiedene Paare kamen dorthin, um ihre sexuellen Probleme zu lösen. Es war gar keine schlechte Idee.

Ted Gorley: Von den beiden Ab-18-Filmen Eds war *Necromania* der bessere. Er handelte von einer Frau, die in einem typischen Ed-Wood-Geisterhaus ein Liebeselixier verabreicht. Überall waren Spinnweben, es erinnerte sehr an die Bela-Lugosi-Geschichten. Ed lief die ganze Zeit in seinem rosa Baby-Doll-Kostüm herum. Dann kam Criswell, und wir schafften es, die Särge zu vertauschen! Wir nahmen den falschen Sarg von Criswell mit. Der eine stammte aus der Lincoln-Ära, der andere war ein moderner. Natürlich würden die Zuschauer nicht auf die Särge achten, aber sie waren nun mal Teil der, na ja, Aussage des Films.

Wir brachten *Necromania* nicht selbst heraus, sondern verkauften ihn. Für die Bearbeitung brauchten wir nicht allzulange, wir wollten uns nicht damit abquälen, wir waren sowieso nicht mehr richtig im Filmgeschäft.

Im Studio hatte es ungefähr 40 Grad. Rene Bond wurde ohnmächtig, wir mußten Wasser über sie schütten, damit sie wieder zu sich kam ... aber wir machten alle weiter, es war ein echter Kampf.

Die Schauspieler liebten Ed. Er war sehr freundlich, sehr geduldig. Eigentlich sage ich das nicht gern, aber bei ihm schien es fast normal, daß er in einem rosa Baby-Doll-Kostüm Regie führte. Aber schließlich trug er auch sonst rosa Satinschuhe, Samthosen und einen rosa Angorapullover. Und einen BH. Das war Ed Wood. Wenn er arbeitete, war er fantastisch. Aber Ed Wood hatte einen übermächtigen Feind ... den Alkohol.

Necromania kostete 7000 Dollar, der andere Film ungefähr genausoviel. Das Teuerste dabei war das Filmmaterial. Bei den Bauten war nichts Aufwendigeres dabei als der Sarg und ein ausgestopfter Wolf. Alles andere war mehr oder weniger improvisiert. Und wir suchten uns ausgerechnet den heißesten Tag des Jahres aus, um das verdammte Ding zu drehen.

Buddy Hyde: Criswell rief mich an. »Eddie möchte, daß wir ihm am Nachmittag bei den Dreharbeiten zuschauen.« Es war heiß wie in der Hölle. Eddie saß in seinem Regiestuhl, enge schwarze Hosen, ohne Hemd. Es gab ein Schlafzimmer und einen anderen Aufbau mit einem Sarg und einem ausgestopften Wolf.

Ted Gorley: Da waren zwei Typen. Der eine kriegte ihn hoch, der andere nicht. Das Problem war nur, daß der Typ, der ihn hochkriegte, ihn gar nicht hochkriegen sollte. Aber wir konnten die Rollen nicht mehr wechseln, und drehten einfach weiter. Wer immer kam, kam dann.

John Andrews: In dieser Szene auf dem Flur versuchte Eddie diesem Möchtegernschauspieler beizubringen, wie er die Szene spielen sollte. Ed nahm also seine Rolle an und rief: »Nein, mein Lieber, ich muß zuerst kommen! Ich muß zuerst kommen!«

Maila Nurmi: Ich war im General Hospital, nein, nicht der Fernsehserie, in dem echten Krankenhaus, weil ich eine Art Lähmung gehabt hatte. Ich mußte wieder lernen, richtig zu gehen. Eines Tages kommt jemand aus der Hämatologie und sagt zu mir: »Da ist jemand für Sie am Telefon.« Es war Ed Wood. Ich sprach lange mit ihm, das war das letzte Mal, daß ich überhaupt mit ihm gesprochen habe, es muß '71 gewesen sein. Ed sagte: »Ich drehe einen Film, und ich möchte, daß du mitspielst.« Ich antwortete: »Ed, ich sitze in einem Rollstuhl, ich kann nicht gehen.« – »Aber das macht gar nichts, Honey, das macht nichts. Ich will dich trotzdem.« Er nannte mir weder den Namen des Films, noch sagte er mir, worum es dabei ging. Zwei Monate später rief er wieder an und erklärte mir, was ich tun sollte: »Also, du liegst in diesem Sarg, ohne Kleider ...« Ich war so schockiert, daß ich nur sagte: »Ed, ich kann noch immer nicht gehen.« – »Das macht doch nichts, du kannst doch sitzen, oder? Also, du hast nichts an, du liegst in dem Sarg und dann richtest du dich auf.« Ich glaube, mein Mund stand weit offen. »Na ja, und dann stürzt sich dieser Typ auf dich und schreit ›Uaaaahh!‹« Und dann meinte er plötzlich: »Und für 100 Dollar, Baby, benutzen wir deinen Namen.« Ich sagte ihm, ich sei nicht interessiert. »Ich habe gehört, daß Miß Garbo gerade frei ist, wahrscheinlich kann sie sich auch noch besser aufrichten als ich.«

John Andrews. Maila Nurmi sollte das Nachtwesen spielen, das in dem Geisterhaus wohnt, das Ehe- und Liebespaare aufsucht. Sie sollte aus einem Sarg kommen. Aber Maila meinte zu mir: »Ich habe schon öfter beruflichen Selbstmord versucht, aber ich glaube wirklich nicht, daß ich in diesem Film mitspielen sollte.« Ich überbrachte Ed die Nachricht, und er sagte: »So ein Mist, jetzt muß ich eine andere finden.« Und er fand eine andere und verpaßte ihr andeutungsweise den Vampira-Look, die Augen und alles.

»Ein seltsames Stöhnen drang aus dem Sarg. Danny schoß nervös auf ihn zu. Barbs beruhigende Hand hielt jeden Schrecken von Shirley fern. Dann drehte sich Tanya langsam zu der bronzenen Kiste.

›Wir erwarten Euer Erscheinen, oh, Madame Heles.‹

Das Stöhnen schien lauter zu werden ... dann verklang es langsam, um gleich darauf wieder einzusetzen.

›Wir sind alle anwesend, Madame Heles‹, sagte Barbara, als spreche sie ein Gebet und wiederholte einige der Worte Tanyas.

›Ich komme ...‹ ertönte die klagende Stimme.

Mit einem lauten Ächzen öffnete sich langsam der

Sargdeckel. Das Geräuch kam unvermutet, aber nicht unvermuteter als der Klang des Donners, der über einen Bergpfad rast... doch der Donner war da, ebenso wie der heulende Wind ... die Gestalt, die sich nun aus den Tiefen des mit purpurnem Samt ausgeschlagenen Sarges aufrichtete, mochte wunderschön sein, aber ihr Gesicht war unter dem schweren Make-up kaum zu erkennen. Nur die leuchtenden, blutig roten Lippen und die weißen Zähne, scharf und lang.«

The Only House von Ed Wood

Ric Lutze: Ich und Rene Bond und Marie Arnold spielten in *Necromania*, außerdem noch irgendein anderes Mädchen. Ed Wood war ausgesprochen dominant, ich wette, daß er sich selbst noch einen kleinen Auftritt gegönnt hat, so wie Hitchcock, denn so sah er sich. Um die schreckliche Wahrheit zu sagen, wir dachten, er wolle eine Komödie machen. Wir waren nur ein Haufen junger Leute und hielten das Ganze für eine Art Komödie...

Der Film wurde in ein oder zwei Tagen gedreht, die meisten der Filme aus dieser Zeit wurden so gedreht. Es war das einzige Mal, daß ich Sex in einem Sarg hatte, so etwas vergißt man nicht. Ed gab uns unseren Text und sagte, macht es so oder so, oder geh hierhin oder dorthin. Er tat so, als würde es ein ganz großes Ding, aber so reden wohl alle Regisseure. Im Drehbuch hieß es schlicht »Sexszene«, und den Rest mußte man selbst erledigen. Das ganze Drehbuch war vielleicht 20 Seiten lang.

Ed Wood (Aus *Censorship, Sex and the Movies*, Buch I): Kürzlich wurde ein früherer »B«-Film-Produzent von einem jungen Produzenten, der neu im Geschäft war, gefragt, ob er einen Nacktfilm für ihn drehen wolle. Der Oldtimer hatte zuvor Filme mit einem Budget zwischen 40 000 und 60 000 Dollar gedreht. Als er den jungen Produzenten fragte, wie hoch diesmal das Budget sei, lautete die Antwort »5000 Dollar«. Der Ältere fiel an diesem Punkt vor Schreck tot um.

Die Kopierkosten verschlingen in diesem Fall schon fast das gesamte Budget ... Kopie- und Filmmaterial. Das wenige, was übrigbleibt, geht an die Kameramänner und die Schauspieler.

Necromania zeichnet sich unter anderem durch eine starke Story aus. Die Farben sind durchweg brillant, zwei der besten Männer Hollywoods stehen hinter der Kamera, die Story ist klar und hart, die Schauspieler machen ihre Sache gut.

Der Regisseur ist schon über 20 Jahre im Geschäft, und der Cutter hat mehr Filme bearbeitet, als er zählen kann. Der Film wird an den Kinokassen groß einschlagen und einen neuen Trend im Genre der »Sexploitation«-Filme einläuten.

Nicht nur die Sexszenen sind so, wie sie das Publikum zu sehen wünscht, der Film kann auch mit einer interessanten Geschichte aufwarten, die bei den Journalisten, die solche Filme besprechen, Begeisterung auslösen wird. Es gibt keine Stellen, die der Zuschauer als unzumutbar empfinden könnte. Seine Intelligenz wird auch nicht durch irgendwelche schlechten Leistungen hinter den Kulissen beleidigt. Es ist ein durch und durch solider Film. Die Schauspieler kennen ihren Text und spielen in der professionellen, überlegten Weise, die man bei hochkalibrigen, unabhängigen Filmen erwartet.

Necromania soll hier als Beispiel für die qualitative Verbesserung der ab 18 freigegebenen Filme dienen. Wenn der Kinobesucher seine drei oder fünf Dollar an der Kasse abgibt, dann soll er später das Kino verlassen können, ohne das Gefühl zu haben, übers Ohr gehauen worden zu sein.

Hal Guthu: Ed übernahm viele kleine Rollen in meinen Filmen, vielleicht 10 oder 15. Nebenrollen, als Statist, in ganz normalen Filmen und in einigen der harmlosen Nacktfilme. Er spielte alle möglichen Rollen – er war ein ausgezeichneter Schauspieler.

Joe Robertson: Für *The Photographer*, bei dem ich Regisseur und Produzent war, schrieb Ed das Drehbuch und spielte die Hauptrolle. Es war ein Softcore-Film, 16 mm, '67 oder '68. Manchmal trug er Fummel, manchmal ganz normale Sachen. Er beschäftigte sich eingehend mit den Kleider der Frauen. In *Misty* saß er in einem Jacuzzi, ganz in Fummel.

Paul Marco: Ich glaube, er hat einige Pornofilme in einem kleinen Studio in North Hollywood gedreht. Kurzfilme, so um die zehn Minuten. »Kurze kleine Dinger« nannte er sie. Einmal fragte ich ihn: »Wann wirst du endlich mal wieder was Ordentliches machen?« Aber er meinte nur, das würde ihn schließlich am Leben erhalten, die Bücher, die er schrieb, und die ›Schleifen‹.

»In jeder Stadt gibt es in jeder Spielhalle eine Kinomaschine. Für einen Vierteldollar oder für 50 Cent kann man sich dort ansehen, was man eine ›Schleife‹ nennt. Das ist ein 16-mm-Film mit einer Länge von ungefähr 12 Minuten. Allerdings bekommt der Kunde für seine erste Münze nicht die vollen 12 Minuten. Der Film ist in verschiedene Segmente unterteilt. Je nach Aufsteller und Maschine können das zwischen vier und acht Teile sein.

Und diese Filme sind so HEISS, wie es nur geht.«
Aus *Censorship, Sex and the Movies*, Buch I,
von Ed Wood.

Ted Gorley: Er machte eine Menge dieser Schleifen. In einem Film spielte er einen mexikanischen Sträfling. Hatte einen großen Sombrero und einen Dildo. Und er machte es dem Mädchen, aber nur für eine Sekunde. Wir mußten so lachen, daß wir kaum die Kamera geradehalten konnten. Es war ein alter Swedish Erotica-Film, die Schleifen waren alle ohne Ton.

»Solly hatte sie durch einen heruntergekommenen Flur geführt, dessen Boden von den schweren Schuhen, den Pfennigabsätzen und den Stiefeln im Lauf der Jahre ausgetreten war. Die Stufen, die sie hinunterstiegen, sahen nicht besser aus. Die schwere Bühnentür wurde geöffnet. Die Bühne selbst machte den gleichen Eindruck wie der Rest des Gebäudes, auch wenn der Aufbau, eine Küche, ein Schlafzimmer und ein Wohnzimmer, einigermaßen ordentlich waren. Die Beleuchtung war altertümlich, aber sie funktionierte, wie Chris bald herausfand. Im Hintergrund befand sich eine blaue Leinwand, mit der man die Illusion eines Himmels erzeugen konnte, und es gab ein paar Palmen, die man je nach Laune irgendwo aufstellen konnte.

Nur drei Männer waren am Drehort. Ein Mann namens Hank, um dessen Hals eine Fotokamera baumelte. Ernie, der Mann, der die Filmkamera bediente, und ein junger Bursche namens LeRoy, der eigentlich Mädchen für alles war, sich aber hauptsächlich um die Beleuchtung kümmerte. Solly stellte Chris eilig den anderen vor und erklärte dann den beiden Kameramännern, was er wollte.

Die veraltete 16-mm-Kamera begann zu surren, und der gleichermaßen veraltete Fotoapparat klickte regelmäßig.« Aus *TV Lust* von Ed Wood.

Phil Cambridge: Als Caballero anfing, machten sie 8-mm-Filme. Am unteren Rand des Bildes blendeten sie Einzeiler ein, kurze Sätze, wie bei den Stummfilmen. Sie gaben Ed 100 Dollar für zehn Filme. In jedem Film mußten mindestens 20 Zeilen sein.

David Ward: Steve Apostolof veranstaltete eine große Party, bevor sie *Cocktail Hostesses* und *Dropout Wife* drehten. Apostolof mietete einen Saal im Michaels, einem ziemlich schicken Club in der Nähe von Los Feliz und Hillhurst. Rene Bond, die Pornokönigin, jeder, der mit diesen Filmen zu tun hatte, war da. Und Eddie, der die Drehbücher schrieb, wollte, daß ich mitkomme, denn er wußte, daß ich nichts trank. Er hatte allerdings vor, sich zu betrinken, er wollte sich vollaufen lassen, und ich sollte ihn dann nach Hause fahren.

Peter Coe: Ich las einen von seinen Pornoromanen und war ziemlich verblüfft, daß er solche Sachen schrieb. Er sagte: »Ich muß es tun, für die Miete und fürs Essen.«

Buddy Hyde: Eddie hatte ja schon einige Menge Hardcore gemacht, bevor *Deep Throat* rauskam. Als *Deep Throat* mit einem Mal so erfolgreich war, sagte Eddie: »Was zum Teufel soll das? Ich schreibe solche Sachen schon seit sechs Jahren!«

Bernie Bloom: Für mich war Ed Wood ein verrücktes Genie. Seiner Zeit weit voraus. Jeder hatte Angst, die Dinge zu tun, die er tat. Er war der fleißigste Autor, den ich je kennengelernt habe. Und der schnellste. Er konnte betrunken noch besser schreiben als die meisten anderen nüchtern.

Paul Marco: Er sah aus wie Liberace, wenn er da auf seinem Sofa hockte und auf die Tasten der Schreibmaschine einhämmerte. Wenn ich die Augen schließe, kann ich ihn vor mir sehen, wie sein Hintern auf und nieder geht, während er auf der Maschine hämmert. Genau wie Liberace, wenn er Klavier spielte.

Kathy Wood: Er schrieb sein ganzes Leben lang. Selbst als er bei den Marines war, hat er geschrieben und geschrieben.

Er saß nicht acht Stunden am Tag vor der Maschine, nicht sieben Tage die Woche. Es geschah ganz unregelmäßig, immer, wenn er in der Stimmung war. Papier und Kugelschreiber hatte er immer zur Hand – als wären sie Teile von ihm. Manchmal kam ihm beim Essen eine gute Idee.

Ich glaube, daß er einige Träume in seine Geschichten verwoben hat. Wenn er nachdachte, über einen Film, über ein Drehbuch, dann ging er auf und ab, hin und her und preßte dauernd seine rechte Hand zusammen. Er konnte sich sehr gut konzentrieren, und obwohl er immer von einer ganzen Gang umgeben zu sein schien, konnte er plötzlich alles um sich herum vergessen und etwas schreiben. Freunde und Kumpel hatte er jederzeit gerne um sich.

Genau zu recherchieren, das war nie Eddies starke Seite – dazu war er zu ungeduldig. Aber auf seiner IBM Executive, da war er schnell – mein Gott, konnte der schnell tippen.

Barry Elliott: Er tauchte so gegen neun Uhr morgens auf, seine Hände zitterten wie gewöhnlich, und er hatte einen Stapel gelber Seiten mit Notizen dabei. Er fragte, ob er eine Schreibmaschine ausleihen könne, wahrscheinlich hatte er seine versetzt. Also schickte ich ihn in einen Raum, in dem eine Schreibmaschine stand. Mittags brachte ich ihm eine Tasse Kaffee. Da war er schon fertig. Er war nachts aufgestanden und hatte ein komplettes Drehbuch geschrieben. Ich konnte es kaum glauben.

Buddy Hyde: Es kam aus seinem Kopf wie Maschinengewehrfeuer. Wirklich schnell. Er konnte sich hinsetzen und in vier Stunden ein ganzes Buch runterschreiben. Aber Umschreiben oder Korrekturlesen gab es bei ihm nicht.

Wenn er mir von einer bestimmten Idee für eine Rolle in einem Film erzählte, den er schreiben wollte, fragte er mich immer: »Wer könnte diese Rolle wohl am besten spielen?« Nun, ich hatte vielleicht am Abend zuvor John Carradine in einer Bar getroffen und erzählte Ed davon. »Weißt du, wer gut zu der Rolle passen würde? John Carradine!« Und er nickte und meinte: »Ja, ich sehe ihn geradezu vor mir. Genau.« So machte er es, er stellte sich einen bestimmten Schauspieler oder jemand anderen vor und schrieb die Rolle dann für diese Person.

Kathy Wood: Wenn er schrieb, schien ihm das Trinken zu helfen. Wir saßen da und redeten, und es war eine so schöne Abfolge von reden und trinken und trinken und reden, und dann wachte er manchmal mitten in der Nacht auf, weil er eine Idee hatte, und Gott sei Dank schrieb er alles sofort auf.

Harry Thomas: Er schenkte mir zwei seiner Taschenbücher und signierte sie. Manchmal rief er mich mitten in der Nacht an und fragte mich: »Was hältst du von diesem Ende?« Er fragte mich, wie ich es enden lassen würde, oder er las mir eine Stelle vor und fragte: »Klingt das echt?«

Paul Marco: Dauernd lagen Stapel mit Manuskripten auf dem Boden herum. Manchmal hatte er drei Viertel einer Story fertig, aber dann fiel ihm etwas zu einer anderen ein, und er suchte sich das Manuskript raus, schrieb ein Kapitel und legte es wieder weg, um sich an einen anderen Stapel zu machen. Er schrieb immer an drei oder vier Sachen gleichzeitig. Er hatte Ringe unter den Augen, weil er nie ins Bett ging, er hatte einen merkwürdigen kleinen Hut auf und trug einen Angorapullover oder ein Trikot, und er sah aus wie eine alte Frau – und doch wie ein Mann.

Dave De Mering kam oft vorbei und brachte eine Tüte mit Hühnchen vorbei und eine Flasche. Ed briet die Hühner und tischte immer wieder auf. Dann stand er da, einen Hühnerschenkel in der Hand, Zigarette im Mund, der Wodka war da, und der Fernseher lief. Er sah sich das Programm an, hörte gleichzeitig mir zu, ließ sich ein bißchen von seiner Frau vermeckern, dann ging er redend, die Zigarette noch immer im Mund, in den anderen Raum, aß ein Stück Huhn, spülte mit Wodka nach, nahm wieder die brennende Zigarette, schnappte sich ein Manuskript, hämmerte ein paar Zeilen aufs Papier und unterhielt sich dabei mit mir. Und außerdem wußte er noch, was im Fernsehen lief. Man saß nur noch mit offenem Mund da und fragte sich: Mein Gott, wie macht er das bloß?

Don Nagel: Ed schrieb für eine Menge anderer Leute. Manchmal bekam er 250 Dollar, manchmal 1000, je nachdem, was er aus ihnen rausholen konnte.

Aber, ich will es so sagen: Er warf sechs Bälle in die Luft und fing nur zwei davon wieder auf ...

Kathy Wood: Als Bernie Bloom Golden State verließ, folgte Eddie ihm, und eines Tages rief Bernie plötzlich an und sagte: »Ich gründe einen eigenen Verlag, Pendulum Publishing, und du sollst mir helfen.« An einem Nachmittag saßen wir alle in dieser erstklassigen mexikanischen Bar, und Duke Moore und ich tranken Tequila, während Eddie und Bernie zusammensaßen, um die ersten beiden Bücher fertigzubekommen, *Raped in the Gras* und *Bye, Bye, Broadie*.

Bernie Bloom: Die Leute, für die ich arbeitete, kauften hauptsächlich das, was wir »Päckchen« nennen, mehrere Magazine auf einmal, und ich sagte mir, das kannst du auch. Also gründete ich einen Verlag. Eddie war einer der ersten Autoren, die ich anheuerte. Insgesamt waren es fünf. Ed war so gut wie die anderen vier zusammen, er besaß eine unglaubliche Fantasie. Er wußte, wie man schrieb, die Schreibmaschine qualmte, wenn er arbeitete. Er konnte die gleiche Geschichte ein paarmal ausbeuten, änderte einige Szenen und Figuren, den Hintergrund, und man merkte es überhaupt nicht. Er war einer der wenigen Autoren in diesem Geschäft, die ihren richtigen Namen benutzten. Ed schaffte zwei oder drei Magazine im Monat. Ein paar von unseren Autoren teilten sich Büros, aber Ed mußte allein arbeiten, denn die anderen mochten ihn nicht besonders, weil er zu schnell für sie war. Er schrieb nie etwas neu, man sah kein verschwendetes Blatt im Papierkorb. Was aus der Maschine kam, war das, was man erhielt. Ich habe Dutzende von Autoren erlebt, aber niemand schrieb so schnell wie er.

Paul Cambridge: Ich lernte Eddie so '74 kennen. Bernie Bloom war nach Santa Monica gezogen, und Ed saß an seinem Tisch und schrieb, während ich an meinem Tisch saß und zeichnete. Ich mußte immer zu ihm hinübersehen – Sie wissen ja, wie Eddie sich zu kleiden pflegte: Am liebsten trug er diese grauenhaften dreiviertellangen Hosen. Ich schätzte, daß sie Kathy gehörten. Manchmal hatte er auch Ärmelaufsetzer an, aber immer einen Angorapullover. Eines seiner Pseudonyme als Autor war tatsächlich Ann Gora! Aber er hatte nichts Tuntiges an sich. Ich sah ihn an und dachte, mein Gott, der Pullover sitzt so eng. Außerdem trug er BHs, die so eng waren, daß sie in seinen Rücken schnitten. Meistens hatte er gut getankt ... eigentlich immer. Blanche Bloo, für die es offensichtlich die normalste Sache der Welt war, daß er Frauenkleider trug, kam jeden Tag vorbei und plauderte mit Ed über die neueste Mode. Und er liebte es, über Mode zu reden. Einmal fragte ich ihn: »Ed, wenn du dir irgend etwas wünschen könntest, was wäre das?« Er sagte: »Ich würde gerne als Blondine wiedergeboren werden.« Er hat stets bestritten, homoxexuelle Beziehungen zu haben.

Charles Anderson: Ed schrieb eine Studie über Transvestiten. Der Name, den er am häufigsten verwendete, war Dick Trent. Wir schrieben zusammen ein Buch, eine Dokumentation über Fetische und sexuelle Fantasien. Er übernahm die Fetische, ich die Fantasien. Als das Buch erschien, veranstalteten wir eine große Party. Er nahm das Schreiben sehr ernst.

Dennis Rodriquez: Wenn man 1968 ein Taschenbuch für den Erwachsenenmarkt schrieb, dann konnte man mit 1000 Dollar rechnen. Das war 1968. Heute bieten sie einem für diese Bücher nur 300 bis 500. Der Markt ist gesättigt. Ed steckte leider in dieser Szene fest. Er war ein Transvestit, er hätte nie einen Anzug angezogen, um einen Job zu bekommen ...

John Andrews: Sein Frauenname war Shirley. Sie haben alle einen Namen. Es fällt auf, daß in *Orgy of the Dead*, ja in allen seinen Büchern, immer eine Shirley auftaucht. Das ist er. Projektion.

Karl Johnson: Mein Dad nannte ihn Shirley. Das gefiel ihm.

Joe Robertson: Ed kam öfter in meine Bar, The Surf Girl. Jedesmal betrank er sich, und jemand mußte ihn nach Hause bringen. Er nannte sich Shirley. Shirley benahm sich wie eine 45jährige Barnutte. »Shirley will dies« und »Shirley will das«, hieß es immer. Er kam immer im Fummel ... ein ordinäres silbernes Kleid, das Ordinärste, was man sich vorstellen kann. Er trug Stökkelschuhe mit verbogenem Absatz, konnte kaum laufen in den Dingern, es war schon komisch. Er trug eine hellblonde Perücke – und immer saß sie schief.

Eines Abends war er wieder mal betrunken, also fuhr ich ihn nach Hause. Er saß in meinem Jeep, in diesem auffälligen Silberkleid, ein Bein auf dem Sitz, das andere baumelte in der Luft. Plötzlich fegt ihm ein Windstoß die Perücke vom Kopf. Ich mußte anhalten, und er stieg aus und torkelte über die Straße, ohne auf den Verkehr und die kreischenden Bremsen zu achten. Schließlich verfrachtete ich ihn wieder in den Jeep, aber dann fand ich sein Haus nicht. Zum Glück sah ich diese beiden 14jährigen Mädchen auf der Straße. Ich hielt an und fragte: »Könnt ihr mir sagen, wo die Bonner Street ist?« Sie warfen nur einen einzigen Blick auf Ed und rannten schreiend davon.

Dennis Rodriquez: Ed behauptete, er wisse genau, welche Hollywood-Berühmtheiten eine Schwäche für Frauenkleider hätten – Milton Berle, Jack Benny, Dan Daily, Cary Grant. Wenn ihm jemand dumm kam, erwähnte Ed stets, daß diese Leute Damenunterwäsche trugen.

John Andrews: Als wir das zweite Haus in der Bonner Street hatten, lief er 24 Stunden am Tag in Frauenkleidern herum. »Vincent Price, Jack Benny, sie werden alle kommen, und wir werden Partys feiern!« Er liebte diese Partys; daß Jack Benny Frauenkleider trug, war damals noch ein dunkles Geheimnis, so wie niemand wußte, daß Errol Flynn ein Fixer war. Eines Tages rief Ed mich an und sagte: »Ich sitze in Ventura fest.« – »Ich sitze selber fest«, antwortete ich. »Kann das Haus nicht verlassen.« Und er: »Mir ist gerade etwas Schreckliches passiert.« Er klang ziemlich betrunken, ich nahm an, daß man ihn zusammengeschlagen hatte oder so etwas. »Also, ich bin in meinem Fummel zu einer Tankstelle gegangen. Zwei Mechaniker saßen da rum. Ich sagte zu ihnen: ›Können Sie mir mit meinem Wagen helfen? Er ist stehengeblieben.‹ – ›Verschwinde hier, du Schwuchtel! Verschwinde! Beweg deinen beschissenen Arsch!‹«

Scott Raye: Er trug diese Armbanduhr – sie sah aus wie eine Uhr für ein kleines Mädchen, rot, mit einem kleinen Gummiband, wie eine Spieluhr. Das war das Symbol für seine Weiblichkeit. Er trug Ohrringe, aber bevor er nach Hause ging, nahm er sie ab und steckte sie in seine Tasche. »Wenn man mich auf dem Heimweg festnehmen würde, wäre das die Hölle. Ich bin einmal von der Polizei festgenommen und zusammengeschlagen worden.«

Phil Cambridge: Ich fuhr damals einen Mercury, aber eines Tages gab das Ding während der Arbeit seinen Geist auf. Also mußten Ed und ich den ganzen Weg von Santa Monica nach Hollywood mit dem Bus fahren. Hier saß ich also, neben einem Typ, der nicht einmal andeutungsweise normal aussah. Angorapullover und Zigarette. Er rauchte ständig und wackelte dauernd hin und her, er schwankte richtig. Er sah ungefähr so unauffällig aus wie jemand in einem billigen Gorillakostüm – echt ausgeflippt und wirklich lächerlich.

Die Fahrt war die reine Hölle. Wir setzten uns nach hinten, und ich tat so, als würde ich ihn nicht kennen. Aber er ist betrunken, er schert sich einen Teufel darum, was die Leute dachten. Die ganze Zeit quatscht er mich voll. Dann sah ich einen freien Platz, und ich dachte, das ist die Chance, ich wollte nicht mehr neben ihm sitzen. »Setz dich doch dahin, Eddie«, sagte ich, und das tat er auch. Er ließ sich in den Sitz fallen, direkt neben die sprichwörtliche nette alte Dame mit Nickelbrille und Handtasche. Er saß nun auf der anderen Seite des Ganges, aber auf gleicher Höhe wie ich. Und dann fing er wieder an, hin und her zu schwanken; er beugte sich zu mir rüber, sagte irgend etwas vermeintlich Lustiges, prustete vor Lachen »Hahahaha« und schwankte dann auf die andere Seite, sagte Entschuldigung zu der alten Dame und versuchte, den gleichen Witz bei ihr anzubringen. Nachdem er das ungefähr viermal getan hatte, stand sie auf und setzte sich nach vorne. Aber bevor sie das tat, drehte sie sich um, aber es war nicht Ed, den sie ansah. Ich war es, ich, mir warf sie den giftigsten Blick zu, den ich je in meinem Leben ertragen mußte!

Scott Taye: Als wir bei Pendulum arbeiteten, verbrachten wir unsere Mittagspause auf dem Pico. Da gab es einen Parkplatz, dahinter lag eine kleine Gasse, in deren Mitte eine Pforte war. Dort konnte man sich hinsetzen, sich anlehnen und etwas essen. Wir nannten das unseren »Strand« und machten immer Witze darüber, daß es langsam Zeit wäre, wieder an den Strand zu gehen. Jedenfalls saßen wir da, wir waren wohl beide eingenickt, als ich plötzlich dieses laute Klicken höre. Es gibt nur ein Geräusch, das so klingt. Ich mache langsam die Augen auf, und vor mir steht dieser Cop, breitbeinig und hält seine Knarre in beiden Händen. »Keine Bewegung. Alle beide!« Ich sagte »Jesus und Maria« und richtete mich auf. Ed richtete sich ebenfalls auf, er machte sich vor Angst in die Hosen und zitterte, ich meine er zitterte eigentlich immer, aber das war richtiges Zittern. Der andere Cop stellt sich auf die Seite, holt seine Pistole heraus und richtet sie auf unsere Köpfe. »Eine falsche Bewegung, und ihr seid tot!« – »Ihr habt die Falschen erwischt, Leute«, sagte ich. Ich dachte, was soll denn diese Scheiße, wir schreiben Pornos, na schön, aber gleich das? Ed konnte gar nichts mehr sagen – er war ein nervöses Wrack. »Wir haben die Nachricht erhalten, daß hier ein Einbruch stattgefunden hat«, sagt der eine Cop. Ich sagte: »Sehen wir aus wie beschissene Einbrecher? Wir halten hier nur unseren Mittagsschlaf.« Schließlich konnte ich sie überzeugen. Ed konnte kaum gehen. Er war ein Häufchen Elend. Als wir ins Büro kamen, war er kreidebleich. Er hatte eine Damenhose getragen, Angorapullover mit BH darunter, eine Langhaarperücke und seine kleine Mädchenspieluhr mit dem roten Band. Schließlich fing er vollkommen hysterisch an zu lachen, er lachte so lange, bis ihm die Tränen kamen. »Mein Gott, Scott, da trage ich diesen ganzen Frauenfummel – und denen fällt nicht mal auf, daß ich keine Titten habe!«

»Eine Art Glanz«

»Sie schoß aus ihrem Sessel, schüttete noch mehr Whisky in ihr Glas und stürzte ihn hinunter. Dann goß sie sich gleich noch einen ein. ›Du trinkst gerne, meine Liebe, was?‹ Sie kippte den Whisky und schenkte gleich noch mal nach. ›Aber ja. Es verleiht den Dingen eine Art Glanz, den sie sonst nicht haben, und ich bin keiner von diesen verdammten Irren, die Dope nehmen.‹«

Aus *Killer in Drag* von Ed Wood

Mona McKinnon: Ab 1975 konnte man Ed nach sechs Uhr abends kaum noch erreichen, weil er und Kathy dann schon schliefen. Die Jahre davor hat er auch getrunken, aber damals rief er mich noch mitten in der Nacht an. Es wurde so schlimm, daß er nicht einmal mehr ein Bad nehmen wollte. In den letzten Jahren vor seinem Tod wurde es wirklich schlimm. Er sagte: »Ich möchte nicht, daß du in meine Wohnung kommst, ich schäme mich zu sehr. Treffen wir uns irgendwo anders.« Sie hatten kein Geld mehr, aber er sagte: »Sozialhilfe werde ich nie beantragen.« Er hätte es wirklich nie getan, er war zu stolz.

Steve Apostolof: Der arme Teufel ist tatsächlich zum Sozialamt gegangen, aber sie haben ihm keinen Pfennig gegeben. Er war Autor, und arbeitslos zu sein, war für einen Autor Berufsrisiko.

Roy Reid: Ed war sein ärgster Feind. Er hatte Visionen ... er hatte Ideen. Aber irgendwo unterwegs hat er sich verirrt. Ich habe ihm gesagt: »Ed, solange du trinkst, kommen wir nicht ins Geschäft.« Aber er konnte nicht aufhören.

Aldo Ray: Er mußte immer den Gastgeber spielen. Es mußte immer etwas zu trinken im Haus sein. Aber das große Problem war, daß er nichts aß. Er ging vielleicht um die Ecke und holte sich einen Hamburger mit Pommes frites, diese Scheiße. Er aß nichts Vernünftiges.

Wir hatten ähnliche Ansichten, was das Leben betraf, es war fast so, daß ich genau das gleiche sagte wie er. Wir hatten die Einstellung . . . he, was soll's, wir leben heute, machen wir das Beste draus. Wer weiß, was morgen wird. Aber ich fürchte, daß es diese Einstellung war, die ihn zum harten Trinker gemacht hat: Scheiß drauf, ich trinke gerne, also laßt mich trinken.

Harry Thomas: Bei der Arbeit war Ed nie blau. Er war ganz da. Aber wenn er mit seinen Saufkumpanen zusammenhockte, oder wenn er zu Hause war und keiner rief an, oder wenn jemand eine abfällige Bemerkung gemacht hatte . . . dann griff er zur Flasche . . . und dann kräftig. Er war der Typ, der nicht die Kraft hatte, dem zu widerstehen. Die Menschen hatten ihn sehr enttäuscht, denn sehen Sie, er glaubte an die Menschen. Aber sie waren nicht so, wie er sie haben wollte.

Er neigte zum Selbstmitleid . . . zur Weinerlichkeit. Er lamentierte dauernd darüber, was er alles versäumt hatte. Die Leute, die angeblich seine Freunde waren – sie respektierten ihn nicht mehr. »Tja, er ist eben ein Säufer«, sagten sie. Und Eddie sagte: »Das sollen meine Freunde sein? . . . Was glauben sie eigentlich, wer sie sind? Ach, zum Teufel, ich brauche sie nicht.«

Paul Marco: Er sagte immer: »Mein Gott, ich habe alles weggegeben, ich könnte Millionär sein.«

Charles Anderson: Er trank niemals Wodka – es war immer Brown Royal. Normalerweise hätte man von jemandem in diesem Geschäft erwartet, daß er nur das billigste Zeug kauft. Aber dieser Stoff kostete glaube ich 12 oder 14 Dollar pro Flasche.

Wenn er für Pendulum arbeitete, ging es los, sobald er nach Hause kam, und ging so weiter, bis er umkippte, das war dann so halb zehn, zehn Uhr. Er schlief dann ein, wo immer er gerade lag, und wachte dann ziemlich früh auf, so um vier. Sein erster Gang führte ihn dann zum Kühlschrank, wo ein großer Krug mit Kool-Aid stand.

John Andrews: Meine Leber ist hinüber, ich hatte eine schwere Operation – und Ed Wood ist schuld daran! Haha! Erst als ich Eddie kennenlernte, fing ich richtig mit dem Trinken an. Mein Gott! Immer dieser Imperial Whisky. Große Flaschen, zwei am Tag. Jim Beam? Niemals. Es mußte Imperial Whisky sein, Raumtemperatur, pur. Ein Schluck Eiswasser zum Nachspülen. Später mußte er dann zu Wodka wechseln, weil sein Whiskylieferant, Ralph's an der Ecke Highland und Fountain, pleite ging. Hahaha! Also wechselte er zu Wodka!

Bernie Bloom: Ein- oder zweimal mußte ich ihn nach Hause schicken, weil die Sauferei zu schlimm geworden war. Dann rief er mich an und sagte: »Pappi, Pappi, ich brauche dich, ich brauche dich!« Und ich fragte: »Hast du dich jetzt unter Kontrolle?« Und er sagte: »Ich schwöre, ich habe alles unter Kontrolle.« – »Also gut, komm wieder zur Arbeit«, sagte ich.

Kathy Wood: Eddie war nicht nett, wenn er getrunken hatte.

John Andrews: Eddie wurde gewalttätig, wenn er getrunken hatte. Eines Morgens rief er mich an, wir telefonierten drei-, viermal am Tag. Er sagt: »Letzte Nacht hätte ich O'Hara fast umgebracht...« – »O nein, was ist denn jetzt wieder passiert?« Er sagt: »Sie maulte dauernd in der Küche herum, und ich sagte, halt den Mund, und sie stichelte weiter, und ich sagte, halt den Mund, und schließlich ging ich hinein und gab es ihr.« Er schlug sie bewußtlos.

Conrad Brooks: Eddie ging bis zum Äußersten. Es deprimierte mich, denn ich wollte nicht mit ansehen, wie sich ein Freund durch dieses Zeug zugrunde richtete. Manchmal redete er mit einem und war plötzlich weggetreten. Okay, ich war sein Saufkumpan, aber ich konnte mit Alkohol umgehen, Eddie nicht. Wenn man trinkt, sollte man langsam und in kleinen Schlucken trinken, aber Eddie kippte seine Whiskys einfach runter, auch die doppelten. Vielleicht ein Schluck Wasser hinterher.

Blanche Bloom: Er sagte mir, daß er oft versucht habe, mit dem Trinken aufzuhören. »Aber wenn ich nach Hause komme, hat sie eine Flasche dastehen, und dann bietet sie mir einen Drink an, und dann geht es wieder los.« Manchmal verkrochen sie sich wochenlang und tranken nur noch.

John Andrews: Eines Tages rief Ed mich an. »John-John.« Entweder hieß es John-John oder alter Vater. »He alter Vater, altes Arschloch, was machst du gerade? Komm rüber, Schwachkopf! Kenne kommt auch!

Ach ja, bring doch eine Flasche Imperial mit, ich bin gerade nicht flüssig.« Als ich eintraf, war Kenne schon da. Er machte Ed fertig: »Du ruinierst dich, Ed. Du hast deine Karriere ruiniert. Sieh dir Kathy an. Sieh dir dich an. Sieh dir dieses Loch an.« Damals war die Wohnung gar nicht so schlecht, und mir gefiel Kennes Ton nicht. »Was glaubst du, ist daran schuld, Kenne?« fragte ich, und er meinte: »Das Zeug, das du da mitgebracht hast.« Aber das hat ihn nicht davon abgehalten, einen guten Teil davon zu trinken, ohne daß man ihn erst zwingen mußten.

Steve Apostolof: Er war stolz. Er wußte genau, was aus ihm wurde. Ich sprach mit ihm, und er versprach aufzuhören. Dann sagte er: »O'Hara ist blau wie ein Veilchen.« Und wenn sie blau war, fing sie an, mit ihm rumzuschreien, und dann fing Eddie an . . .

Kathy Wood: Tor gab Eddie mal eine Gipsmaske von sich als Lobo aus *Bride of the Monster*. Eddie hat sie verschenkt. Er hat alles verschenkt.

John Andrews: Wenn sie eine neue Wohnung bezogen, ging einer von ihnen als erstes zum Schnapsladen, um eine Art Kreditkonto einzurichten. Kathy sagte immer: »Ich frage mich, ob sie eines der Bücher meines Mannes haben.« Sie erschwindelte sich den Kredit geradezu. Ich meine es war immer das gleiche, immer diese Lügerei. Ein ständiges Übers-Ohr-Hauen. Die Miete wurde nicht bezahlt, die Rechnungen auch nicht.

Buddy Hyde: Wenn man 100 Dollar brauchte und Eddie fragte, sagte er einfach: »Hier nimm«, selbst wenn er die 100 Dollar nötiger brauchte als der, der gefragt hatte. »Warum hast du das getan, du verdammter Narr?« fragte Kathy dann immer. – »Weil ich es wollte.«

Kathy Wood: Eddie war derartig leichtgläubig in Geldangelegenheiten, daß ich mir dauernd Sorgen machte. Immer wieder wurde er von irgendeinem billigen Mistkerl reingelegt. Wenn es darum ging, mit Geld umzugehen, war Eddie eine große dumme Nuß.

Charles Anderson: Ich bekam Listen, auf denen Filme zum Verkauf angeboten wurden, und wenn ich sie ihm zeigte, sagte er oft: »O, das ist meiner. Und dieser hier.« Leider hatte er nie das Geld, um den Film zu kaufen.

Kathy Wood: Als er bei Steve Apostolof einstieg, dachte Eddie, daß er endlich mal etwas Geld verdienen würde – er wußte nicht, daß er praktisch umsonst schrieb! Er wußte nie, wieviel er bekommen würde, und um das wenige, das er bekam, mußte er auch noch betteln. Und dann kriegte er einen Scheck über diese winzige Summe, der auch noch platzte! Gütiger Gott, Sie können sich gar nicht vorstellen, was für ein Horror das war, was für ein Horror. Und das Ganze wiederholte sich ständig . . .

Steve Apostolof: Er wußte nicht, was Geld bedeutete. Nicht im geringsten. Dauernd war er pleite. Dauernd. Aber egal, ich war immer gut für hundert Dollar. Eddie hatte nicht einmal ein Bankkonto – die Miete für diese Woche war bezahlt, der Schnaps fürs Wochenende eingekauft, also, nach mir die Sintflut. Zweimal konnten sie sich ein Haus kaufen, weil ich Eddie einen gefälschten Brief mitgegeben hatte, in dem stand, wie gut er angeblich verdiente. Aber sie wurden rausgeschmissen, weil sie die Raten nicht bezahlen. Sie hatten so wenig Geld, und das meiste davon ging für Alkohol drauf.

Mit Kathy verband mich eine Art Haßliebe. Manchmal, wenn ich kam, hieß es: »O Steve, entschuldige, ich habe vergessen zu putzen.« Mein Gott, sie putzte nie! Als ich das letzte Mal mit ihr sprach, war es anders: »Du verdammter Hundesohn, du nutzt Eddie aus, du bezahlst ihm nicht genug...«, usw. Eddie sagte nur: »Ach, Kathy, halt den Mund.«

David Ward: Wirklich schlimm wurde es, als er in diese Wohnung in Hollywood zog, an der Yukka. Das war eine Absteige.

Kathy Wood: Betty Woods war die Hausverwalterin dieses gottverdammten Mietshauses auf der Yucca. Ed sollte ein Drehbuch für sie schreiben, und als Gegenleistung brauchten wir keine Miete zu bezahlen. Also tat er es.

Paul Marco: Dauernd gingen Leute ein und aus, man traf immer jemanden, John Agar, Aldo Ray, Duke Moore. Es war eigentlich ganz nett dort, aber dann machte ein 7-11-Supermarkt in der Nähe auf, und plötzlich war alles voller Gauner. Es wurde so schlimm, daß sie die Bar des Lido Hotels schließen mußten. Und Eddie blieb dort hängen. Vielleicht konnte er es sich nicht leisten auszuziehen.

Kathy Wood: Zuerst waren auf der Yucca Street nur ein paar Leute von der Pferderennbahn, ein paar Nutten. Nette, interessante Leute, es war eine ganz aufregende Szene, fast so ein bißchen wie in den Storys von Damon Runyon.

Nona Carver: An heißen Abenden, wenn ich es in meinem Apartment nicht mehr aushalten konnte, hab ich sie manchmal besucht, in ihrem Loch an der Yucca. Ein schreckliches Haus. Wenn jemand eine Flasche Schnaps mitbrachte, dann wußte es eine Minute später das ganze Haus, sie rannten herum wie pickende Hühner und klopften an die Tür und bettelten um einen Drink. »Woher wissen sie das nur?« fragte ich Ed. »Keine Ahnung, wahrscheinlich riechen sie es«, antwortete er. Das war schon komisch, all die Fremden, die was zu trinken wollten. Ed und Kathy muß es ziemlich schlechtgegangen sein. Als ich sie eines Tages besuchte, hatten sie überhaupt nichts mehr zu essen in der Wohnung. David Ward hatte ihnen gesagt, daß er etwas mitbringen würde, aber er war nicht gekommen. Also ging ich um die Ecke in einen Laden und kaufte für 10 oder 12 Dollar Schinken und Eier, Gemüse und so.«

Charles Anderson: Wenn man hineinkam, dann überkam einen schon dieses gruselige Gefühl, dieses unheimliche Gefühl, daß man wahrscheinlich schon den Weg über den Flur nicht überleben würde.

John Andrews: Wissen Sie, wie wir es nannten? Loch Yucca! »Wo find ich dich heute abend?« – »Ah, komm einfach am Loch Yucca vorbei.« Okay, ich hab dort auch schon ein Zimmer gemietet, von einem Schwarzen, schwarz wie die Nacht. Sein Name? John Andrews!

Kathy Wood: Florence (Dolder) war in jenen Tagen eine gute Freundin, sie wohnte auf dem gleichen Flur wie wir, sie und ihre Tochter. Sie versuchte uns zu helfen, aus Yucca rauszukommen. Aber mit Eddie ging es damals schon den Bach runter. Aber Aldo Ray, John Agar, Ed und ich, wir vier . . . wir haben einiges erlebt . . .

Aldo Ray: Ich habe sie oft besucht. Die Ecke Yucca und Cahuenga war ein ziemlich übles Pflaster. Mein Gott, manchmal waren die Türen verriegelt, weil die Cops gerade eine Razzia bei den Nachbarn gemacht hatten. Meistens öffnete Ed die Tür in Unterwäsche, na ja, und wir setzten uns zusammen und redeten darüber, wer dies finanzieren könnte oder dies, filmmäßig, wer für das Drehbuch bezahlt und all diesen Mist, aber irgendwie brachten wir nie was auf die Beine.

Ich muß sagen, daß Ed immer sehr nett war, immer positiv. Er war ein unverbesserlicher Optimist. Ich glaube, deshalb habe ich ihn auch in diesem Loch nicht im Stich gelassen, dieser Höhle des Lasters. Es war, wie ich sagte, sie mußten die verdammten Türen verriegeln, und überall wurde eingebrochen; sie versuchten sogar bei ihm einzubrechen, als er seine Tür mit einer Kette gesichert hatte. Aber komisch, wenn ich kam, schien es, als seien alle erleichtert, oh, er kommt, jetzt kann nichts geschehen. Vielleicht besitzen Leute wie ich eine gewisse Aura, so daß automatisch die Spannung nachläßt, als würde man die Luft aus einem Reifen lassen. Vielleicht liegt es daran, daß ich vor vielen Jahren Polizist war. Wenn die Leute mich sehen, scheinen sie zu denken, o Mann, sicher ein Marine, ein echter Killer.

Phil Cambridge: Bernie bezahlte ihn immer freitags, und dann schlurfte Ed nach Hause, in seinen schrecklichen kleinen Slippern. Er ging dann in den Pla-Boy-Schnapsladen, wo sie seinen Scheck einlösten, weil er gleich für ein ganzes Wochenende einkaufte. Fünf oder sechs Flaschen. Ed kaufte seinen Schnaps, kam aus dem Laden, und jedesmal wurde er von ein paar schwarzen Typen angemacht. »Also, was hast du bei dir?« Bevor er zusammengeschlagen wurde, gab er ihnen lieber sein ganzes Geld. Jedes Wochenende. »Wieso machst du das, Ed?« fragte ich ihn. »Was soll ich denn tun?« Ich sagte: »Laß doch wenigstens das meiste Geld bei dem Ladenbesitzer.« – »Hm, keine schlechte Idee.« Also behielt er nur noch 20 oder 40 Dollar bei sich, und den Rest, vielleicht 100 Dollar deponierte er im Schnapsladen. Auf diese Weise schnappten sich die Typen wenigstens nicht sein ganzes Geld.

Buddy Hyde: John Agar und Eddie hatten was getrunken. Ed rief mich an: »Bud, wir sind bei mir und ein bißchen knapp bei Kasse, aber wir brauchen noch 'ne Flasche. Kannst du mir 20 Kröten leihen?« Ich sagte: »Sicher, aber ihr müßt es euch abholen, ich habe ein paar Leute hier.« Also kamen sie vorbei, einer meiner Gäste machte ein Foto von uns dreien vor dem Haus, ich gab Eddie die 20 Dollar, und schon waren sie wieder verschwunden!

John Agar: Ich lernte Ed durch einen Typen namens Baron von Brenner kennen. Er war Hypnotiseur. Ed und ich waren nicht gerade dicke Kumpel, aber ich schaute ab und an vorbei, um hallo zu sagen. In ihrer Wohnung in der Yucca Street war ich nur einmal da, an einem Nachmittag. Seine Frau und er machten eine verdammt schwere Zeit durch. Für mich war es sehr deprimierend ... sehr deprimierend.

David Ward: In den Fluren lag Hundescheiße, überall plärrte laute Musik. Als ich in die Wohnung kam, war auch John Agar da. Ich gab ihm die Hand, und dann verbrachte er fünf Minuten damit, von meinem Händedruck zu schwärmen. Er sprach nur noch von meinem Händedruck. Aber Ed erzählte mir eine irre Geschichte. Er und John Agar hatten etwas getrunken, sie sahen sich die Nachrichten im Fernsehen an, und plötzlich wurde John Agars Tod gemeldet!

John Agar, Ed Wood und Buddy Hyde, 1977.

Das Mietshaus an der Ecke Yucca und Cahuenga.

John Agar: Das war auf ABC. Es stimmt tatsächlich. Ed sagte: »Du bist nicht tot, ich rufe sie an.« Ich sagte nur: »Vergiß es, Ed, es ist mir egal, was sie sagen.« Ed rief trotzdem beim Sender an und teilte ihnen mit, daß ich keineswegs tot war, sondern direkt neben ihm saß, und am nächsten Tag baten sie mich ins Studio, und ich war im Fernsehen.

John Andrews: Als er im »Loch Yucca« wohnte, rief er mich eines Abends an und sagte: »John-John, du mußt unbedingt herkommen, du mußt mir helfen! Diese Nigger wollen meine Schreibmaschine stehlen!« Ich sagte: »Die wollen deine Schreibmaschine nicht. Was sollten sie damit anfangen? Meinst du, sie können damit die Straße entlangspazieren? Und was kriegen sie schon dafür? 20 Dollar?« Die Maschine stand immer vor ihm auf einem Tisch, er schrieb noch immer sehr viel. »Du mußt trotzdem kommen und die Nacht über hierbleiben. Sie wollen mich umbringen!« Also ging ich hin, und er sagte: »John-John, du mußt auf dem Boden schlafen, wenn sie kommen, wecke ich dich auf.« Es war mitten in der Nacht, als er mich aufweckte ... und er trug diesen Fummel, er hatte ein beschissenes Negligé an und hielt einen Baseballschläger in der Hand. Dann fing er an, mich zu treten. »Wach auf, wach auf!«

Er sah aus dem Küchenfenster, und tatsächlich schlichen dort zwei finstere Typen rum. »Da sind sie, da sind sie! John, du mußt sie hereinlocken – und ich schlage sie dann zusammen!« Und das alles im rosa Negligé! »Nein, Mann, hör zu ich hole die Cops.« Ich rief bei der Polizei an: »Hören Sie zu, zwei Typen versuchen, bei uns einzubrechen.« Und auf einmal schwebte ein Hubschrauber über dem Haus, Suchscheinwerfer und der ganze Scheiß. Und Kathy kreischte: »Diese verdammten Nigger!« Ed drehte sich um und schrie: »Halt bloß den Mund!« Ich sagte: »Kathy, um Gottes willen, hör auf, du riskierst unser Leben!«

Schließlich kommen zwei Cops an Eddies Tür. In der Tür war ein Kugeleinschlag groß wie ein Vierteldollar. Einer der Cops erzählte uns, daß die beiden Typen einen Laden auf der Cahuenga Street ausgeraubt hatten und daß man sie mit dem Hubschrauber aufgespürt und festgenommen habe. Und zu Eddie sagte er: »Ihre Schreibmaschine ist also nicht mehr in Gefahr, Sir.« Und Eddie steht da in seinem rosa Nachtgewand, irgendein Teil von Pegnoir, mit einer Art Slip – er sah aus wie Audrey Hepburn in *Breakfast At Tiffany's* (Frühstück bei Tiffany).

Shannon Dolder: Immer wenn Lärm auf dem Flur war, schrie Kathy: »Haltet das Maul, ihr gottverdammten Nigger!« Ich dachte, ach du Scheiße, sie werden ihr noch mal was antun. Aber so war sie, immer wenn ein Schwarzer am Fenster vorbeiging, sagte sie: »Ich will nicht, daß dieser Niggermüll an meinem Fenster vorbeigeht.«

Florence Dolder: Eines Nachts hörte man schreckliche Schreie auf dem Flur. Als es losging, hämmerte Eddie an unsere Tür und rief: »Bleibt bloß drin, verriegelt die Tür, ruft auch nicht die Polizei an, macht gar nichts!« Es waren eine Tunte und eine Gruppe von Männern, ich weiß nicht wie viele, und ich weiß auch nicht warum, aber sie haben sie auf dem Flur zu Tode geprügelt. Obwohl er betrunken war, hatte Ed daran gedacht, uns zu warnen; denn, wie er meinte, wenn sie Zeugen gesehen hätten, hätten sie die auch umgebracht.

Die Frau über uns verkaufte ihr Kind, ein Mädchen,

an Pornofilmer. Die Kleine war vier oder fünf. Das Mädchen verlor den Verstand – man konnte es sehen. Und dann erzählte die Mutter, daß sie ihr Kind hatte weggeben müssen, weil es nicht ganz richtig im Kopf sei. Ed hat mir das erzählt. Er war außer sich vor Wut.

Shannon Dolder: Es war ein ziemlich aufregendes Haus. Im Haus nebenan war es noch schlimmer. Die Cops schossen oft wild durch die Gegend. Unser Apartment lag direkt daneben. Ein paarmal haben wir die Cops gehört: »Legen Sie sich auf den Boden!«

Also setzte man sich auf den Boden und kuckte Fernsehen, während die herumballerten. Beim ersten Mal hatten wir noch Angst, aber dann gewöhnten wir uns daran. Es geschah dauernd . . .

Im Hollywood 8 Motel, gerade um die Ecke, hinter dem 7-11-Supermarkt wurden zwei Prostituierte ermordet. Ed und Kathy erzählten uns, daß sie Schreie gehört hatten, aber sie dachten, das sei nur wieder ein Zuhälter, der eines seiner Mädchen zusammenschlägt.

Kathy Wood: Meistens ließen wir uns die Flaschen anliefern. Manchmal faßte Eddie seinen Mut zusammen und ging selbst zum Laden. Ich saß dann mit angehaltenem Atem da und wartete darauf, daß er wieder zurückkam.

David Ward: Ich fuhr ihn mal zum Pla-Boy-Liquor. Er zitterte. Als es dem Ende zuging, fing er an zu zittern, wenn er seinen Schnaps nicht bekam.

Otto Dobrowski: Ja, er kam fast jeden Tag vorbei. Er kaufte einen halben Liter Popov-Wodka, einen billigen Wodka. Oder Gallo-Portwein, die kleine Flasche zu

1,85. Wenn sie soweit gesunken sind, dauert es meistens nicht mehr lange. Vorher hatten wir in die Wohnung geliefert. Damals bestellte er auch noch die größeren Flaschen, als er noch Geld in der Tasche hatte. Manchmal kam er mit irgendwelchen Leuten rein, und keiner von ihnen hatte Geld, aber alle hatten einen im Kahn.

Ich erinnere mich, wie er zu mir sagte: »Ich war früher Regisseur, und ich kann jederzeit einen neuen Film drehen.« Ich sagte: »Aber sicher können sie das. Keine Bange, es wird schon alles in Ordnung kommen.«

Kathy Wood: Einmal trat jemand unsere Tür ein . . . sie hätte mich fast erschlagen. Die Tür hing dann tagelang aus den Angeln. Überall herrschte Chaos . . . Gewalt und Chaos . . .

Shannon Dolder: Ed beschloß, einen großen Filmstar aus mir zu machen. Er glaubte, ich hätte Talent. Er wollte einen Film über die verlorengegangenen Arme der Venus von Milo machen. Wir würden in Griechenland drehen, und ich sollte mir schon mal einen Reisepaß besorgen. Ich glaube, ich sollte das Modell für die Venus darstellen.

Er nahm mich mit zu seinem Agenten auf der Melrose, er hatte sogar einen Anzug und alles an, und ich gefiel dem Agenten. Mein Bruder wollte mir das Geld für den Paß nicht geben, er sagte: »Es wird nie einen Film geben.« Ich glaubte noch daran. Aber es klappte nicht. Er wurde krank. Ich glaube wirklich nicht, daß es ein Hirngespinst war, es war seine Gesundheit, oder vielleicht war ein Geldgeber abgesprungen. Ich fühlte mich jedenfalls sehr geschmeichelt, daß er mich ausgesucht hatte.

John Andrews: Wenn Kathy sauer auf ihn war, und sie war oft auf ihn sauer, dann nannte sie ihn Wood: »Hör zu, Wood, erzähl mir nicht diese Scheiße.« Er ging dann in die Küche und goß ein großes Glas mit Eiswasser voll. Dann stellte er sich vor sie und sagte: »Du hältst besser dein Maul, O'Hara, sonst verpaß ich dir eine. Halt dein Maul.« Und sie: »Ach, leck mich doch.« Und dann schüttete er ihr das Eiswasser ins Gesicht! Und so etwas passierte dauernd. Criswell meinte einmal zu mir: »Weißt du, manchmal habe ich so ein Gefühl, daß einer den anderen umbringen wird. Und wenn man selbst dabei wäre ... dann würde der Killer einen beschuldigen, es getan zu haben.« Als ich das Mike Angel erzählte, ein guter Schauspieler und guter Autor, sagte er: »Komisch, aber das habe ich auch schon oft gedacht. Einer wird den anderen umbringen. Die Frage ist nur, wer wen zuerst erwischt.«

Shannon Dolder: Sie stritten sich darüber, wer die Schnapsflasche verloren hatte, oder wer die Kühlschranktür nicht zugemacht hatte. Ich habe niemals gehört, daß sie sich wegen etwas Wichtigem stritten. Und Kathy hatte wirklich ein ordinäres Mundwerk ... sie konnte wirklich ordinär sein, sie beschimpfte ihn mit allen möglichen vulgären Ausdrücken, und er drehte ihr den Rücken zu, bis ihnen klar war, was sie da veranstalteten. Dann versöhnten sie sich. Sie hatten eine Angewohnheit, die ich wirklich süß fand. Sie teilten sich immer die Zigaretten aus einer Packung. Mitten im Streit bat sie ihn manchmal um eine Zigarette. »Gib mir 'ne Zigarette, du alter Hurensohn.« Er zündete ihr eine an, und dann ging das Geschrei weiter.

David Ward: Sie hätten mal hören sollen, mit welchen Ausdrücken sie sich beschimpften, wenn sie einen

Streit hatten. Manchmal packte Eddie Kathy und schlug ihren Kopf gegen die Wand. Dann war sie eine Weile still.

Kathy Wood: Bei einer unserer Auseinandersetzungen schleifte Eddie mich über den Boden, ziemlich lange. Seitdem ist meine linke Hand ziemlich hinüber, ich kann sie nicht mehr richtig strecken. Es ist nicht Eddies Schuld, aber halb ist es doch seine Schuld ...

Florence Dolder: Es kam vor, daß er davonging, mit seiner Schreibmaschine und den Manuskripten unter dem Arm. Natürlich verließ er Kathy nie, er stand dann nur im Hinterhof und schrie zum Fenster hinauf. Ich glaube, es war diese Pornoschreiberei, die ihn umgebracht hat. Er war viel zu gut für Porno, und der Gedanke nagte an ihm. Eddie war ein Gentleman, und er war brillant, wirklich brillant. Und sehr, sehr witzig. Aber dann kamen die Pornos. Wenn ich zu ihm rüberging, saß er manchmal in seinem Stuhl und starrte aus dem Fenster und sagte: »Ich muß damit aufhören, ich muß da raus.« Oft hörte man, wie Kathy und er sich darüber stritten. »Ich gehe da nicht mehr hin, ich schreibe das nicht mehr ... diesen Mist.« »Ach ja, und woher zum Teufel soll dann das Geld für die Miete und für's Essen kommen?« Wir drehten dann immer den Fernseher lauter. Einmal kam er mit einer Flasche aus dem 7-11. Er sagte: »Weißt du, das hilft mir beim Schreiben, denn ich muß ja schreiben, damit ich Essen kaufen kann. Aber manchmal möchte ich alles auf die Straße werfen und einfach weggehen.« – »Und wo willst du hingehen, Eddie?« – »Ich weiß nicht, einfach nur gehen.«

Phil Cambridge: Wenn es im Büro fünf Uhr war, dann war Ed verschwunden, er stürzte geradezu davon. Bernie Bloom wurde es langsam zu bunt, und er meinte zu mir: »Phil, wenn du Ed morgen früh abholst, und er ist wieder betrunken, dann läßt du ihn einfach zu Hause und sagst: ›Nein, Ed, heute nicht.‹« Wenn ich dann morgens zu ihm kam, wartete er auf mich, er zitterte am ganzen Körper, es sah aus, als würde er jeden Augenblick in kleine Stücke zerbrehen. Ich wollte ihm einen Drink holen oder sonst was, aber er sagte: »Nein, nein, ich bin schon okay.« Wenn wir dann in Santa Monica ankamen, war er trotzdem betrunken, und schließlich wurde mir klar: Er mußte schon verdammt viel gekippt haben, bevor ich gekommen war.

John Andrews: Am Ende verlor Ed vollkommen den Verstand. Völlig. Es ging ganz schnell.

Halluzinationen, Illusionen, Paranoia. Ich bin selber Alkoholiker, ich weiß, daß alle Alkies paranoid werden. Alle. Vor seinem Tod war Ed nicht mehr der Ed, den ich so liebte. Das hat nichts mit Homosexualität zu tun; Eddie und ich liebten uns einfach, sehr sogar. Wir telefonierten drei- oder viermal am Tag.

Aber dann wurde er zu einem anderen Menschen. Die dunkle Seite trat hervor. Wenn er einen Schatten sah, versteckte er sich unter dem Bett.

Eddie schrieb ein Drehbuch für einen Horrorfilm, das ins Jahr 1934 gepaßt hätte, aber nichts für 1974 war. Er schickte es an die Drehbuchabteilung von Universal Pictures. Drei Tage später schickten sie ihm das Drehbuch mit dem Standardschreiben zurück: »Es ist nicht schlecht, aber der Markt ... usw.« Ein höfliches auf Nimmerwiedersehen. Als ich ihn danach besuchte, öffnete er die Tür und schrie mich an: »Ah, komm nur herein! Benedict Arnold. Du hast mich ruiniert!« Ich sagte:

»Wer ... hat ... was ... getan?« – »Du hast Universal angerufen. Du hast meinen Deal gekillt!« Es hatte nie einen Deal gegeben. Ed drehte wirklich durch, Mann, ich meine, er knallte durch. Es war der Alkohol, die Halluzinationen, die Selbstüberschätzung, die Enttäuschungen und das gebrochene Herz. Sein Herz war gebrochen, aber er hätte es niemals zugegeben.

Bernie Bloom: Ich versuchte, ihm soviel Arbeit wie möglich zu geben, denn je mehr er arbeitete, desto weniger Zeit hatte er, zu trinken und Schwierigkeiten zu bekommen. Manchmal habe ich ihn erwischt, er hatte das Zeug in einer Coca Cola-Flasche oder in einer Kaffeekanne. Wodka, er trank Wodka, weil man den nicht riechen kann ... man riecht es nicht, wenn jemand Wodka getrunken hat. Aber ich kannte Ed gut genug, um zu wissen, wann er getrunken hatte und wann nicht.

Kathy Wood: Im Laufe der Jahre hüpfte Eddie zwischen Bernie Bloom und Steve Apostolof hin und her wie ein Pingpongball. Ich haßte es, wenn Steve mal wieder versuchte, Ed von Bernie wegzulocken: »Wir werden wieder einen Film zusammen machen, Pappi, also komm schon, Eddie.« Wie oft habe ich ihn angefleht, bei Bernie zu bleiben, wo er regelmäßig seinen Gehaltsscheck bekam. In gewisser Weise liebte Bernie Eddie, und ich weiß, daß Eddie Bernie liebte. Aber er hat Bernies Geduld zu oft strapaziert. Da war Eddie wie ein Kind. Aber als Bernie ihn feuerte, brach es ihm das Herz.

Don Fellman: Während eines Telefongesprächs sagte er einmal mit weinerlicher Stimme: »Ich ... ich sah gut aus ... ich hatte eine wunderschöne Frau ... und was habe ich jetzt?« Im Hintergrund hörte ich Kathy. »Ach halt doch die Klappe.« Als ich ihn fragte, was er so mache, sagte er: »Den Pool säubern und die Limousine waschen.«

Kathy Wood: Dudley Manlove war der letzte, der wirklich versuchte, Eddie zu helfen. Er tauchte plötzlich mit seinem herrlichen, großen, weißen Cadillac vor unserer Wohnung auf, kurz bevor wir auf die Straße gesetzt wurden. Er stand vor der Tür dieser Absteige – »Komm, Woody, ich bring dich ins Veteran's Hospital.« Aber Eddie wollte nicht.

»Einen Moment lang würde man sich an sie erinnern, aber dann würden sie vergessen sein, als wären sie nie auf der Welt gewesen.«
    Aus *Parisian Passions* von Edw. D. Wood

Valda Hansen: Er war regelrecht besessen vom Tod ... oft rief er mich mitten in der Nacht an. »Ich will über den Tod sprechen, den Tod.« Und er erzählte mir die unglaublichsten Geschichten! Er glaubte, es sei möglich, daß das Herz aufhört zu schlagen und die Organe dennoch weiterleben. »Weißt du«, sagte er, »nur weil man denkt, man ist tot, ist man es noch lange nicht.« Du meine Güte! Und das ging so weiter.

Maila Nurmi: Er hatte zuviel Gefühl, Sie wissen, was mit Menschen geschieht, die zuviel Gefühl haben, die meisten gehen drauf.

Kathy Wood: Ed liebte dieses verdammte Lied »Amazing Grace«. Irgendwo traf es seinen Nerv. Und er schrieb ein Buch mit dem Titel *Saving Grace*. Zu dieser Zeit wurden seine Depressionen immer schlimmer.

Man sagt, daß manche Menschen wieder zur Religion finden, wenn sie glauben, daß sie bald sterben werden, und bei Eddie war das ähnlich. Ich weiß nicht, was es war, aber er schrieb dieses verrückte Buch. Ich hatte ein seltsames Gefühl dabei, es war, als liefe mir ein Schauder über den Rücken.

Phil Cambridge: Irgend jemand im Osten veranstaltete einen »Ed Wood-Tag«, an dem seine Filme gezeigt wurden, und als er den Brief bekam, war er einfach . . . glücklich. Er brachte ihn mit zur Arbeit und las ihn zweimal vor, und dann reichte er ihn mir und sagte: »Lies selbst.« Ich las ihn. »Ist das nicht schön«, sagte er, »daß sich jemand an mich erinnert, daß jemand an mich denkt?« Bis dahin war Ed Wood für mich nur ein alter Säufer gewesen, der Pornos schrieb.

Ed Wood (aus einem Brief an Richard Bojarski vom 18. März 1978):
Abgesehen von meiner Verlagsarbeit plane ich für den Sommer einen Film mit dem Titel »The Day the Mummies Danced«. Ich hoffe, daß ich in Mexiko drehen kann, wo es eine Höhle mit echten Mumien gibt, eine große Touristenattraktion. Es wird natürlich ein Horrorfilm. Ich habe schon vor einiger Zeit mit dem Drehbuch begonnen, aber dann wurde ich abgelenkt. Jetzt, wo Horrorfilme wieder im Kommen sind, könnte dieses Projekt mich wieder ins Geschäft bringen. Die Stars, die ich für den Film engagieren will, übrigens gute Freunde von mir, mit denen man einen trinken kann, sind John Agar, Aldo Ray und der Typ, der den Eros in »Plan 9 From Outer Space« gespielt hat, Dudley Manlove, der den Film übrigens auch zu einem großen Teil finanzieren wird.

Mein Drehbuch »I Awoke Early the Day I Died« könnte auch noch im Sommer verfilmt werden, dafür stelle ich mir Norwegen als Drehort vor. Aber ich bezweifle, daß ich wirklich dorthin gehen werde, weil hier einfach zuviel läuft. Es soll ein ohne Ton gedrehter Film über die letzten drei Tage eines Verrückten sein. Aldo Ray würde sich die Zunge abbeißen, um diese Rolle zu bekommen. Die Verpflichtungen türmen sich langsam auf, mit ein Grund, warum ich umziehen möchte. Außerdem gibt es hier zu viele schreiende Kinder, seit das Haus neue Besitzer hat ... alles Mexikaner, keiner spricht Englisch ... nicht mal Pidgeon-Englisch.

Richard Bojarski: Ich betrat das Apartment und stellte mich vor. Er war sehr freundlich. Die Luft war heiß und stickig, und er lag flach auf dem Rücken. Er bot mir was zu trinken an, und wir begannen zu trinken. Ich fragte ihn nach Bela, das war eigentlich der Grund meines Besuches, und er gab mir ein paar Routineantworten auf ein paar Routinefragen. Irgendwann kam jemand vorbei, tauschte ein paar freundlich gemeinte Beleidigungen mit Ed Wood aus, warf ein paar Dollars auf den Couchtisch und ging wieder. Eddie trank weiter und holte schließlich eine 16-mm-Kopie von *Plan 9 From Outer Space* hervor. Ich glaube, er wollte sie mir zum Kauf anbieten, aber ich lenkte das Gespräch nicht in diese Richtung. Seine Frau öffnete eine Dose Spaghetti und wärmte sie auf dem Herd auf. Er sagte: »Es ist hart für einen Mann, sich in L.A. durchzuschlagen. Ich hätte nach Oregon gehen sollen. Oder Colorado.« Er sagte, dort hätte er es leichter, ich wußte gar nicht, wovon er überhaupt redete.

Ich trank weiter mit ihm, und mit einemmal war ich wirklich blau, mir wurde furchtbar schlecht, und ich kroch auf Händen und Füßen zum Badezimmer, so schlecht war mir. Ich hörte die Stimme seiner Frau:

»Dick, wieso hast du den ganzen Stoff ausgetrunken, jetzt ist nichts mehr für mich und Ed da.«

Kathy Wood: Er verpfändete seine Schreibmaschine, um Geld für Schnaps zu kriegen ... wir mußten sie ziemlich oft wegbringen. Aber wir holten sie immer wieder zurück. Er liebte diese IBM Executive. Es war ein riesiger Kasten, aber wunderschön. Wir waren beide verdammt schnell darauf. Eine professionelle Büroschreibmaschine, halb so groß wie ein Schreibtisch. Wir schleppten sie Jahre mit uns herum. Wenn wir Geld hatten, stand sie auf dem Schreibtisch. Wenn wir Geld brauchten, verpfändeten wir sie. Ich weiß nicht, wann es das letzte Mal war, aber es war ... ein schlimmer Tag. Ein sehr trauriger Tag, an dem wir unsere Schreibmaschine verloren.

Dudley Manlove: Er rief mich an. »Ich muß einen Porno zu Ende schreiben, aber ich habe meine Maschine verpfändet, um Schnaps zu bekommen, und ich kann sie nicht auslösen. Kannst du mir eine leihen?« Ich sagte: »Klar doch.« Ich hatte eine große Underwood und eine tragbare Smith-Corona. Insgesamt brachte ich ihm drei Schreibmaschinen, ich dachte, um Gottes willen, Ed, mach dich bloß an die Arbeit, wenn du Geld verdienen willst, jetzt hast du drei Maschinen, auf denen du schreiben kannst. Die Underwood hat er, glaube ich, zum Schnapsladen gebracht und gegen eine Flasche Fusel eingetauscht. Das war kurz vor dem Ende ... Es war eine schreckliches, schreckliches Ende, und es tut mir heute noch in der Seele weh, wenn ich nur daran denke.

Kathy Wood: Ungefähr zwei oder drei Monate, bevor er starb, vielleicht auch nur einen Monat, er schlief meistens bei Bernie, bekam er Zuckungen. Zuckungen – im Hals.

Florence Dolder: Bernie Bloom sagte, daß Ed nach Santa Monica kommen solle, um sich seinen Gehaltsscheck abzuholen. »Ich gebe dir 10 Dollar, wenn du mich hinfährst«, sagte Eddie zu mir. Er wurde immer blasser, seine Haut sah richtig weiß aus, schrecklich. Er sah aus, als hätte er viele Jahre im Gefängnis in Einzelhaft verbracht. Eine schreckliche Farbe. Ich sagte zu ihm, er solle zum Arzt gehen, aber er wollte nicht. Als er aus Bernies Büro kam, hatte er einen Knacks. Er sagte, daß Bernie ihn gefeuert hätte.

Dudley Manlove: Eddie rief mich eines Abends an und sagte: »Hallo, alter Kumpel, kannst du mir fünf Dollar pumpen?« Ich fragte: »Wofür, Ed?« – »Na ja, Kathy und ich haben nichts mehr zu essen in der Wohnung, und wir sind hungrig.« Ich sagte: »Mach dir deswegen bloß keine Sorgen, ich bringe euch so viel verdammtes Essen vorbei, daß ihr für die nächsten 30 Tage genug habt!« – »Ach nein, tu das nicht, ich hätte lieber das Geld.« Nun wußte ich, wofür er das Geld haben wollte. Ich sagte: »Paß auf, wenn ihr hungrig seid, dann bringe ich euch wirklich Essen für einen Monat in die Wohnung. Aber ich werde dir kein Geld geben, damit du dir Alkohol kaufst, Ed. Verstehst du mich? Kommt das bei dir an? War das klar und deutlich? Du bekommst von mir kein Geld für Fusel.« – »Ich dachte, du wärst mein Freund«, sagte er nur und legte auf.

Harry Thomas: Er rief mich an, ungefähr eine Woche vor seinem Tod. Wir sprachen ein bißchen über die alten Zeiten, über sein Haus im Valley und über die Partys, die wir dort gefeiert hatten. Ich sagte: »Mensch, Eddie, ich hoffe, daß du dir so was bald wieder leisten kannst.« Er antwortete: »O ja, ich arbeite an einigen Büchern, ich schreibe neue Geschichten.«

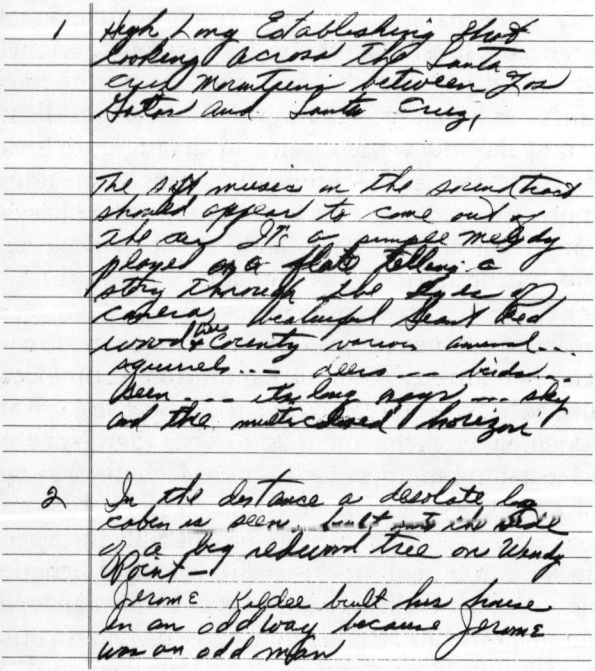

Ed Woods letztes Manuskript, 1978.

Nun ja ... in den letzten Wochen rief er jeden an, den er erreichen konnte ... jeden, der ihm zuhören und mitten in der Nacht mit ihm sprechen wollte.

Er starrte in einen sternenlosen Raum

Florence Dolder: Wenn Ed sich zu etwas entschlossen hatte, dann ließ er sich nicht mehr davon abbringen. Nein, sie konnten seine Sachen nicht auf die Straße stellen und ihn rauswerfen, seine Frau war doch krank! Der Vermieter wollte sie unbedingt raushaben, sie hatten furchtbaren Streit. Eddie wollte ihn bar bezahlen, aber er weigerte sich, das Geld anzunehmen. Ich sagte: »Eddie, du mußt einen Scheck ausschreiben, und auf der Rückseite schreibst du ›Mietzahlung‹. Wenn sie die Annahme verweigern, bist du aus dem Schneider.« Er sagte, er würde zur Bank gehen und sich einen bestätigten Scheck geben lassen. Er wirkte betrunken, aber ich glaube, er hatte nur Angst. Aber dann kaufte er doch Schnaps von dem Geld, und Kathy und er machten einen drauf.

Ein paar Tage später hatte er Krach mit Kathy. Er kam zu mir und sagte: »Ich schmeiße diese Schlampe raus.« Wir kamen ins Reden, und ich erfuhr, daß er das Geld nicht mehr hatte. »Ich gebe es doch nicht diesem beschissenen Mexikaner, diesem Chili-Fresser.« – »O mein Gott, Eddie, sie werden euch auf die Straße . . .« – »Nein, das werden sie nicht. Wir sind krank, und außerdem bin ich in Hollywood sehr bekannt. Ich habe sehr viele Freunde.« Er wollte einfach nicht wahrhaben, daß er sogar aus diesem Loch rausfliegen würde.

David Ward: Ungefähr eine Woche bevor sie rausgeschmissen wurden, gab er mir eine Kiste mit Romanen zur Aufbewahrung. Er wußte, was auf ihn zukam . . .

Kathy Wood: Eddie muß eine Vorahnung gehabt haben, daß er sterben würde. Eine Woche bevor alles geschah, brachte er die Hunde, Casey und McGinty, in ein Tierheim.

Phil Cambridge: In dem Haus wurde es immer schlimmer. In seinen letzten Wochen hatte Ed furchtbare Angst, daß jemand einbrechen und sie beide umbringen würde. Es gab da jemanden, der einen anderen nicht mochte, es hatte eine Schießerei gegeben, jemand war über den Flur gelaufen, hatte zwei oder drei Türen eingetreten und hämmerte dann an Eds Tür. Ed und Kathy hatten die Kommode vor die Tür geschoben und sich verkrochen. »Geh weg, wir haben nichts, laß uns in Ruhe, hier gibt's nichts zu holen!« Ich glaube, man wollte die Mieter aus dem Haus kriegen. Auf diesem Flur hatten sich Dealer eingenistet.

Eines Tages kam ein Anruf von Ed: »Phil, irgendwas stimmt mit meinen Beinen nicht, ich kann nicht mehr gehen.« Ich sagte: »Du mußt ins Krankenhaus.« Ich war gerade auf dem Weg zur Arbeit, ich mußte schleunigst zu Bernie. »Ja, ja, das werde ich tun. Ich geh ins Krankenhaus«, sagte Ed.

Kathy Wood: Seit Ed seinen Job verloren hatte, plagten ihn alle möglichen Krankheiten. Er hatte Schmerzen, in der Brust, in den Beinen, sein Zustand wurde immer schlechter. Im Haus liefen einige heimliche Geschäfte ab, der Vermieter zog dort einen Drogenhandel auf, und wir wußten das. Wenn ich dazu in der Lage gewesen wäre, hätte ich mehr Initiative gezeigt, ich hätte bei der Stadtverwaltung angerufen, ich hätte nicht erlaubt, daß man Eddie rauswirft. Aber ich war vor Sorge um ihn völlig durcheinander, ich war fertig, es war so furchtbar. Ich hatte keine Kraft zu kämpfen. Und so gaben sie uns einen Tritt in den Hintern.

Es war ungefähr neun Uhr morgens. Eddie war schon eine Stunde auf, es ging ihm sehr schlecht, er lag auf der Couch. Und dann dieser Horror, es klopfte, wir machten auf, und da standen diese beiden uniformierten Marshals in der Tür. Wir hatten sie wirklich nicht erwartet. Eddie zeigte ihnen den Scheck, er sagte, er habe das Geld. Er erklärte ihnen, daß der Vermieter das Geld nicht annehme, daß er uns vertreiben wolle. Ich versuchte ihnen zu erklären, daß Eddie krank sei. Aber diese Typen forderten uns auf zu gehen, sie wollten nicht einmal zulassen, daß wir etwas mitnahmen. Erst als wir protestierten, erlaubten sie uns zurückzugehen und ein paar Sachen zusammenzupacken. Aber wir konnten gar nicht klar denken, es geschah alles so schnell, es war wie ein Alptraum. Um neun Uhr morgens ist man auf so etwas nicht vorbereitet. Ich glaube, Eddie hatte nicht mal Socken an. Es war kalt an jenem Morgen. Seine Sachen lagen überall verstreut herum. Sie erlaubten uns nur, einen Koffer zu packen. Eddie hatte dieses handgeschriebene Manuskript über Bela Lugosi, und es war fast fertig, es hieß *Lugosi: Post Mortem*. Es war gut und sehr witzig. Vielleicht hätte dieses eine Manuskript ihn am Leben erhalten; es hat ihm das Herz gebrochen, daß wir es nicht mitgenommen haben. Eddies Akten, seine Aufzeichnungen, seine Drehbücher, alles fort.

Florence Dolder: Eddie sagte, es gäbe zwei Dinge, die er mitnehmen würde, wenn ein Feuer ausbräche, das Lugosi-Buch und seine Schreibmaschine. »Und was ist mit Kathy?« neckten wir ihn dann. »Oh, sie kann nachkommen.«

Kathy Wood: Eines von den Dingen, die er mitnahm, war eines der letzten Manuskripte, die er schrieb, eines, das er wirklich liebte, *I Woke Up Early the Day I Died*. Und seinen Lieblingspullover aus Angora.

Florence Dolder: Ich traf diesen Jungen, der über uns wohnte, er sah mich eines Tages auf der Selma Street und kam auf mich zu: »He, du kanntest doch dieses laute Pärchen am Ende des Flurs? Sie haben sie rausgeschmissen. Die beiden haben einen furchtbaren Krach geschlagen, ich dachte schon, sie würden ihn festnehmen.

Er erzählte mir, daß Eddie fassungslos war. Erst fing er an zu schreien, er brüllte herum, daß er alle möglichen Kontakte in Hollywood hätte, und dann wurde er plötzlich sehr unterwürfig und bettelte um einen Aufschub von zwei Stunden, damit er ein paar Leute anrufen könne. Der Sheriff sagte, es täte ihm leid, aber es müsse sein. Kathy kreischte herum, sie warf den Polizisten alle erdenklichen Schimpfwörter an den Kopf, bis sie ihr sagten, sie würden sie festnehmen, wenn sie nicht sofort Ruhe gebe.

Eine der Frauen erzählte mir, daß Ed schließlich zusammensackte, als ihm schließlich klar wurde, daß er keine Chance hatte. Er sackte auf dem Flur zusammen, gegen die Wand gelehnt und schluchzte.

Er rief alle an, die er kannte, und alle wiesen ihn ab. Er hatte niemanden. Und als sie schließlich bei Peter unterkamen, da tranken sie. Und sie tranken ernsthaft...

Peter Coe: Er rief mich an, es war um die Weihnachtszeit. »Ich bin in Schwierigkeiten, sie haben mir alles weggenommen, wir müssen hungern, wir wissen nicht mehr, wo wir hinsollen.« – »Mach dir keine Sorgen«, sagte ich. »Ihr könnt bei mir unterkriechen, solange es nötig ist.«

Als er kam, umarmte er mich und sagte: »O mein Gott, ich liebe dich, du bist ein wahrer Freund, ich werde nie vergessen, was du für mich und Kathy getan hast.« Und dann machten wir ein paar Scherze, und er führte einige Telefongespräche, rief Freunde an. Es war Ferienzeit, und wir waren alle guter Dinge, glaube ich. Und dann fingen wir an zu trinken. Er fragte mich immer wieder, ob ich Interesse hätte, diesen Film über Bela Lugosi zu machen.

Florence Dolder: Peter trank zwar auch, aber bei diesen beiden war die Flasche ständig leer. Eddie lag auf dem Bett, in seinem kleinen Baby Doll und weigerte sich aufzustehen. Kathy saß auf Peters Sofa und mußte sich übergeben. Peter rief mich an und fragte: »Was soll ich bloß mit diesen Leuten machen?« Ich riet ihm, mit Eddie zum Sozialamt zu gehen. Peter sagte: »Willst du nicht mitkommen, auf dich hört Eddie vielleicht.« Ich machte die Termine aus, aber Eddie wollte nicht aus dem Bett kommen: Er würde nie zum Sozialamt gehen; schließlich sei er Filmregisseur, Kriegsveteran usw. Er wollte nicht gehen. Peter fing an zu schreien. »Und, was wollt ihr dann machen? Ihr habt doch keinen Pfennig Geld!« Aber Eddie gab nicht nach.

Also Ray: Ich war wirklich schockiert, als ich erfuhr, wie er getötet wurde. Nach dem, was man mir erzählt hat, war er mit diesem Typen zusammen, ein wilder Kerl, ein Stuntman oder was auch immer, der in der Nähe des Hughes Markets wohnte. Sie waren beide ziemlich starke Trinker. Also, hier kommt meine Version von Ed Woods Tod: Sie wankten die La Brea hinunter, beide voll, und irgendwann liefen die Cops hinter ihnen her, weil der Typ irgendwelche Gesten gemacht hatte, und sie versuchten, ihnen zu entkommen und bogen am Exposition Boulevard links ab, in Richtung Flughafen, und weil sie so damit beschäftigt waren, den Cops zu entkommen, als sie nach links rannten, paßten sie nicht auf und rannten beide gegen einen Telefonmast, und beide wurden getötet.

Lillian Wood: Ich wünschte, ich wüßte, woran er noch gestorben ist, außer einem Herzanfall. Ich habe da so einen gewissen Verdacht, aber den möchte ich lieber nicht äußern . . . Ich will nichts dazu sagen, aber es hat mich schon sehr aufgebracht, nicht genau zu wissen, was passiert ist.

Peter Coe: Kathy kam und sagte: »Ich glaube, Eddie fühlt sich nicht allzu gut.« Ich ging zu ihm. »Eddie, ich höre, dir geht's nicht so gut. Dann hör doch verdammt noch mal auf, so viel zu trinken.« Er trank Wodka pur, wie ein Wahnsinniger. Ich sagte: »Ed, du bringst dich um. Am Montag bringe ich dich ins Krankenhaus. Ich werde dich hinbringen, und wenn ich dir die Scheiße aus dem Leib prügeln muß und dich hinschleppe! Du mußt dich untersuchen lassen!« Am Sonntag beim Frühstück war das erste, was er haben wollte, ein doppelter Wodka. Ich sagte: »Eddie, hör auf, wir wollen morgen ins Veteran's Hospital.« Er sagte nur: »Peter, kann ich mir in deinem Schlafzimmer das Footballspiel ansehen?« Ich sagte: »Sicher, warum nicht?« Ich fing an, Spaghetti zu kochen, und sah mir dabei das Spiel in der Küche an. Ed hatte mittlerweile seinen doppelten Wodka bekommen, aber er hielt nicht lange vor. »Peter, gib mir bitte noch einen.« Ich sagte: »Eddie, das ist der letzte, du mußt morgen früh unbedingt nüchtern sein, sonst nehmen sie dich gar nicht erst an.« – »Okay, okay, ich verspreche es dir.« Gegen halb elf, elf Uhr trank er dann seinen zweiten Wodka und meinte plötzlich:

»Mir ist schlecht.« Ich sagte ihm, er solle sich hinlegen. Ich dachte, der Wodka hätte ihn wieder so müde gemacht, ich achtete nicht auf ihn. Dann kamen ein paar Freunde von uns. Irgendwann fragte Beulah Ames, die früher Krankenschwester gewesen war, wo Eddie eigentlich sei. »Ed ist im Schlafzimmer, er ruht sich aus.«

Kathy Wood: Eddie konnte Football nicht leiden. Als er in Peters Schlafzimmer ging, hatte er mich mal wieder herumkommandiert. »Kathy, bring mir noch einen Drink.« Dann hörte ich plötzlich, wie er rief: »Kathy, ich kriege keine Luft mehr!« Aber ich ignorierte ihn einfach. Ich ignorierte es. Weil er mir immer vorschrieb, was ich tun sollte. Schließlich sagte ich zu Beulah: »Warum gehst du nicht und siehst nach, wie es ihm geht?«

Peter Coe: Beulah kam aus dem Schlafzimmer: »Ooooooooh, mein Gott! Eddie ist tot.« Ich konnte es einfach nicht glauben. Es kam mir vor, als sei es unmöglich, unglaublich.

Kathy Wood: Ich erinnere mich daran, wie ich an jenem Nachmittag in das Zimmer ging, und er war tot, und seine Augen waren weit aufgerissen. Solange ich lebe, werde ich den Ausdruck in seinen Augen nicht vergessen. Sein Gesicht, es sah furchtbar aus. In seinen Augen lag ein schrecklicher, schrecklicher Blick. Seine Hände umklammerten die Laken. Er sah aus, als habe er die Hölle gesehen. Was glauben Sie, hat er in diesen letzten Momenten gesehen? Was glauben Sie, hat er gesehen?

Peter Coe: Ich erinnere mich, daß sie seine Leiche in einem Müllsack hinaustrugen. Das machte mich ganz krank.

Steve Apostolof: In seinem Buch *Death of a Transvestite* beschrieb Ed, glaube ich, seine eigene Beerdigung. Ich hatte das Gefühl, als wolle er gar nicht, daß jemand zu seinem Begräbnis kam, denn selbst wenn man eingeäschert wird, ziehen sie einen an, und er wollte als Braut gekleidet werden.

Kathy Wood: Vielleicht wollte er in Frauenkleidern beerdigt werden, vielleicht auch nicht. Zu mir hat er jedenfalls nie etwas davon gesagt. Ich weiß nur eines: Er wollte nicht begraben werden ... der Gedanke, unter der Erde zu liegen, flößte ihm Schrecken ein.

(Criswell, Paul Marco und Steve Apostolof, Buddy Hyde und David Ward waren bei der Totenfeier anwesend. David De Mering hielt die Trauerrede. Edward D. Woods Leichnam wurde in der Utter-McKinley-Leichenhalle eingeäschert, seine Asche im Meer verstreut.)

Florence Dulder: Es war nicht der Alkohol, der schuld an seinem Tod war – es war sein Stolz.

Valda Hansen: Im Innersten litt er. Aber er zeigte es nie. Ich habe ihn leiden sehen, bis hin zu ... Selbst Kathy sagte: »Er tut mir so leid, Valda.« Sie sagte: »In manchen Nächten findet er keinen Schlaf. Nacht für Nacht. Er kommt mir vor, als hätte er sich auf die Erde verirrt. Er gehört nicht hierher ... es ist, als wäre er auf Besuch. Aber er gehört nicht hierher.«

Ed Wood im Alter von 53 Jahren, drei Monate vor seinem Tod.

Der Totenschein.

Biographische Anmerkungen

(Die folgenden Anmerkungen betreffen die Menschen, die in diesem Buch zu Worte kommen. Diejenigen, die anonym bleiben wollten und im Text unter einem Pseudonym auftauchen, sind hier natürlich nicht aufgeführt.)

Forrest J. Ackerman: Weltbekannter Sammler von Fantasy-Literatur und Film-Memorabilien. Von 1958 bis 1984 Herausgeber des Magazins *Famous Monsters of Filmland*.

John Agar: Schauspieler, u. a. in: *Fort Apache, Sands of Iwo Jima, The Brain from Planet Arous, The Mole People, Curse of the Swamp Creature*.

Ted Allan: Kameramann und geschätzter Hollywood-Fotograf. Er stand bei *Bride of the Monster* hinter der Kamera und sollte später eine von Wood für Bela Lugosi kreierte Fernsehserie, *Dr. Acula*, produzieren.

Charles Anderson: Autor und Redakteur, der in den Siebzigern mit Ed Wood für Pendulum Productions arbeitete.

John Andrews: »Im Moment bin ich wieder auf freiem Fuß – noch immer auf den Beinen –, und ich mache noch immer jeden Tag ein Faß auf.« Ein Freund Woods, der u. a. in folgenden Filmen mitwirkte: *Orgy of the Dead, Suburbia Confidential, Movie Star American Style* und *LSD I Hate You*!

Carl Anthony (Carl Wuco): Spielte den Streifenpolizisten Larry in *Plan 9 From Outer Space* und den Porno-Regisseur in *The Sinister Urge*.

Steve Apostolof (A. C. Stephen): Produzent und Regisseur, u. a.: *Journey to Freedom, Orgy of the Dead, The Divorce, Glass Reunion, Hot Ice, Suburbia Confidential, College Girls, Lady Godiva Rides, Fugitive Girls*.

Samuel Z. Arkoff: Zusammen mit James A. Nicholson Gründer vom American International Pictures. Später Chef von Arkoff-International Picture.

Ronnie Ashcroft: Regisseur, Produzent und Tonspezialist. u. a. in: *The Astounding She Monster, Girl With an Itch, Mr. Peek-A-Boo's Playmates (Like Wow!)*. Regieassistent bei *Night of the Ghouls*. Starb nach langer Krankheit im Dezember 1988.

Henry Bederski: Spielte kleinere Rollen in Ed-Wood-Filmen, wann immer er »aus der Bäckerei flüchten konnte«. Trat auch in den John-Waters-Filmen *Female Trouble* und *Polyester* auf. Schrieb die »Stars Over Hollywood«-Kolume für den *Los Angeles Herald Despatch*.

Bernie Bloom: Verleger, Pendulum/Gallery Publications. Verstarb im April 1986.

Blanche Bloom: Witwe von Bernie Bloom.

Richard Bojarski: Autor, Cartoonist. Veröffentlichungen: *The Films of Boris Karloff; The Films of Bela Lugosi*.

John »Bunny« Breckinridge: Spielte in *Plan 9 From Outer Space* den »Herrscher«. »Ich schreibe gerade meine Memoiren. Der Titel lautet *My Shadow As I Pass*.«

Conrad Brooks: Spielte kleinere Rollen in einigen Ed-Wood-Filmen sowie in *A Polish Vampire in Burbank, Vampire at Midnight, Death Row Game Show*.

Ewing Lucky Brown: Film-Cutter aus Hollywood.

Bob Burns: Künster, der mit Wood für Pendulum Publications zusammengearbeitet hat.

Anthony Cardoza: Seit 30 Jahren Autor/Produzent/Regisseur von Kino- und Fernsehfilmen, u. a. *Playground, The Beast of Yucca Flats, The Hellcats, Bigfoot, Outlaw Riders, Raw Force*.

Johnny Carpenter: Schauspieler und Stuntman. Hauptrolle in *The Lawless Rider*, trat auch in *Night of the Ghouls* auf.

Nona Carver: Varieté-Tänzerin, spielte die »Sleazy Maisie Rumpledinck« in Woods *Take It Out in Trade*.

Phil Chamberlain: Ehemann von Dolores Fuller. Leitete die Filmabteilung des L.A. County Museum of Art and Film.

Peter Coe: Schauspieler, viele Filme für Kino und Fernsehen, darunter *The Ten Commandments (Die zehn Gebote), The Secret Invasion, The Mummy's Curse, House of Frankenstein*.

George Cooper: Schauspieler, Bühnenregisseur und Musiker, der Wood in dessen frühen Hollywood-Jahren kannte.

Nona Carver, »Sleazy Maisie Rumpledinck« heute (Foto: Rudolph Grey).

Dino Fantini heute (Foto: Rudolph Grey).

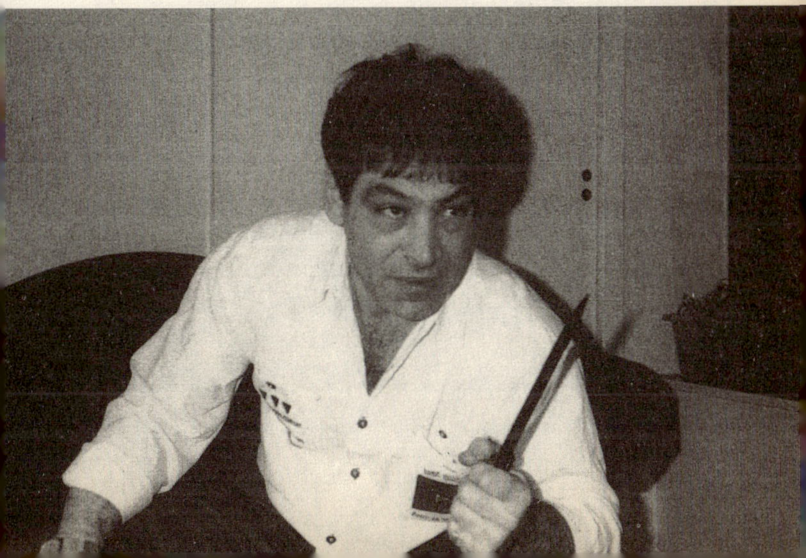

Robert Cremer: Autor; *Lugosi, The Man Behind the Cape*.

Robert Derteno: Regisseur/Cutter. Ausstattung für *Orgy of the Dead*. Andere Filme: *Pin Down Girl, Pin up Girl, Gun Girls, Girl Gang*.

Ed De Priest: Produzent/Regisseur/Cutter/Fotograf. Filme u. a. *The Kill, Hedonistic Pleasures, The Affairs of Aphrodite, The Hard Road, Skon Tigt*.

Florence Dolder: Freundin und Nachbarin von Ed Wood. Mutter von Shannon.

Shannon Dolder: Ed Woods Nachbarin in der Yucca Street. »Ich war eine Zeitlang in der Punk-Rock-Szene, und alle meine Freunde liebten Ed Woods Filme.«

Barry Elliot: Einer der Pioniere des Fernsehen.

Michael »Dino« Fantini: Spielte den Sex-Maniac Dirk Williams in *The Sinister Urge*.

Timothy Farrell: Schauspieler, der in vielen Exploitation-Filmen der Fünfziger mitwirkte. Spielte Dr. Alton in *Glen or Glenda* und den Gangster Vic Brady in *Jailbait*. Auch in *Dance Hall Racket, Test Tube Babie, Gun Girls, Pin Down Girls*. Im Mai 1989 verstorben.

Don Fellman: Eigenwilliger Künstler und Autor, der sich von anonymen Schnappschüssen, Straßenszenen aus Fünfziger-Jahre-Filmen und dem Industriedesign des Raumzeitalters beeinflussen läßt. Geplante Filme: *Yesterdonia* und *A Number Like N*.

David Friedman: Produzent von Exploitation-Filmen, verantwortlich für Filme wie *B-O-I-N-N-G!, Bell, Bare and Beautiful, Scum of the Earth, A Swallow of Brine, Mondo Depravados, She Freak, A Swallow of Brine, She Freak, Brand of Shame, The Lustful Turk, Thar She Blows*.

Dolores Fuller: Schauspielerin/Komponistin. Filme: *Glen or Glenda, Jailbait, Bride of the Monster, Outlaw Women, Mesa of Lost Women, Body Beautiful, The Moonlighter, Play Girl, Night Music, Opposite Sex*. Schrieb Songs zusammen mit Nelson Riddle, Billy Sherrill, Don Costa, Sammy Faye (für Elvis Presley), Nat King Cole, Peggy Lee, Duane Eddy und Tanja Tucker, darunter Songs wie Rock-a-Hula Baby, I Got Lucky, Do the Clame, Spinout, Beyond the Bend.

Ben Frommer: Charakterdarsteller. Spielte den Obdachlosen auf der Polizeiwache in *Bride of the Monster*.

Alex Gordon: Produzent u. a. von *The She Creature, Voodo Woman, The Day the World Ended, Apache Woman, Requiem for a Gunfighter, Motorcycle Gang*.

Hal Guthu: Kameramann. Wirkte mit bei *Necromania* (die Softcore-Szenen), *Mrs. Stone's Thing, Take It Out in Trade*.

Francine Hansen: Valda Hansens Mutter. Verstorben im Juni 1987.

Valda Hansen: Schauspielerin. Spielte Sheila, den Weißen Geist, in *Night of the Ghouls*, außerdem u. a. in *The Great Northfield Minnesota Raid, Slaughter's Big Ripp-Off, Bikini Bandits, Outer Space, Norma, Outlaw Riders*. »Ich hatte schon immer übersinnliche Fähigkeiten. Ich bin

Skorpion mit Steinbock im Aszendenten – wie Elvis Presley, sehr erdverbunden.

Buddy Hyde: Produzent von Criswells Fernsehshow in den späten Sechzigern. Freund von Ed Wood. Im Juni 1988 verstorben.

Karl Johnson: Sohn von Tor Johnson, ehemaliger Lieutenant der Polizei von San Fernando.

Loretta King: Spielte die weibliche Hauptrolle in *Bride of the Monster*.

Sam Kopetzky: Tontechniker bei *Night of the Ghouls, Wild Guitar, Targets, Space Thing, Hells Angels on Wheels, Love Me Like I Love You, Girls in Gold Boots*.

Chuck La Berge: Schauspieler. Spielte mit Ed Wood in *Streets of Loredo* auf, Bühnenauftritte in *Peg O'My Heart* und *Casual Company*.

Rev. Lyn Lemon: Reverend Lemon lebt heute in Texas und zeigt Freunden und Verwandten immer noch gerne *Plan 9 From Outer Space*.

Rick Lutze: Porno-Darsteller. Trat neben einigen anderen in Woods *Necromania* auf.

Dudley Manlove: Spielte »Eros« in *Plan 9 From Outer Space*. Im Vaudeville-Milieu aufgewachsen, später Sänger, Pianist und Ansager beim NBC-Radio. Wirkte u. a. mit bei *Final Curtains, Creation of the Humanoids, Alfred Hitchcock Presents, Highway Patrol, Restless Gun, Official Detective, Schlitz Playhouse*.

Mona McKinnon: Die Paula Trent in *Plan 9 From Outer Space*. Auch zu sehen in *Jailbait, Mesa of Lost Women, Teenage Thunder, Unwed Mother*.

Paul Marco: Kelton, der Polizist in *Plan 9 From Outer Space, Bride of the Monster, Night of the Ghouls*, u. a. auch in *Hiawatha, The Young Savages, My Soul Runs Naked*. Außerdem in *77 Sunset Strip, G. E. Theatre, Voice of the Heavens*.

Margaret Mason: Witwe von Tom Mason, Bela Lugosis Double in *Plan 9*. »Bela Lugosi war der Meinung, daß Tom ihm sehr ähnlich sah. Er hatte die gleichen großen Ohren.«

Don Nagel: Film- und Fernsehschauspieler, der in den Wood-Filmen *Crossroad Avenger, Jailbait, Bride of the Monster* und *Night of the Ghouls* auftrat.

Maila Nurmi (Vampira): Kündigte in den frühen Fünfzigern bei KABC und KHJ TV Horrorfilme an. Nahm an vielen Schönheitswettbewerben teil und trat mit Mae West in *Catherine The Great* am Broadway auf. Filme (u. a.): *If Winter Comes, Plan 9 From Outer Space, Too Much Too Soon, The Beat Generation, Sleeping Beauty, The Big Operator, I Passed For White, Sex Kittens Go to College, The Magic Sword, James Dean, The First American Teenager, Bungalow Invader*. »Ich bin gerade bei der Grafik für mein neues Buch, *The Googie-ites*, es ist schon halb fertig. Es wird ein kleiner Prachtband werden, und ich bin sicher, daß man eine Fernsehserie daraus machen kann. Es geht um eine Kneipe in den Fünfzigern, in der arbeitslose Schauspieler rumhängen. Überall sind diese Leute, für die gilt: »Die Wahrheit ist seltsamer als das Erfundene«, von denen viele später

Maila Nurmi in ihrem Apartment in Hollywood, 1987 (Foto: Rudolph Grey).

Lillian Wood und der Autor, 1984.

Kathy Wood mit McGinty, 1988.

berühmt wurden. Außerdem mache ich Frottagen von den Gräbern berühmter Hollywoodstars, die ich per Versand verkaufe.«

Michael Donovan O'Donnell: Spielte den Detektiv Mac McGregor in *Take It Out In Trade*. Andere Filme: *Satan's Cheerleaders, The Snake Gang, Beyond the Valley of the Dolls, Death Trap, Vixen, Hi Riders, Inside Straight, Speedbirds, Paint Your Wagon*.

Aldo Ray: Schauspieler, Ed Woods Saufkumpan. Spielte u. a. in *We're not Angels, Men in the War, The Naked and the Dead, God's Little Acre, Nightmare in the Sun, Sylvia, Dead Heat on a Merry Go Round, The Power*. Starb im März 1991.

Fred Olen Ray: Regisseur/Produzent. Mehrere Filme, darunter: *Death Corps, Bio Hazard, Prison Ship, Armed Response, The Tomb, Commando Squad, Beverly Hills Vampire*. Ray hatte mit Wood Kontakt aufgenommen wegen eines Drehbuchs mit dem Titel *Beach Blanket Bloodbath*.

Steve Reeves: Mr. Amerika 1947, Mr. Universum, 1950. Filme: *Jailbait, Athena, Hercules, The Last Day of Pompeii, The Giant of Marathon, The Avenger, The Trojan Horse, Duel of the Titans, The White Warrior*. Heute züchtete er Morgan-Pferde auf seiner Ranch bei San Diego.

Roy Reid: Veteran des Exploitation-Films. Produzent und Promoter. Roy promotete Filme wie *Reefer Madness, Narcotic, Mad Youth, Wang-Wang, High School Girls, Jungle Virgin, Unashamed Woman, Sins of Bali, She-Devil Island, Youth Aflame, Teen Age, Her Wedding Night, Bedroom Fantasy, Hoodlum Girls*. Produzierte *The Sinister*

Urge und *The Violet Years* für seine Headliner Productions. Starb im August 1987 im Alter von 95 Jahren.

Joe Robertson: Produzent/Regisseur, u. a. für *The Slime People, The Crawling Hand, Mrs. Stone's Thing, The Chambermaids, The Photographer, Dr. Caligari.*

Dennis Rodriguez: Autor und Redakteur für Pendulum Publishing. Arbeitete u. a. an der *Terminator*-Serie für Pinnacle Books mit sowie bei Fernsehserien wie *Knight Rider, Hunter, Adam 12, 1990.*

Lyle Talbot: Schauspielerveteran, der seit den frühen Dreißigern vor der Kamera steht, u. a. in *Glen or Glenda, Bride of the Monster, Jailbait, Night of the Ghouls, Plan 9 From Outer Space, Kiss me Baby, Little Shop of Horrors, She Demons, Frankenstein's Daughter, She Freak, From Hell It Came, The Naked Kiss.*

Harry Thomas: Maskenbildner u. a. bei *Glen or Glenda, Bride of the Monster, Jailbait, Night of the Ghouls, Plan 9 From Outer Space, Kiss Me Baby, Little Shop of Horrors, She Demons, Frankenstein's Daughter, She Freak, From Hell It Came, The Naked Kiss.*

Theodora Thurman: Fotomodell für die europäische *Vogue*. Spielte in *Jailbait* die Freunding des von Thimothy Farrell dargestellten Gangsters Vic Brady. Zahlreiche Radio- und Fernsehauftritte, darunter eine längere Zeit bei der *Jack Paar Show.*

John Crawford Thomas: Arbeitete als Schauspieler mit Ed Wood in *The Blackguard Returns* auf der Bühne, finanzierte Woods Western *Crossroads of Laredo, (1948)* und spielte auch darin.

Marge Usher: Schauspieleragentin in Hollywood. Unter ihren Klienten befanden sich Tony McCoy und Valda Hansen. 1989 verstorben.

Gregory Walcott: Spielte den Flugzeugpiloten Jeff Trent in *Plan 9*. Ehemaliger Vertragsschauspieler bei Universal und Warner Brothers.

David Ward: Bühnen-, Film- und Fernsehschauspieler. »Mein Urgroßvater war Lou Doxstedder, der Minstrel; er gab Al Jolson einen Job.« Ein Film, der auf seiner Lebensgeschichte basiert, *Edward Ford*, ist in Vorbereitung.

George Weiss: Unabhängiger Produzent von Exploitation-Filmen, der *Glen or Glenda* finanzierte. Unter dem Firmennamen Screen Classics produzierte er Filme wie *Test Tube Babies, Dance Hall Racket, Girl Gang, Blond Pick-Up, Hollywood After Midnight, Chained Girls*.

Evelyn Wood: Nicht mit Ed Wood verwandt. Sie spielte in *Glen or Glenda* die Rolle der Sheila, deren Bruder Transvestit ist und dauernd ihre Pullover ausweitet.

Kathy Wood: Geboren in Vancouver, Kanada. Ed Woods Lebensgefährtin von 1956 bis zu seinem Tod im Dezember 1978.

Lillian Wood: Mutter von Ed Wood. Geboren am 5. Juli 1903 in Red Hook, New Jersey, verstorben am 16. Mai 1989 in Poughkeepsie, New York.

Mildred Worth: Ehefrau des Komponisten Frank Worth, der die Original-Filmmusik für *Bride of the Monster* schrieb.

Edward D. Wood, Jr.
Eine Chronologie

1924 10. Oktober: Edward Davis Wood, Jr. wird in Poughkeepsie, N. Y., geboren, als Sohn von Edw. Davis Wood, Sr. und Lillian Phillips Wood.

1931 Mit sieben Jahren sieht Ed Wood seinen ersten Horrorfilm: *Dracula* mit Bela Lugosi.

1935 Zu seinem 11. Geburtstag bekommt Ed Wood seine erste Filmkamera.

1941 Juni: Wood geht von der Poughkeepsie High-School ab und findet Arbeit als Platzanweiser im Bardavon Theatre.

1942 Wood schreibt sich beim U.S. Marine Corps ein. Er ist im südwestlichen und mittleren Pazifik stationiert und nimmt an Kampfhandlungen bei Tarawa und Nanumea teil.

1944 Der Gefreite Wood liegt verwundet im Marinehospital im Südpazifik.

1945 Kapitulation Japans.

1946 Der Korporal Ed Wood wird aus der Marine entlassen. Er studiert an der Kings School of Dramatic Arts, Frank Lloyd Wright Institute, Washington, D.C. Danach schließt er sich einem Wanderzirkus an, wo er als Zwitterwesen und als Kretin auftritt.

1947 Wood kommt nach Hollywood. Arbeit als Schauspieler auf der Bühne.

1948 Wood lernt bei Monogram Pictures den altgedienten Kameramann Ray Flin kennen. 28. August: Mit Ray Flin hinter der Kamera dreht Ed Wood seinen ersten Hollywood-Film, *Crossroads of Laredo*, den er selbst geschrieben hat. 25. Oktober: Wood bringt sein Stück über das Marine Corps, *The Casual Company*, im Village Playhouse, Hollywood, auf die Bühne. Er führt Regie und spielt selbst mit.

1949 Eine Reihe von Auftritten als Sheriff in *The Blackguard Returns* im Gateway Theatre. Ed gründet zusammen mit dem Kameramann des Filmes über die Nürnberger Prozesse, Robert Ganon, die Firma Story-Ad Films.

1950 Arbeitet als Stunt-Double (in Frauenkleidern) in Samuel Fullers *The Baron of Arizona*.

1951 Wood tritt der Schauspielervereinigung, der Screen Actors Guild, bei. Kleinere Nebenrollen. 17. Dezember: Er führt Regie bei dem halbstündigen Fernsehspiel *The Sun Was Setting* in den KTTV-Studios.

1952 Lernt durch den Kameramann William Thompson den Produzenten George Weiss kennen. Ed schreibt das Drehbuch zu *The Lawless Rider*.

1953 Erstes Zusammentreffen mit Bela Lugosi. Unter dem Arbeitstitel *Transvestite* entsteht *Glen or Glenda*. Lugosi kündigt eine geplante Wood-Lugosi-Fernsehserie an, *Dr. Acula*. Wood schreibt das Drehbuch und führt Regie bei dem TV-Pilotfilm *Crossroad Avenger* (in

Farbe). Er produziert und schreibt die *Bela Lugosi Review*, in Anlehnung an *Dracula*. Er selbst führt auch Regie. In der Hauptrolle sieht man Lili St. Cyr. Aufführung im Silver Slipper in Las Vegas.

1954 Wood dreht *The Hidden Face*, das später unter dem Titel *Jailbait* erscheint. Juni: Wood hilft Lugosi mit dem Text für die *Red Skelton Show*, in der auch Vampira und Lon Chaney Jr. auftreten. Am 29. Oktober beginnen die Dreharbeiten zu *Bride of the Atoms* in den Ted Allan Studios.

1955 April: Wood macht einige Aufnahmen mit Lugosi, die später in *Plan 9 From Outer Space* verwendet wurden. Zwei Wochen später geht Lugosi wegen seiner Drogenabhängigkeit ins Krankenhaus. Mai: *Bride of the Atoms*-Previews. Ed Wood lernt Kathy O'Hara Everett kennen.

1956 Weitere Aufnahmen mit Bela Lugosi, die später in *Plan 9* eingearbeitet werden. Juli: *Bride of the Atoms* erscheint in den USA, in England unter dem Titel *Bride of the Monster*. Juli: Beginn der Dreharbeiten zu *Rock and Roll Hell*; kurz darauf wird das Projekt abgebrochen. *The Violent Years* erscheint nach Woods Drehbuch *Teenage Girl Gang*. 16. August: Bela Lugosi stirbt. November: Dreharbeiten zu *Grave Robbers From Outer Space*.

1957 Wood dreht *Final Curtain* für die geplante TV-Serie *Portraits in Terror*. 15. März: Preview von *Grave Robbers From Outer Space* im Carlton Theatre, Hollywood.

1958 Gemeinsam mit Major J. C. Foxworthy, U.S.M.C., gründet Wood Atomic Productions. Geplant sind 18 Low-Budget-Filme innerhalb der nächsten drei Jahre. Wood schreibt und dreht *Night of the Ghouls* für Atomic Productions. *The Bride and the Beast* erscheint, nach Woods Drehbuch *Queen of the Gorillas*.

1959 Preview von *Night of the Ghouls* unter dem Titel *Revenge of the Dead*. Juli: Hal Roachs Vertriebsgesellschaft bringt *Grave Robbers From Outer Space* unter dem neuen Titel *Plan 9 From Outer Space* heraus. Wood plant *Ghouls of the Moon*, in dem er unveröffentlichte Aufnahmen von Lugosi verwenden will.

1960 Wood dreht *The Sinister Urge*. Dezember: Der Film wird veröffentlicht; ein zweiter Teil, *The Peeper*, wird verworfen. Wood arbeitet 27 Wochen bei Autonetics, wo er Kurzfilme für die Regierung schreibt und dreht.

1961 August: Wood dreht eine neue Sequenz für *The Sinister Urge*. Nicht verfilmte Drehbücher: *The Silent Night, Last Town North*.

1963 Woods erster Roman erscheint: *Black Lace Drag*. *Shotgun Wedding*, nach einem Drehbuch von Wood, läuft an. Wood verhandelt mit Boris Karloff und Joe E. Brown über *Invasion of the Gigantic Salami*. Das Projekt kommt nicht zustande.

1964 Wood arbeitet für Sam Yorty bei KTTV.

1965 September: Wood arbeitet als Regieassistent bei *Ghouls and Dolls* (nach seinem Drehbuch). *Black Lace Drag* wird als *Killer in Drag* wiederveröffentlicht. *Ghouls and Dolls* kommt als *Orgy of the Dead* ins Kino.

1966 März: Woods Drehbuch zu *Orgy of the Dead* erscheint als Roman. April: *69 Rue Pigalle* (nach Woods Roman) soll gedreht werden; nachdem die ersten Gelder nicht aufgebracht werden können, wird die Produktion abgesagt. *Parisian Passion (69 Rue Pigalle)* wird veröffentlicht.

1967 Weitere Romane: *Devil Girls, Death of a Transvestite, It Take One to Know, Drag Trade, Security Risk, Watts... After.*

1968 Weitere Romane: *Purple Thighs, Sex Shrouds and Caskets, Hell Chicks, Bye Bye Broadie, Sexecutives, Night Time Lez, Sex Museum, Raped in the Grass.*

1969 Wood schreibt und spielt in Joe Robertsons *The Photographer, Misty* (unvollendet) und Jaques Descents *Operation Redlight* (nach Woods Roman *Mama's Diary*). Veröffentlichte Romane: *Carnival Piece, Toni: Black Tigress, Mama's Diary.*

1970 Wood schreibt, dreht und spielt in *Take It Out In Trade*. Er produziert eine Single-Schallplatte: *The Day the Mummy Returned* (gelesen von Tor Johnson)/*Final Curtain* (gelesen von Criswell). Veröffentlichung ungewiß.

1971 17. Mai: Tor Johnson stirbt im Alter von 68 Jahren. Juni: Ed Wood schreibt, dreht und spielt in *Necromania*. September: Wood schreibt und dreht *The Only House*. Er dreht einige anonyme »Schleifen« für *Swedish Erotica*. 29. Dezember: Premiere von *Necromania* im Hudson Theatre, NY.

1972 5. Februar: Kenne Duncan stirbt im Alter von 69 Jahren. Romane von Ed Wood: *Mary-Go-Round, The Producer, The Only House.*

1973 *A Study in the Motivation of Censorship, Sex & Movies*, zweibändig, wird veröffentlicht.

1974 Wood schreibt und übernimmt zwei Rollen in *Fugitive Girls*. Veröffentlichte Romane: *Forced Entry, Diary of a Transvestite Hooker.*

1975 Wood schreibt und dreht 12 Sex-Kurzfilme für die »Sex Education Correspondence School«.

1976 August: Verhandlungen über ein Film- und Buchgeschäft für *Lugosi: Post Mortem.* 16. November: James »Duke« Moore stirbt mit 63 an einem Herzanfall.

1977 Vorbereitungen für ein nicht verwirklichtes Projekt, *Venus De Milo. TV Lust* erscheint.

1978 Weitere nicht verwirklichte Projekte: *The Day the Mummies Danced* (Dudly Manlove sollte die Hauptrolle spielen), *I Awoke Early the Day I Died* (mit Aldo Ray und John Carradine). *Swedish House* erscheint. 10. Dezember: Im Alter von 54 Jahren stirbt Ed Wood an einem Herzanfall im Haus Nr. 5635, Laurel Canyon Boulevard. Seine Leiche wird auf dem Utter-McKinley-Friedhof eingeäschert, die Asche wird auf hoher See verstreut.

Bibliographie

Ed Woods Romane erscheinen ausnahmslos als Taschenbuch, fast alle im Normalformat. Die frühesten Titel stammen aus dem Jahr 1963. Wood schrieb diese Bücher bis zu seinem Tod 1978. Er war sehr stolz auf seine Bücher und verschenkte sie zu Weihnachten. (Anders als die meisten Porno-Schriftsteller veröffentlichte Wood, wenn möglich, unter seinem eigenen Namen.) Während fast alles andere, was er besaß, im Laufe der Jahre verlorenging oder verkauft wurde, hob Wood seine Romane sorgsam auf und trug in jedes Buch das Erscheinungsdatum und die Inschrift »Aus der Privatsammlung von Edw. D. Wood, Jr.« ein.

Wie viele Romane Ed Wood genau veröffentlicht hat, ist kaum zu sagen. Manchmal benutzte er ein Pseudonym, und auf diesem »Erwachsenen«-Markt war es üblich, von Zeit zu Zeit die Buchtitel zu ändern. Bekannt ist, daß Wood 1967 und 1968 22 Titel unter seinem Namen veröffentlicht hat, neun davon allein im September und Oktober '68. Es ist vorstellbar, daß Wood an die 75 Romane geschrieben hat.

BLACK LACE DRAG
(Raven Books RB 713, 1963, 160 S.)
Glen Marker, alias Glenda Satin, ist ein Killer für »das Syndikat«. Als ein älterer Transvestit ermordet wird, vermutet Glen eine Falle und setzt sich nach Colorado ab, wo er bei einem Zirkus untertaucht.

Dies ist nach allem, was bekannt ist, Woods erste Veröffentlichung, und der Roman ist dichter geschrieben und detaillierter als seine späteren Bücher. Es gibt einige offenbar biographische Züge, insbesondere der Job des Protagonisten Glen Marker, der als Transvestit in Clubs auftritt, unter anderem auch in Washington. Wood selbst spricht in seinem Lebenslauf von einem »Starauftritt« im Kavockas Club in Washington, D.C. In seiner Autobiographie *Straight Life* beschreibt Art Pepper den Kavockas als »Jazzclub voller schwarzer Zuhälter, Nutten und Süchtiger«. Die Figur des reichen, homosexuellen Dalten Van Carter scheint wie in einem Schlüsselroman dem Leben des Stummfilmregisseurs William Desmond Tyler nachempfunden, der, genau wie Van Carter, einen schwarzen Transvestiten als Butler beschäftigte. Taylor wurde 1922 ermordet, und der Fall, in dem die Schauspielerinnen Mabel Normand und Mary Miles Minter eine Rolle spielten, erregte großes Aufsehen. Der Roman wurde 1965 als *Killer in Drag* wiederveröffentlicht (Imperial 739) und 1967 wieder als *Black Lace Drag* (Columbia CN 433), aber auch als *The Twilight Land* (als Autor wird eine »Sheri Blue« angegeben, Pad Library PL-549). Der Nachfolger, *Death of a Transvestite*, erschien 1967.

Aus *Black Lace Drag:*
»Dalten Van Carter war ein alter Mann, ein sehr alter Mann, der zuviel trank und zuviel an heißen, perversen Sex dachte. Er schwebte durch sein Apartment wie eine flatterhafte alte Tunte, wie eine Nymphe in einem Blumenbeet. Eine Fee in parfümdurchtränkten Wäldern. Er trug einen verschlissenen, pinkfarbenen Seidenmantel, der mit altem, fast schon verrottendem Fuchsfell abgesetzt war – eine Reminiszenz an seine jüngeren, viel jüngeren Tage. Er versuchte nicht zu verbergen, daß er männlichen Geschlechts war, aber er vergaß auch nicht, daß er vor langer Zeit eine ebensoschöne ›Tunte‹ gewesen war wie Glenda jetzt . . .

Die Augen dieser alten ›Tunte‹ traten fast hervor, als Glenda in den Raum schwebte. Ehrfurchtsvoll trat er einen Schritt zurück und bewunderte die Schönheit des ›Mädchens‹ vor ihm. Zu seiner Zeit hatte er eine Menge von ihnen gesehen, aber dies hier war ohne Zweifel das hübscheste Ding, auf das er je ein Auge geworfen hatte. Er schloß die Tür, ohne den Blick von ihr zu abzuwenden, und dann drehte er drei lange Runden um ihren Körper, sah sie von oben bis unten an und murmelte schließlich: ›Exquisit. Wunderschön. Sensationell. Ooh, es wird großartig werden‹. Er dachte an später . . .

Das Dinner wurde von Wilma serviert, einem schwarzen Jungen in einem makellosen Dienstmädchenkleid aus schwarzem Satin. Dann mixte Dalten einige Drinks für Glenda und sich. Er mußte ihr unbedingt die Kostüme in seinem Schrank zeigen – ›Aus meinen besseren Tagen‹, hatte er erklärt. Dann öffnete er seinen pinkfarbenen Mantel und enthüllte schwarze Spitzenhöschen mit rosa Schleifen.«

ORGY OF THE DEAD
(Greenleaf classic C 205, 1960, 160 S. mit Fotos)
Der Roman *Orgy of the Dead* erschien nachdem der Film angelaufen war. Wood bekam 600 Dollar für das Buch. Er verwendete zum Teil Stoff aus seinem Kurzfilm *Final Curtain* und schrieb auch teilweise seine Story *The Day the Mummy Returned* hierfür um. Die Szene mit der bösen Fee scheint auf seinem Kurzfilm *The Night the Banshee Cried* zu basieren, und die Bestatterepisode gleicht denen aus zwei anderen Ed-Wood-Büchern, *Suburbia Confidential* und *For the Love of the Dead*. Der im Film erscheinende Werwolf taucht im Roman jedoch nicht auf. Die Umschlagzeichnung stammt von Robert Bonfils.

Aus *Orgy of the Dead:*
»Shirley wehrte sich vergebens gegen ihre Fesseln, während die Mumie an den dunklen Rand des Kreises zurückging, dort wo sie den bewußtlosen Bob zurückgelassen hatte. Sie war fast hysterisch vor Angst. ›Laß mich los, du Ungeheuer!‹

›Alles zu seiner Zeit. Ich verstehe nicht, warum du dich wehrst. Bist du nicht eine von uns? Sollst nicht auch du mit den anderen sündhaften Toten gerichtet werden?‹

›Ungeheuer! Du bist verrückt!‹

›Ich bin also verrückt? Und warum bin ich verrückt?‹ Die dunkle Kreatur sprach beunruhigend gefaßt. ›Man wird immer für verrückt gehalten, wenn man Dinge tut oder sagt, die andere nicht verstehen können.‹ Die Mumie lachte, und das Geräusch klang wie das Rasseln der Gebeine und der Hall der Grabkammer.«

PARISIAN PASSIONS
(Sundown Reader 611, Corinth Publications, 1966, 191 S.)

In Paris findet man immer wieder erwürgte Stripperinnen in der Rue Morgue. Da er die Morde nicht aufklären kann, zieht Inspektor Goulet Sheriff Buck Rhodes aus Texas hinzu, der wiederum Lorraine Peters, einen Transvestiten, auf den Fall ansetzt.

Der ursprüngliche Titel lautete *69 Rue Pigalle*, ein Drehbuch, basierend auf dem Roman, sollte von A. C. Stephen (Steve Apostolof) verfilmt werden.

Die Geschichte schwankt zwischen Absurdität, Komik und Poesie und enthält einige scharfsinnige, philosophische Beobachtungen.

»Die Sehenswürdigkeiten nehmen sich in der Tat etwas anders aus, wenn man sich in Handschellen auf dem Rücksitz eines Polizeiautos befindet . . .«

»Gewohnheiten, Monsieur, sind etwas, das man sich ausgesprochen leicht aneignet, um so schwerer aber wieder los wird.«

»Es ist erwiesen – durch jahrhundertelange Erfahrung bestätigt: Wenn man sich nicht anpaßt, wird man für verrückt erklärt.«

»Es ist eine solch böse Welt . . . manchmal frage ich mich, warum wir so darum kämpfen, auf ihr bleiben zu dürfen . . .«

(Irrtümlicherweise wird auf dem Umschlag ein gewisser »J. X. Williams« als Autor angegeben. Auf der Titelseite taucht doch jedoch Woods Name auf.)

WATTS – THE DIFFERENCE
(Pad Library PL 564, 1966, 192 S.)
In Rückblenden werden die Erinnerungen der beiden Liebhaber beschrieben: Rocky, ein schwarzer Fernsehschauspieler in Western, und Angie. Wood hält das Interesse an der Geschichte aufrecht, indem er immer wieder in die Gegenwart zurückkehrt und beschreibt, wie das Paar zusammen ist und trinkt, sich streitet und miteinander schläft. Eine Figur aus dem Buch, der unabhängige Filmregisseur Rance Holiday, hat eine Schwäche für Angorapullover. 1969 als *Burn Baby Burn* unter dem Pseudonym »Ray Jones« wiederveröffentlicht (Selected Adult Library SAL 559).

Aus *Watts – The Difference:*
»Er seufzte, als er sich von der Lehne von Angies Sessel erhob. ›Ah, Frauen, sie haben so vieles, was sie besonders macht – viel mehr als Männer.‹ Behäbig streckte er sich auf seinem Sofa aus. ›Zunächst einmal sieht man sie so gerne an . . . diese weichen Körper . . . die Kleider‹, flüsterte er, und Angie fragte sich, ob es ihm nicht schon bei dem bloßen Gedanken kam. ›Mein Gott, ihre

Filmplakat zu »Orgy of the Dead«.

Filmplakat zu »Side Show Siren«.

Kleider‹ flüsterte er und schloß verzückt die Augen. Als sie sich wieder öffneten, fiel sein Blick auf das Mädchen. Er betastete sie mit diesem Blick so intensiv, wie er nur konnte. ›Beeil dich, mein liebes Kind ... beeil dich ... ich will diese Dinger tragen.‹

Angie stand langsam auf. ›Alles?‹ flüsterte sie verheißungsvoll und kannte die Antwort bereits.

›Alles! Ich will alles so spüren, wie es jetzt an dir ist ... ich will, daß der süße Duft deines Körpers noch in ihnen hängt, die Wärme, die nur dein Körper dort hinterlassen kann ... alles ... zieh dich für mich aus, bis auf die Haut.‹

Angie griff in ihre Tasche, die neben dem Schreibtisch lag. Sie holte einen Lippenstift hervor und ging auf ihn zu. Als sie ihm die Lippen rot geschminkt hatte, nahm er sie in seine Arme und küßte sie, wild und heiß ... seine Zunge fuhr zwischen ihren Lippen hin und her. ›O Angie, Angie ... du wirst die beste von allen werden – die beste, die ich jemals hatte – ich weiß es – ich hatte sie alle – die verschiedensten Mädchen mit den verschiedensten Figuren ... aber dieser Pullover‹ – verzückt versank er wieder in den Anblick und die Berührung des Stoffes – ›du kannst dir nicht vorstellen, wie schön sich das anfühlt ... oder vielleicht doch.‹

›Sie nennen mich Angie, weil ich Angora so sehr liebe ... ich kann deine Gefühle vollkommen verstehen ... gerade jetzt mußt du im siebten Himmel schweben.‹«

SIDE-SHOW SIREN
(Sundown Reader SR 618, 1966, 190 S.)
Nachdem Karl, der Schreckliche Schneemensch, aus dem Zirkus entkommen ist, geschieht eine Serie grauenvoller Morde.

Der Originaltitel *Naked Bones* wurde umgeändert, wahrscheinlich um bessere Aussichten auf dem Taschenbuchmarkt zu haben. *Side-Show Siren* ist der erste von Woods Zirkusromanen. Er ähnelt vom Inhalt Filmen wie *The Ape* (mit Boris Karloff, Monogram, 1940) und *Circus of Horrors* (AIP, 1960). Die Figur des Jinx Dixon, eines Kunstschützen im Cowboy-Outfit, ist Woods gutem Freund Kenne Duncan nachempfunden.

Aus *Side-Show Siren:*
»Der Wagen schoß vorwärts, unkontrollierbar, mit knirschenden Rädern. Der schwarze Schatten hinter dem Steuer versuchte verzweifelt, sein Fahrzeug wieder in den Griff zu bekommen. Aber jeder, der sah, wie der Wagen über den Platz zuckte, wußte, daß an Kontrolle nicht zu denken war. Außerdem schien der Fuß des Fahrers auf dem Gaspedal zu bleiben – der Wagen schoß ächzend durch den Schlamm und die Pfützen, bis er schließlich über Karis zerschmetterten Körper raste und erst zum Halt kam, als er in die Umzäunung des Riesenrades krachte.

Donna, noch immer im braunen Rock und dem rosa Mohair-Pullover, öffnete mit Mühe die eingebeulte Fahrertür und stieg aus. Sie hielt in jeder Hand eine Pistole. Die Läufe richteten sich auf Tomms, Miles, Jinx und Duke, die als erste das gestrandete Fahrzeug erreicht hatten.

Die Waffen wurden von einem harten, kompromißlosen Blick begleitet und von einer noch härteren Stimme: ›Ich bin nicht aus dem Knast getürmt, damit lausige Bastarde wie ihr mich wieder zurückbringt!‹ Die Gruppe war fassungslos, denn es war Clay Warners Stimme, die zwischen den roten Lippen hervordrang und die Worte fast ausspuckte.

In der Ferne hörte man das leise Heulen eines Krankenwagens. Mit jedem Windstoß wurde es lauter. Das Heulen der Verzweifelten – der Verlorenen – nicht der Vergessenen, sondern der Verlorenen.«

DRAG TRADE
(Triumph News TNC 106, 1967, 159 S.)
Auf dem Cover sieht man Ed Wood in Frauenkleidern. Im Mittelpunkt des Romans steht Gomez, der als Kind rosa Kleidchen tragen muß und später als Transvestit »Sheila Gomez« auf die schiefe Bahn gerät und Schnapsläden überfällt. Dann gibt es noch Martin Harmony, im Busineß als Mary Harmony, das »Jello-Girl« bekannt, dessen Karriere als Hehler gestohlener Autos jäh vom FBI unterbrochen wird; Big Nellie, der eine Transvestitenbar »Nur für Weiße« betreibt, aber auch schwarzen Tunten heimlich Einlaß in den Club gewährt; und schließlich ist da noch Yahio Mura, japanischer Student, Transvestit und Prostituierte (»Der Schwester-Junge«), der mit seinem Samurai-Schwert ein Attentat auf einen Politiker verübt.

Aus *Drag Trade:*
»Das Leben war nichts als eine endlose Abfolge von Kleidern ... es kam nur selten vor, daß er ein Höschen öfter als ein-, zweimal trug ... denn waren die feinen Stoffe erst einmal mit Wasser in Berührung gekommen, verloren sie ihre Frische und ihre Konturen ... aber das ist das Wichtigste für einen Transvestiten ... Kleider sind der Kern seiner Existenz.«

BLOODIEST SEX CRIMES OF HISTORY
(Pad Library NTG 814, 1967, 160 S.)
Unter dem Pseudonym »Spenser and West« berichtet Wood über Elizabeth Bathory, Nekrophilie, Sgt. Bert-

rand, Vampirismus, Kannibalismus, Albert Fish und Fritz Haarmann.

SECURITY RISK
(Pad Library PL 580, 1967, 192 S.)
Spionagethriller im Wood-Stil: Sabotage während der Dreharbeiten, unter der Mitwirkung von Kommunisten und des kettenrauchenden Alkoholikers und Frauenhelden Col. Harvey Tate.

Aus *Security Risk:*
»Joe Lazar kam erst wieder zu sich, als die Scheinwerfer geradewegs ins Leere leuchteten ... einen Augenblick lang wußte er nicht, was geschah ... aber als der Wagen nach vorne kippte und Joe gegen die Windschutzscheibe prallte, war es ihm klar ... er wurde von Tür zu Tür geschleudert ... von der Decke zum Boden ... Das Lenkrad krachte gegen seinen Magen ... Sein Kopf prallte erneut gegen die Scheibe ... der Motor wurde nach hinten gedrückt und brach ihm die Arme. Sein Bein verhakte sich im Lenkrad ... das andere Bein brach am Oberschenkel und rutschte zwischen die beiden Vordersitze ... ein Schrei ertönte aus seinem Mund ... bis er nach vorne kippte, mit dem Mund auf den Schalthebel. Sein Gebiß brach auseinander und bohrte sich durch seine Lippen ... das gebrochene Bein rutschte aus dem Spalt und zuckte wie verrückt umher, stieß gegen die Beifahrertür, die aufflog und wieder zuknallte und das schon leblose Bein zermalmte. Joe versuchte erneut zu schreien, aber aus seinem weitgeöffneten, zerfetzten Mund sprudelte nur Blut. Dann prallte er wieder gegen die Decke und schlug gegen den brennenden Motor, der sich zwischen ihn und den Vordersitz geschoben hatte. Das hintere Ende des Wagens explodierte, das aufgerissene Metall stöhnte laut. Die Glasscheiben zerplatzten, und die Splitter flogen wie Ge-

wehrkugeln durch den Innenraum ... ein besonders
langer bohrte sich durch Joes Adamsapfel.«

WATTS ... AFTER
(Pad Library PL 578, 1967, 101 S.)
Rocky Alley, der schwarze Fernsehstar aus der Serie
The Tucson Kid, muß sich mit fanatischen schwarzen
Nationalisten herumschlagen.

Der Nachfolger von *Watts – The Difference* enthält auch
die Wiederkehr von Rance Holliday, dem Filmregisseur
und Transvestiten. »Ich ging raus und kratzte das Geld
für meine eigenen Filme zusammen, und ich machte sie.
Ich hatte Glück, ich fand einen guten, alten Charakterdarsteller, der arbeitslos war, und ich – nur ich – interessierte mich für ihn und brachte ihn wieder ins Geschäft,
für einen Film. Aus dem einen Film wurden fünf.«

DEVIL GIRLS
(Pad Library PL 566, 1967, 189 S.)
In der Kleinstadt Almanac, Texas, muß sich Sheriff
Buck Rhodes mit Drogenschmugglern und Teenager-
Gangs auseinandersetzen, darunter auch einer Mäd-
chen-Gang, den Chicks. Sexuelle Verstrickungen und
Gewalt kulminieren in einem tragischen Ende.

Es gibt eine Figur, die an Tor Johnson erinnert: Chief,
der 350 Pfund schwere Indianer mit der »tiefen, kratzi-
gen Stimme«, der als Koch in »Jockey's Hamburger
Joint« arbeitet.

Aus *Devil Girls:*
»Sie fuhr ihn an, und er sah an ihren glasigen Augen,
daß es höchste Zeit für sie war. ›Jetzt, Lark, jetzt! Verdammt, Lark, jetzt! Du hast meine Mädchen, du hast
mich. Wir besorgen dir dein Zeug. Aber verdammt, ich
brauche meinen Schuß jetzt. Ich mache alles, was diese
Huren wollen. Ich küsse sie, sie können mich küssen.
Sie können es mit mir treiben, sie können mich haben.

Sie können mich auch auspeitschen. Ich nehme die Pfennigabsätze in den Rücken, in den Bauch, ich nehme die Peitsche, den Stock. Von mir aus können sie mir auch den Arsch lecken. Aber ich brauche einen Schuß. Besorg mir einen Schuß, sonst sterbe ich, hier mitten auf der Straße.‹«

IT TAKES ONE TO KNOW ONE
(Pad Library IMP 786, 1867, 191 S.)
Ein femininer Junge, Don, wird auf dem Campus vergewaltigt. Er springt auf einen Frachtzug, auf dem er eine junge Lesbe kennenlernt, die ihn ermutigt, Donna zu werden. In Colorado wird Don/Donna in die geheime Welt der Schwulen- und Transvestiten-Partys eingeführt.

Der einzige bekannte Roman von Ed Wood mit Kapitelüberschriften. Sie lauten: »Die Vergewaltigung«; »Jimmys Freundlichkeit«; »Zwischenfall im Frachtzug«; »Nach Westen«; »Eine Art zu leben«; »Mehr als eine Lektion«; »Das Licht des Tages«; »Patricia«; »Die Zeit heilt alles«; »Ersatzschwester«; »Der erste Tag«; »Freitag«; »Sie kam hier vorbei«; »Eine sehr lebhafte Party«; »Ausflug mit Schwindlern«; »Die Zeiten ändern sich«. Im letzten Kapitel läßt sich Wood mit den Worten seines Protagonisten Don/Donna über den Transvestitismus aus:

»Der Hollywood Boulevard ist SCHICK. Der Sunset Strip ist SCHICKER. Aber es gibt Orte, die wirklich das Größte sind.

Auf dem Boulevard gibt es kein reines Herrenmodegeschäft. Natürlich kann man einen normalen Anzug kaufen ... wenn man ein Mann ist. Aber die gleichen Herrengeschäfte sind voller Rüschenhemden aus Seide, in Purpur, Rosa, Gelb und Schwarz – und es gibt komplette weibliche Garderobe sowie private Umkleidekabinen, damit niemand sieht, welche Größe man trägt. Velour wird in all den Läden am meisten getragen, in den grellsten Farben. Ich nenne es trotzdem Samt, denn letzten Endes ist es nichts anderes. Aber was die Hemden anbetrifft; sie mögen noch so viele Rüschen haben, es bleiben doch immer Hemden. Ich bevorzuge natürlich Blusen – und es zeichnet sich auch ein Trend zur Bluse hin ab – alles ändert sich.

Das Barett, das ich schon vor Jahren propagiert habe – die liebliche June hoch in den Bergen über Denver besitzt eine sehr schöne Kollektion –, ist groß im Kommen. Um ihnen einen etwas männlicheren Appeal zu geben, nennt man sie jetzt Autohüte, so wie man Pelzmäntel für Männer Automäntel nennt. Selbst die Angora-Pullover, die ich seit Jahren in meinen Schränken habe, sind en vogue. Wahrscheinlich wird bald jeder, der ein Cabrio fährt, eine ›Automütze‹ oder einen ›Automantel‹ tragen. Was die Mäntel betrifft – je wuscheliger, desto besser.

Ich besaß lange Jahre eine weiße Fuchsjacke mit einer Haube aus dem gleichen Fell. Oft bin ich ausgelacht worden, wenn ich dieses Ensemble getragen habe. Jetzt sind Pelzjacken ›in‹ – die Modemagazine für Herren nennen es den ›ZOTTEL-LOOK‹. Ich sah sie vor den KTTV Studios in Hollywood, es ist noch nicht lange her ... daß heißt, ich hätte schwören können, daß es eine SIE war ... SIE trug eine leuchtendgelbe Samtbluse mit V-Ausschnitt, einen grünen Rock und schwarze, halbhohe Stiefel ... IHR blondes, zu einem Pferdeschwanz zusammengebundenes Haar hing bis auf die Hüften herab. Aber es gab zwei Dinge, die deutlich zeigten, daß SIE ein MANN war. Zum einen war da nicht die geringste Andeutung von Brüsten, weder echt noch falsch, zum anderen sah man deutlich den bleistiftdünnen Schnurrbart auf IHRER Oberlippe.

Filmplakat zu »Devil Girls«.

Filmplakat zu »Death of a Transvestite«.

Aber das war das Smarte an IHR. ER trug die weibliche Kleidung, die er offensichtlich so liebte, in aller Öffentlichkeit – und doch gab es keinen Grund, ihn zu verhaften, sollte so etwas heutzutage überhaupt noch vorkommen. Unter welcher Anklage? ER gab sich nicht als Frau aus. Der Schnurrbart – und war er auch noch so dünn und mit Make-up bedeckt – er war da und bewies, daß SIE ein MANN war.

Noch eine letzte Bemerkung zu dieser TUNTE. Der grüne Rock saß so eng um seinen strammen Hintern, daß sich die Bänder ihres Höschens deutlich abzeichneten – eine männliche Unterhose hinterläßt keine solch interessanten Spuren.

Wie gesagt, je wuscheliger der Pullover, desto besser. Das war schon immer meine Meinung, seit ich den Osten verließ, und mein Zusammentreffen mit der reizenden June und Pat haben mich darin bestärkt. Es brauchte nur die richtigen Menschen, um mich das erkennen zu lassen. Pat im Zug. Die Erleuchtung, als June und ich uns als Zwillinge kleideten. Hier war eine FRAU, die das Leben führte, das ihr gefiel. Mochte ihr Onkel auch ein Schwindler sein, er machte mir klar, daß es nichts Beunruhigendes an der Art und Weise gab, wie ich leben wollte. Ich berge zwei Personen in mir, eine äußerliche und eine innerliche.

Vorwärts!

Es ist Zeit, alles auszusprechen ... so wie ich es getan habe, Zeit, aufzuschreiben, was wir fühlen. Bald wird es jemand veröffentlichen.

Noch eines: Die HARTEN KERLE sind in unser Gebiet eingedrungen. Die Zeiten des römischen Imperiums, der langen Haare und der Toga kehren zurück.

Damals durfte sich ein Mann wie eine Frau kleiden – aber dieses Recht haben wir uns wegnehmen lassen. Das darf uns nicht noch einmal passieren. Wir sollten nicht erlauben, daß sich die HARTEN KERLE auf unser Gebiet wagen. Es gibt eine Zeit zu leben und eine Zeit zu sterben. Wir leben, also ist JETZT die Zeit, das Leben auszukosten – so wie wir für das Leben geschaffen wurden und wie unser Schicksal es bestimmt hat.

Ich las in der Zeitung, in Glendale, daß jemand als Frau verkleidet einen Schnapsladen überfallen hat – in einem grünen Rock, einem roten Pullover und einer blonden Perücke – eine äußerst unglückliche Farbzusammenstellung, möchte ich anmerken. Die Polizei schnappte ihn in einer Telefonzelle. Ein anderer Typ türmte kürzlich aus einem Arbeitslager, als Frau verkleidet. Er wurde von einem Autofahrer mitgenommen und schlug seinen Wohltäter zum Dank nieder. Ein anderer überfiel eine Tankstelle in North Hollywood. Er trug ein beiges Kleid und einen weißen Pullover...

Leute wie diese sind es, die den echten Transvestiten einen schlechten Ruf verschaffen.«

DEATH OF A TRANSVESTITE
(Pad Library NT 821, 1967, 192 S.)
Glen Marker, zum Tode verurteilter Killer und Transvestit, spricht ein Geständnis auf Band. Im Gegenzug wird ihm sein letzter Wunsch erfüllt: Er darf in Frauenkleidern sterben.

Dieser Roman, der auch als *Hollywood Drag* erschien, ist der Nachfolger von *Black Lace Drag*. In beiden Büchern liefert Wood wohl seine besten Leistungen als Schriftsteller ab. In *Death of a Transvestite* werden die Stationen in Glens Leben durch seine eigene Tonbandbeichte lebendig, aber auch durch Polizeiberichte, Taxifahrer, Gangster, Gerichtsakten, Hotelpagen, Tagebücher und den Kommentar des Gefängnisleiters.

1969 wurde *Death of a Transvestite* als *Let Me Die in Drag* von »Woodrow Edwards« von Selected Adult Library (SAL 557) wiederveröffentlicht.

Der Transvestit auf dem Umschlag ist Hugh Hooker (eine zeitlang die Vertretung von Richard Basehart) in einer Szene aus A. C. Stephens *Suburbia Confidential*.

Aus *Death of a Transvestite:*
»Ein weiterer Stoß, und das Blut spritzte aus meinen Wunden und aus meinem Mund. Ich konnte mich nicht mehr bewegen, die Arme und die Beine, die mich mein Leben lang begleitet hatten, waren taub, und ich wußte, das war's. Das Ende war nahe, und doch kämpfte ich noch um jede kostbare Sekunde.

Alles kam mir plötzlich lächerlich vor. Das ganze Leben. Ich wollte lachen, aber meine Sinne erlaubten mir dieses Privileg nicht mehr. Selbst diese letzte Geste vor meinem Schicksal war mir nicht gestattet. Aber eines wußte ich noch: Ich trug Frauenkleider. Ich starb in den Kleidern, die ich mir immer gewünscht hatte. Ich wünschte nur, daß ich auch den Angorapullover und die Perücke bei mir gehabt hätte. Aber ich hatte den Killer überlistet. Der Killer sah nicht, wie ich starb, ob in Frauenkleidern oder nicht. Dieser Gedanke glühte wohltuend in mir.«

SUBURBIA CONFIDENTIAL
(Triumph News Co. TNC 305, 1967, 159 S.)
Ein Psychiater lauscht den Fallgeschichten mehrerer Patienten mit verschiedenen sexuellen Problemen und Abweichungen. Der Arzt schiebt seine persönlichen Anmerkungen zwischen den auf Tonband aufgenommenen Aussagen ein.

Bis auf das grundlegende Thema und den Titel hat dieses Buch nichts mit dem 1966 erschienenen Film

Suburbia Confidential von A. C. Stephen gemeinsam, der sagt, daß Wood auch nichts mit dem Film zu tun hatte. Der Roman erschien unter dem Pseudonym »Emil Moreau«.

NIGHT TIME LEZ
(Columbia PE 446, 1968, 168 S.)
Die Einführung der schönen Paula Thomas in die zwielichtige Welt der Lesben – der »Miezen und der kessen Väter«.

In diesem farbigen Roman von den »äußeren Sphären der Sexualität« werden endlos Martinis und Bourbons getrunken, aber die Sex-Passagen sind lebendig und fantasievoll geschrieben.

BYE BYE BROADIE
(Pendulum Pictorial 001, 1968, 157 S., mit Fotos)
Ein Spanner und Vergewaltiger beobachtet eine Gruppe von Internatsschülerinnen beim Sex. Er nähert sich ihnen und macht mit. Die männerhassende Schulleiterin Mrs. Grundy platzt in die Orgie und erschlägt den Mann mit ihrem Stock. Dann zwingt sie die Schülerinnen, ihr dabei zu helfen, den Mann auf einem nahe gelegenen Tierfriedhof zu verscharren. Kurz nachdem sie fertig sind, fährt eine Hand aus dem Grab und packte eines der Mädchen am Fuß. Die blutbeschmierte »Leiche« schlägt Mrs. Grundy mit einer Schaufel tot und ermordet voller Rachsucht ein weiteres Mädchen, bevor der – nun blinde – junge Mann davonschwankt – in die Sümpfe.

Die Fotos haben nur entfernt mit der Story zu tun. Es wird zwar behauptet, daß sie aus einem Kinofilm stammen, aber die Bilder sind ganz offensichtlich gestellt.

RAPED IN THE GRASS
(Pendulum Pictorial 002, 1968, 157 S., mit Fotos)

Aus Ed Woods Einführung:

»Die Geschichte dreht sich um zwei amerikanische Mädchen, die in einem fiktiven mittelamerikanischen Land Urlaub machen und dort von Guerillas gefangengenommen werden, die sich in den Wäldern verbergen. Die beiden Mädchen bekommen den Haß und die Frustration dieser Leute zu spüren. Sie müssen alle möglichen Foltern und Erniedrigungen über sich ergehen lassen, um die barbarischen und grausamen Wünsche der Guerillas zu befriedigen. Sie werden geschlagen, vergewaltigt und gefoltert. Als sie endlich hoffen dürfen, daß die animalischen Triebe der Männer befriedigt sind, werden sie der einzigen Frau der Truppe ›überlassen‹ ... einer sadistischen Lesbierin.

Zunächst wehren sich die Mädchen verzweifelt und rebellieren gegen ihre alptraumhaften Erfahrungen. Sie hoffen, daß sie letzten Endes überleben werden und in ihr Land zurückkehren können. Schließlich jedoch werden auch sie von dem Strudel dieser animalischen Existenz verschlungen und erkennen, daß sie überhaupt nicht mehr fliehen wollen. Sie bleiben und schließen sich den Guerillas an, um ihnen in ihrem Kampf zu helfen und ihre Frustrationen und Ängste zu verscheuchen.«

Dieses »Buch zum Film von Ed Wood, Jr.« enthält 80 Scharzweißfotos. Auf dem Buchumschlag heißt es: »Fotos und Romanadaption des Filmes *Raped in the Grass*, produziert von D-M- Productions, Los Angeles, Cal.« Auch nach längerer Suche hat sich jedoch keine Spur eines solchen Filmes auffinden lassen. Die Fotos wirken auch recht gestellt. Es ist eher wahrscheinlich, daß Ed Wood diesen delirösen, schmuddeligen Pornoroman mit einem Schuß schwarzem Humors um die Fotos herumgeschrieben hat.

THE PERVERTS
(Viceroy Books VP 294, 1968, 160 S.)
Auch wenn als Autor »Jack Nichols« genannt wird, *The Perverts* wurde von Ed Wood geschrieben. »Eine SCHOCKIEREND freizügige Enthüllung der Perversion unserer GROSSEN Zivilisation!« Der Band enthält Kapitel über Nekrophilie, Prostitution, Fetischismus, Sadismus, Masochismus, Sodomie, männliche und weibliche Homosexualität, Transvestitismus und Inzest.

Aus *The Perverts:*
»Die ganz Perversen haben vielleicht sogar eine Ehefrau zu Hause sitzen oder eine Freundin, aber das reicht ihnen nicht. Wenn es um dieses Problem geht, stellt sich heraus, daß Mann und Frau so von dem kontrolliert werden, was sich zwischen ihren Beinen befindet, daß alles andere zur Nebensache wird. Neue Erfahrungen mit anderen Partnern genügen nicht mehr. Es muß etwas Besonderes sein. Vielleicht versucht solch ein Mensch eine Zeitlang, jemanden in einem Park zu vergewaltigen, oder er wendet sich einer Form der Homosexualität zu. Es gibt einige bewiesene Fälle, in denen Männer ihren steifen, aufgerichteten Schwanz in den Benzintank ihres Wagens gesteckt haben, nachdem sie die Öffnung mit Stücken von Schweineleber ausgelegt hatten ... und von Frauen, die versucht haben, es sich mit dem Schaltknüppel ihres Autos zu besorgen.«

THE GAY UNDERWORLD
(Viceroy Books VP 292, 1968, 192 S.)
Eine Kopie von *Drag Trade* aus dem Jahre 1967. Einige Episoden sind nur leicht umgeschrieben.

SEX, SHROUDS AND CASKETS
(Viceroy Books VP 291, 1968, 187 S.)
Sex-Episoden, die sich um religiöse Scharlatane und ihre Manipulation der Armen drehen. Aus dem Klappentext:

»Wenn man *Sex, Shrouds and Caskets* gelesen hat, kommt einem *Fanny Hill* wie ein Wörterbuch vor. Einmal mehr gelingt es Ed Wood, die amerikanische Leserschaft bis ins Innerste zu erschüttern. Von dem gleichen Autor, der schon *The Gay Underworld* geschrieben hat. *Sex, Shrouds and Caskets* ist eine intellektuelle Herausforderung und auf jeden Fall EIN SCHOCKER!«

Aus *Sex, Shrouds and Caskets:*
»›Nimm mich – nimm mich – nimm mich – ich bitte dich, lieber Gott, nimm mich – nimm mich und schick mich in die Hölle, wenn du mußt‹, schrie sie. ›Aber nimm mich.‹

Mit einer plötzlichen Bewegung klammerten sich ihre Beine um ihn, und die heißen Lippen des Predigers preßten sich fest auf die ihren. Der lauteste ihrer Schreie wurde von seinem Mund verschluckt. Der Himmel öffnete sich, und das Dach zerbarst um sie herum. Das Bett erhob sich und schwebte nach oben, während der Boden in eine vergangene Welt entglitt ...«

THE SEXECUTIVES
(Private Editions PE 457, 1968, 156 S.)
Eine recht humorvolle Story um Liebe, Geld, Sex und Tod, in deren Mittelpunkt eine Gang weiblicher Sexspione steht (»Instant Secretaries, Inc«). Woods alter Gefährte Don Davis verfilmte den Roman 1968 unter dem Titel *For Love or Money*. Der 1983 verstorbene Davis produzierte in den Sechzigern und Siebzigern viele Sexploitation-Filme.

1968 erschien auch das Taschenbuch mit dem Titel *For Love and Money*. Es enthält mehrere Filmfotos, aber in dieser Ausgabe hat man die idiosynkratische Schreibweise Woods »korrigiert« und aus *The Sexecutives* einen ziemlich langweiligen und öden Roman gemacht.

Aus *The Sexecutives:*
»Er stand auf, schritt unruhig auf und ab, wobei ihm die Rauchwolke der Zigarette, die er sich angezündet hatte, folgte. Warten war der unangenehmste Teil des Lebens. Das Warten und die Ungewissheit, worauf man eigentlich wartete. Die Zeit würde die Geschichte bis zum Ende erzählen. Aber die Zeit brauchte stets so verdammt lange, um ihre bemessene Spanne im Universum zurückzulegen. Und wenn die Zeit die Hände eines Mannes lähmte, dann vergaß er, klar zu denken...«

SEX MUSEUM
(Viceroy Books VP 299, 1968, 156 S.)
Sexuelle Riten und Rituale in alten Zeiten, darunter Sex im Alten Testament, aztekische Jungfrauenopfer (»Nur daß das Mädchen eigentlich gar keine Jungfrau mehr ist. Vor dem Ritual ist sie von einem oder auch mehreren Priestern schon ein paarmal genommen worden. Welcher Gott will schon eine völlig unerfahrene Braut?«), Orgien im alten Rom, Voodoo, LSD, Ilsa Koch, japanische »Schwestern-Jungen« und »Bruder-Mädchen« und anderes. Als Autor erscheint ein »Jason Nichols«.

THE LOVE OF THE DEAD
(Viceroy Books VP 310, 1968, 156 S.)
»NEKROPHILIE! Viele dunkle Seiten der Geschichte

beschreiben die Sexualverbrechen der Sadisten, der Masochisten, der Flagellanten, der Sodomiten, der Päderasten, der Fetischisten und ihresgleichen. Doch der bei weitem abscheulichste von allen ist ... der Nekrophile, der Leichenschänder!

Durch die Jahrhunderte hindurch ist die Menschheit Zeuge zahlreicher sexueller Schrecken geworden. Perverse Sonderlinge sind schon immer Schandflecke der Zivilisation gewesen.

THE LOVE OF THE DEAD enthüllt die Abgründe, in die der Mensch in seinem sexuellen Wahn versinken kann. EIN ECHTER SCHOCKER!«

Aus *Love of the Dead:*
»Wir sollten noch einen weiteren Blick auf die Pharaos des alten Ägypten wenden ... die großen Pyramiden, die zu ihren Ehren errichtet wurden, ihre Grabkammern ... ihre Gespielinnen und ihre Eunuchen mußten sie in das Land der Toten begleiten. Es ist nicht unvorstellbar, daß die Bräute des Leichnams (des Pharaos), ihm auch nach seinem Tod noch sexuell gedient haben. In der Tat sterben die meisten Männer mit einer Erektion, und oft muß das Instrument erst gebrochen werden, bevor der Verstorbene seine letzte Ruhe findet.

Die Ägypter machten sich jedoch nicht die Mühe, das Instrument des Pharaos zu brechen. Die Mädchen übernahmen in diesem Fall die Aufgabe des Leichenbestatters. Schließlich kann kein Mann ihn dauernd stehen haben, lebendig oder tot.«

ONE, TWO, THREE
(Viceroy VP 311, 1968, 156 S.)
Eine Studie des Orgasmus, wiederum von »Jason Nichols«. Einige Kapitel lauten: »Das Mekka für abseiti-

Filmplakat zu »The Sexecutives«.

Filmplakat zu »Hell Chicks«.

gen Sex«; »Kleidung und autoerotische Sexualität«; »Die geheime Sex-Schwesternschaft«.

YOUNG, BLACK AND GAY
(French Line FL-38, 1968, 156 S.)
Ein homosexueller Transvestit gewöhnt sich an das Leben im Gefängnis, übernimmt die weibliche Sexrolle und saugt die Sträflingsphilosophie auf. Er wird entlassen und endet als Opfer einer Gruppe brutaler Schläger in einer schäbigen Seitenstraße.

HELL CHICKS
(Private Edition Books PE 456, 1968, 188 S.)
Hell Chicks, unter dem Namen »N. V. Jason« veröffentlicht, ist einer von Woods verrücktesten und anarchistischsten Romanen. Die völlige Vernachlässigung grammatikalischer Regeln läßt vermuten, daß er in einem Rutsch runtergeschrieben wurde. Der Roman handelt von einer Mädchengang, wie sie aus seinen Drehbüchern für *The Violent Years* und *Fugitive Girls* stammen könnte. In verzerrten, alkoholischen Zuckungen der Erinnerung läßt Wood hier das Nonplusultra an Sex und Gewalt vorüberziehen. Die Hell Chicks sind 12 rauhe, harte Bräute in schwarzen Lederjacken. Ihr Credo lautet: »Regeln sind GESETZE, und GESETZE sind dazu da, gebrochen zu werden.« High von Gras und Bier rasen die Chicks auf ihren Öfen durch die Gegend und vergewaltigen jeden Mann, der ihnen in die Finger fällt. Schließlich aber finden Pussy, Pisser, Prancer, Sissy, Syph, Boobie, Cherry und Flame ihr unvermeidliches Ende in einem letzten, blutigen Showdown mit dem GESETZ.

PURPLE THIGHS
(Private Edition PE 461, 1968, 156 S.)
Woods seltsamer Versuch, als Außenseiter die Welt der Hippies und der Drogen zu ergründen. Originaltitel: *Lost Souls Delivered*.

CARNIVAL PIECE
(Private Edition PE 473, 1969, 160 S.)
Einige Komplikationen, die einen Wanderzirkus, eine ermordete Tänzerin und ihren betörenden blonden Ersatz betreffen, der sofort die Aufmerksamkeit des örtlichen Sheriffs, des Zirkusbesitzers und von Mama Tate, einer fetten Lesbierin, erregt. Andere Gestalten tauchen auf, wie Wheezy, der Skelettmensch, der lieber Wein trinkt als ißt; der Kretin, ebenfalls ein Säufer, der Schlangen und Hühnern den Kopf abbeißt; Bertha, die 450 Pfund schwere dicke Frau; der tätowierte Mann; der Zauberer (»ein Angeber und Säufer«); der Wolfsmensch, der sich jeden Tag »Haare auf die Haut klebt, dabei den Klebstoff schnüffelt und sich Heroin in die Venen jagt«; sowie Matty, der Transvestit mit seiner Halb-Mann-halb-Frau-Nummer.

Woods Pseudonym »Kathleen Everest« ist Kathy Woods Mädchenname.

TONI: BLACK TIGRESS
(Private Edition PE 474, 1969, 188 S.)
Toni, ein hübsches achtzehnjähriges schwarzes Mädchen wird von einer militanten schwarzen Organisation ausgebildet. In Madame Roses Bordell lernt sie die Schwächen der Männer kennen. Wie in seinen Watts-Romanen beschreibt Wood militante, schwarze Gruppen als korrupte Organisationen, die lediglich »den Pöbel« manipulieren. Als Wood einem Geschäftsfreund eine Ausgabe schenkte, schrieb er als Widmung: »Gib

ihnen nicht meine Telefonnummer oder meine
Adresse ... ein ausgebombtes Haus kann ich nicht gebrauchen.«

MAMA'S DIARA
(Tiger Books/Powell Publications 129, 1969, 224 S.)
Ein erfolgreicher Autor von Sexromanen wird »eingezogen«, um in Vietnam eine Bordellkette zu leiten. Die Gestalten sind Karikaturen, die an die Sex-Cartoons von Bill Ward erinnern. Kathy Wood: »Eddie liebte dieses Buch. Es war eines, das ihm wirklich gut gefiel, und mir gefiel es auch.« Wood schrieb auch ein Drehbuch nach dem Roman, das unter dem Titel *Operation Red Light* von Jaques Descent Productions verfilmt wurde. Wood soll mit dem Ergebnis nicht sehr zufrieden gewesen sein.

TO MAKE A HOMO
(Little Library Press 3003, »Classic Adult Series, 1971, 191 S.)
Ein High-School-Schüler wird durch Erpressung zu einer homosexuellen Beziehung mit einem älteren Jungen gezwungen, der ihn süchtig macht, damit er sein Sexsklave bleibt. Homosexuelle Vergewaltigung im Drogenrausch steht im Mittelpunkt dieser sexuellen »Tragödie«. Wahrscheinlich der freizügigste aller Wood-Romane. Die Beschreibung eines Transvestiten ist besonders interessant:

»Seine Hand schien wie von selbst an den Seiten seines Körpers hin und her zu gleiten. Als er das weiche Angora berührte, zitterten seine Hüften, er schob die Hände unter den Pullover und umfaßte seine Brüste, eine nach der anderen. Sie fühlten sich so weich und so echt an wie die der Mädchen, die er je berührt hatte. In diesem Augenblick machte er sich glauben, daß sie echt waren und daß sie tatsächlich zu seinem Körper gehörten. Er schloß die Augen, um sich auf diese Gedanken zu konzentrieren. Er sah sich selbst vor sich, nackt, und er zog sich die gleichen Kleider an, die er jetzt trug ... aber es war nicht der Körper eines Mannes, den er sah. Es war der Körper eines hübschen weiblichen Teenagers, nur mit seinem Gesicht. Das Ding, das er in seiner Hand hielt, sah nicht so aus wie sein eigenes Werkzeug, sondern wie das, das Tommy zwischen seinen Beinen hatte, das er vor so langer Zeit gelutscht hatte ... und Paul benutzte dieses Instrument, um die Schamlippen auseinanderzuziehen, die plötzlich erschienen waren. Er grub seinen Schwanz tiefer hinein, und je tiefer er eindrang, desto heftiger drängte sein Körper nach Erleichterung. Er hatte nicht länger das Gefühl, als würde er onanieren ... es war in ihm, und gleichzeitig gab er es dem Mädchen damit ... denn er fühlte sich tatsächlich ganz wie ein Mädchen ... wenn es irgendeinen Zweifel gab, dann bräuchte er nur die Augen zu öffnen und in den Spiegel zu schauen, und das Mädchen, Pauline, ein Name, den er plötzlich angenommen hatte, würde ihm entgegensehen.

MARY-GO-ROUND
(Little Library Press 3010, 1972, 191 S.)
Mary, eine 19jährige Jungfrau, bekommt einen Job beim Glamour Bros. Zirkus, wo sie mit einem Mal in einen »perversen Dschungel menschlicher Wracks« und die Welt des Sex gerät. Ähnlich wie *Carnival Piece*, aber rauher, besonders in den sexuellen Darstellungen und der Sprache der Schausteller. Woods Widmung an Steve Apostolof lautet: »Wir besorgen uns ein Millionen-Dollar-Budget und machen einen Film daraus.«

Aus *Mary-Go-Round:*
»Shirley blickte Mary in die Augen. ›Du hast noch nie einen Schwanz gesehen... einen Penis... den Docht... das Gerät... die Banane... den Korken... die Nille... den Hot Dog... das Eisen... den Phallus... die Rute... den Apparat... die Samenschleuder... den Kleinen... das Gemächt... das Ding... den Hammer... den Steifen? Du hast dieses Ding noch nie gesehen?‹ Und noch einmal hob der Mann/die Frau den Rock hoch, langte in sein spitzenbesetztes Höschen und holte ein zweites Mal seinen Schwanz hervor. Aber dieses Mal war er hart wie ein Stein und mehr als 20 Zentimenter lang, und die Eichel, die eben noch von der Vorhaut umgeben war, lag offen und zuckte purpurn.«

A STUDY OF THE SONS AND DAUGHTERS OF EROTICA
(Secs Press SP 122, 1971, 192 S.)
Dieses Buch wird der Zusammenarbeit von »Dick Trent und Dr. T. K. Peters« zugeschrieben. Kapitel über Partnerwechsel, Voyeurismus, weibliche und männliche Homosexualität, Transvestitismus (der hier »Eonismus« heißt), Sacher-Masoch und Marquis de Sade, das Okkulte, Erotopathie und Prostitution. Wood zitiert Criswell und aus Anton La Veys *Satanic Bible*.

SEXUAL PRACTICES IN WITCHCRAFT AND BLACK MAGIC
(Secs Press SP 112, 1971, 191 S.)
Von (Frank Lennon und Dr. T. K. Peters«. Enthält Kapitel wie »Warum weiße Frauen?«; »Der Necromancer«; »Hypnose«; »Der launische Finger«; »Lykanthropie und Zoanthropie«; »Vampire und Ghule«.

BLACK MYTH
(Secs Press SP 116, 1971, 192 pp.)
»Eine detaillierte Analyse der sexuellen und soziologischen Falschinformationen in bezug auf schwarze Sexualität.« Von »Dick Trent und Dr. T. K. Peters«.

THE SEXUAL WOMAN (BAND ZWEI)
(Secs Press SP 125, 1971, 101 S.)
Von »Mandy Merrill und Dr. T. K. Peters«. »Die Sexualität der Frau! Was macht sie so anders? Eine eingehende Studie der weiblichen Sexualität . . . für Männer und für Frauen.«

THE SEXUAL MAN (BAND ZWEI)
(Secs Press, SP 127, 1971)
Von »Frank Leonard und Dr. T. K. Peters«.

THE ONLY HOUSE
(Little Library Press 2016, 1972, 159 S.)
Ein Ehepaar sucht die Hilfe einer Zauberin, um seine Eheprobleme zu lösen. Mit Hilfe verschiedener Surrogate kann die Frigidität der Frau geheilt werden, doch der vorzeitige Samenerguß des Mannes erweist sich als das größere Problem, bis er mit der Zauberin in einen Sarg steigt und schließlich zu einem Mann wird, der eine Frau befriedigen kann.

The Only House ähnelt von der Story her Woods Film *Necromania* von 1971. Zur gleichen Zeit drehte Wood *The Young Marrieds*, der auch unter dem Titel *The Only House* lief. Der Roman wurde 1971 im *Young Beaver* Magazin als Short Story unter dem Titel *Come Inn* veröffentlicht.

A STUDY OF FETISHES AND FANTASIES
(Edusex Press ED 113, 1973, 191 S.)
Aus der Reihe »Enzyklopädie des Sex. Die gesamte Serie umfaßt jeden Aspekt sexuellen Wissens und sexueller Information.« Das Buch im Kleinformat gibt einen »erzieherischen Anspruch« vor und enthält mehrere Fotos in Farbe und schwarzweiß. »Von Edw. D. Wood, Jr. und Norman Bates.«

A STUDY IN THE MOTIVATION OF CENSORSHIP, SEX & THE MOVIES, BAND 1
(Edusex Press ED 111, Gallery Publications, 1973, 190 S.)
Eine Darstellung der Geschichte der Zensur. Themen: Kino, Sexfilme, der Kodex der Filmindustrie, Themen von Sexfilmen, Probleme des Filmemachens mit niedrigem Budget, tabubrechende Mainstream-Filme, »Schleifen«.

A STUDY IN THE MOTIVATION OF CENSORSHIP, SEX & THE MOVIES, BAND 2
(Edusex Press Ed 112, 1973, 192 S.)
Befaßt sich mit der Ermordung William Desmond Taylors, dem Skandal um Fatty Arbuckle, George Weiss und den »vierzig Dieben«, *Glen or Glenda*, frühen Exploitation-Filmen, Bill Thompson, der Zukunft des Sexfilms. Die Fotos stammen aus Hardcore-»Schleifen«.

TALES FOR A SEXY NIGHT, VOL. 1
(Gallery Press GP 101, 1973, 159 S.)
Der Band enthält eine Novelle und 14 Kurzgeschichten aus den Magazinen von Gallery Press. »The Devil and the Deep Blue-Eyed Blonde« von »Dick Trent« ist von Wood und dreht sich um eine blonde Undercover-

Agentin, die während einer Revolution in einem ungenannten Land einen Auftrag ausführen muß.

TALES FOR A SEXY NIGHT, VOL. 2
(Gallery Press GP 102, 1973, 159 S.)
Dieser Band enthält folgende Stories von Wood: »Final Curtain«, basierend auf Woods Kurzfilm. Nach der letzten Vorstellung eines Horrorstückes verschwindet der Schauspieler hinter der Bühne, von einer unbekannten Kraft angezogen.

»To Kill a Saturday Night«. Zwei Kriminelle in einer kleinen Stadt besprechen ihre nächtlichen Aktivitäten. Die Story basiert auf Woods gleichnamigem Drehbuch.

»Craps«. Nach der Beerdigung eines legendären Würfelspielers sprechen seine Freunde über seinen Tod.

»Calamity Jane Loves Hosenose Kate Love Cattle Anne«. Nachdem Calamity Janes Geliebter, Wild Bill Hickock, erschossen worden ist, stellt sie Hosenose Kate, Besitzerin des High Dyke Saloons, zur Rede. Sie spricht davon, sich an Cattle Anne, einer anderen Geliebten Bills, zu rächen. »In the Stony Lonesome«. Hectoe, ein sadistischer Schläger, der sich selbst »Freund Hein« nennt, zwingt junge Mädchen, auf einem Friedhof seine sexuellen Begierden zu befriedigen, und zwar auf dem Grabstein der Lady Kanthru, »der reichen, alten Hexe«.

OUTLAWS OF THE OLD WEST
(Mankind BM 012, 1973, 153 S.)
In dem von Charles D. Anderson zusammengestellten und herausgegebenen Band befindet sich eine neunseitige Wood-Story mit dem Titel »Pearl Hart and the Last Stage«, die von der letzten Postkutschenräuberin

und ihrer Verhaftung handelt. Wood arbeitete mit Anderson für Pendulum Publications.

DEATH OF A TRANSVESTITE HOOKER
(Eros Goldstripe CLS 104, »Connoisseur Library Series«, 1974, 182 S., Fotos)
»Von Randy, aufgeschrieben von Dick Trent.« Kurze und deprimierende Episoden mit einem Transvestiten, der als Prostituierte in Hollywood arbeitet. »Das Rosa verblaßt rasch unter der Peitsche.«

FORCED ENTRY
(Eros Goldstripe BLS 105, Blackpool Library Series, 1974, 181 S.)
Eine unbefriedigte Ehefrau lernt die Freuden des Analsex kennen. »Von John Quinn.«

Aus *Forces Entry*:
»Sie ging geradewegs ins Wohnzimmer und griff nach Ralphs Scotch. Sie trank eigentlich fast nie, konnte sich nicht einmal mehr daran erinnern, wie das Zeug eigentlich schmeckte. Aber sie hatte gehört, daß Männer immer etwas trinken, wenn sie ein Problem haben. Es schien sie wiederaufzurichten ... schien ihnen einen Anstoß zu geben, die Sache wieder in den Griff zu bekommen ... zumindest war es das, was sie gehört hatte.

Einer zeigte keine Wirkung. Beim zweiten wurde ihr schwindelig. Nach dem dritten mußte sie kichern. War das damit gemeint, die Sache in den Griff zu bekommen?

Wahrscheinlich schon, denn sie fühlte sich ausgesprochen wohl. Nicht so wohl wie nach Sex, aber trotzdem ziemlich wohl ... aufgekratzt, sie hätte nur noch lachen können.«

TV LUST
(Eros Goldstripe, TSL 102, 1977, 180 S.)
Ein Transvestit und Killer für die Unterwelt mixt sich einen Martini, bevor er einen Auftrag ausführt, und denkt an die Erfahrungen zurück, die ihn geprägt haben: Ein traumatischer Augenblick wird beschrieben; sein Vater ertappt ihn dabei, wie er in weiblicher Unterwäsche vor dem Badezimmer steht und beim Onanieren zum Höhepunkt kommt. Der Vater spricht danach kein Wort mehr mit seinem Sohn und stirbt kurze Zeit später, zusammengesunken im Sessel vor dem Fernseher. Der Transvestit geht in Schwarz auf die Beerdigung seines Vaters – als Frau.

Aus *TV Lust:*
»Chris schob den Ärmel des Pelzmantels und des Angora-Pullover hoch und sah auf seine Armbanduhr. ›Solly wird in einer Minute aus der Tür dieses Restaurants kommen. Das reicht.‹ Er griff nach seinem Waffenetui, öffnete es und nahm die Pistole heraus.

Dann stieg er aus dem Wagen und steckte die Pistole in seine Manteltasche. Seine hohen Stiefel hinterließen tiefe Eindrücke im Schnee. Die schweren Schneeflocken, die auf sein Gesicht fielen, taten ihm gut. Er liebte den Schnee.

Er hatte fast das Ende der schmalen Gasse erreicht, als Richard einen Schuß aus seiner Automatik abfeuerte und sofort verschwand. Chris hatte ihn noch erkannt, in jener Sekunde, bevor er sterbend auf dem Asphalt lag. Der Schnee fiel sanft auf sein totes Gesicht, wie kleine Fetzen von Angora, das er so geliebt hatte.«

ANDERE BÜCHER VON ED WOOD:

Hollywood Rat Race; Hollywood Sex Book; Riot, Rape & Revelry; And He Rode All Night; The Producer; The Greek Connection; They; The Pleasure Dorm; Saving Grace; The Last Lash; The Trouble With---?; Swedish House.

KURZGESCHICHTEN:

Wood hat zwischen 1968 und 1978 buchstäblich Hunderte von Kurzgeschichten und Artikeln in Magazinen von Pendulum, Calga und Gallery Press veröffentlicht, sowohl unter seinem eigenen Namen als auch unter Pseudonymen. Die folgenden Titel stellen eine kleine Auswahl dar:

»Castle of Dracula«, »Voyage of Dracula«, »Lust of Dracula« erschienen in *Monster Sex Tales*, Vol. 1, Nr. 1, Gallery Press, August/September 1972.

»Cease to Exist«, »Bums Rush Terror«, »The Witches of Amau Ra«, »The Rue Morgue Revisited«, »Scream Your Bloody Head Off«, »Hellfire«, »Gore in the Alley« erschienen in *Horror Sex Tales*, Vol. 1, Nr. 1, Gallery Press, 1972.

»Wanted: Belle Starr« in *Woman's World*, Vol. 2, Nr. 2, Gallery Press 1973.

»Dracula Revisited« in *Wild Couples*, Vol. 3, Nr. 3, Gallery, 1971.

»That Damned Faceless Fog« in *Beavers*, Vol. 6, Nr. 1, Pendulum, 1972.

»Try It You'll Like It« in *Woman's World*, Vol. 2, Nr. 1, Gallery, 1973.

»In the Stony Lonesome« in *Sex Stars*, Vol. 2, Nr. 1, Gallery, 1974.

»Not So Freewheeling« in *Golddiggers*, Vol. 7, Nr. 1. Gallery, 1975.

»Ever Hear of a Dingbat?« in *Deuce*, Vol. 2, Nr. 1, Gallery 1973.

»Flowers for Flame Lemarr« in *Bi-Sex*, Vol. 2. Nr. 1, Gallery, 1975.

»Whorehouse Horror« in *Garter*, Vol. 1, Nr. 1, Gallery, 1974.

»The Fright Wigs« in *The Wild Cats*, Vol. 5, Nr. 2, Pendulum, 1971.

»Out of the Fog« in *Two Plus Two*, Vol. 3, Nr. 2, Pendulum, 1971.

»Come Inn« in *Young Beaver*, Vol. 5, Nr. 4, Pendulum, 1971.

»No Atheists in the Grave« in *Hot Fun*, Vol. 2, Nr. 2, Calga, 1971.

»To Kill a Saturday Night« in *Black and White*, Vol. 2, Nr. 1, Pendulum, 1972.

»Final Curtain« in *Belly Button*, Vol. 2, Nr. 2, 1971.

»The Wave Off« im *Freaked Out*-Magazin.

Zu den Kurzgeschichten »Missionary Position Impossible«, »Captain Fellatio Hornblower«, »Phantom of What Opera« waren keine näheren Angaben verfügbar.

Ed führt bei *The Sinister Urge* Regie.

FILMOGRAPHIE:

1948
THE STREETS OF LAREDO (auch: CROSSROADS OF LAREDO)
Unveröffentlicht – kein Soundtrack – 16 mm – 30 Min.
Produktion: Tony Lawrence und John Crawford Thomas.
Drehbuch und Regie: Edward D. Wood, Jr.
Kamera: Ray Flin und Ed Wood, Jr.
Darsteller: Duke Moore (Len), Ruth McCabe (Barbara), Don Nagel (Tex), Chuck LaBerge (Sheriff), John Crawford Thomas (Hilfssheriff), Ed Wood (Cowboy), Bill Ames (Barmann).
Anmerkungen: Woods erster echter Spielfilm ist nie fertiggestellt worden. Der Film wurde ohne Ton gedreht, der Soundtrack, der aus synchronisiertem Dialog und Cowboy-Balladen bestehen sollte, nie hinzugefügt.

1951
THE SUN WAS SETTING (auch: THE SUN ALSO SETS)
Empire Productions/W.D.B.C. Prod. Inc. – 16 mm – 20 Min.
Drehbuch, Regie und Produktion: Edward D. Wood, Jr.
Kamera: Ray Flin.
Darsteller: Angela Stevens, Tom Keene, Phyllis Coates.
Zusammenfassung: Eine Frau liegt sterbend in ihrem New Yorker Apartment. Zwei Freunde besuchen sie, und sie erzählt von ihrer Sehnsucht, noch einmal Chinatown und das Village zu sehen. Die Freunde versu-

chen sie davon abzubringen. Nachdem sie gegangen sind, hält die Frau es in ihrer Einsamkeit nicht länger aus. Sie verläßt die Wohnung und stirbt.

Anmerkungen: Drehort waren die KTTV-Studios, Sunset und Van Ness Studios, in der Woche vom 17. Dezember 1951.

1952
THE LAWLESS RIDER
United Artists (Kinostart Okt. 1954) – 62 Min.
Regie: Yakima Canutt
Drehbuch: Edward D. Wood, Jr. (In den Credits wird Johnny Carpender als Autor genannt)
Kamera: William C. Thompson.
Darsteller: Johnny Carpenter (Rod Tatum), Frankie Darro (Jim Bascom), Douglas Dumbrille (Marshal Brady), Frank Carpenter (Big Red), Noel Neill (Nancy James), Kenne Duncan (Freno Frost), Bud Osborne (Tulso), Bill Coontz (Red Rooks).

1953
GLEN OR GLENDA (I LED TWO LIVES; I CHANGED MY SEX)
Screen Classics – April 1953 – 67 Min.
Drehbuch und Regie: Edward D. Wood, Jr.
Produzent: George Weiss.
Fotografische Leitung: William C. Thompson.
Kamera: Bert Shipham
Maske: Harry Thomas
Ton: Ben Winkler
Musik: Sandford Dickinson
Medizinischer Berater: Dr. Nathan Baley
Bauten: Jack Miles
Aufnahmeleitung: Scott McCloud
Darsteller: Bela Lugosi (der Geist), Dolores Fuller

(Barbara), Tim Farrell (Dr. Alton/Erzähler), Lyle Talbot (Inspector Warren), Daniel Davis [Edward D. Wood, Jr.] (Glen/Glenda), Charles Crafts (Johnny), »Tommy« Haynes (Alan/Anne), Captain DeZita (der Teufel/Glens Vater), Evelyn Wood (Sheila, Glens Schwester), Shirley Speril (Miß Stevens), Conrad Brroks (Reporter/Aufreißer/bärtiger Transvestit), Henry Bederski (Mann mit Hut und schütterem Haar), William C. Thompson (Richter), Mr. Walter (Patrick/Patricia), Harry Thomas (Mann in Alptraum), George Weiss (Mann beim Selbstmord des Transvestiten).

Anmerkungen: *Glen or Glenda* wurde in Jack und Helen Miles' Larchmont Studios unter wechselnden Titeln gedreht. Zunächst als *Behind Locked Doors*, dann als *Transvestite*, danach als *I Changed My Sex*. Veröffentlicht wurde der Film als *Glen or Glenda*, mit den alternativen Titeln *I Changed My Sex* und *I Led Two Lives* für verschiedene Regionen. Er war auch als *He or She* bekannt. Aus kommerziellen Gründen wurden für spätere Auswertungen (als *I Led Two Lives* und *I Changed My Sex*) einige Szenen von spärlich bekleideten Frauen und eine milde Fesselszene hinzugefügt. Der Film wurde weltweit verbreitet und lief in Frankreich und Belgien als *Louis ou Louise*, in Argentinien als *Yo Cambie Mi Sexo*. Er wurde sogar in Asien gezeigt. Ed Wood selbst hat einen interessanten Kommentar zu seinem Film geschrieben. Aus *A Study in the Motivation of Censorship, Sex & the Movies*, 1973:

»Ich war Regisseur und Drehbuchautor mehrerer Filme, darunter auch *Glen or Glenda* in den frühen Fünfzigern, als das Thema der Geschlechtsumwandlung eine nationale Sensation darstellte. Der Produzent, der den Mumm hatte, einen solch ungewöhnlichen, von der Norm abweichenden Film auf die Leinwand zu bringen, war ein erfrischender, offener, kleiner Bursche namens George Weiss. Er produzierte seine Filme in einem winzigen, scheunenartigen Studio in der Nähe des Santa Monica Boulevards in Hollywood. Er hatte zwar keine Unmassen von Geld (er war verdammt sauer auf mich, weil ich 26 000 Dollar für *Glen or Glenda* ausgegeben habe), aber er hat niemals eingesehen, daß man ihm vorschreiben könne, was er produzieren sollte oder was nicht.

Der Titel wurde später in *I Led Two Lives* umgeändert, um die Zuschauer an zwei Dinge zu erinnern: Den Fall der Geschlechtsumwandlung von Christine Jorgenson und die äußerst populäre Fernsehserie *I Lived Three Lives*.

Es war ein Film, der noch häufig in die Diskussion der Zensoren geraten sollte ... Bela Lugosi spielte den gottgleichen Geist, der die Menschen manipuliert. Das erzeugte einen moralischen Wert. Solange es am Ende eines Films einen Gott oder einen Richter gibt, der den Fluch aufhebt, bekommt der Film eine Moral. Solange der Missetäter, der Abweichler, der Bösewicht am Ende seine Strafe bekommt, geht ein Film normalerweise durch die Zensur.«

Ein weiterer Kommentar aus *The Sons and Daughters of Erotica*, den Wood im Juni 1971 schrieb:

»[Der Transvestit] muß während des Sexualaktes weibliche Kleidung tragen und – so frustrierend das auch sein kann – er muß einen Partner finden, der vollkommenes Verständnis für seine Neigungen hat ...

Viele Transvestiten hat diese vergebliche Suche in den Selbstmord getrieben. Es gab Fälle, in denen sich ein Transvestit aufs Perfekteste kleidete und schminkte, um sich dann umzubringen und in einem Abschiedsbrief die Anweisung an den Bestatter zu hinterlassen, ihn auch mit diesen weiblichen Attributen zu beerdigen. Vor einigen Jahren wurde ein berühmter

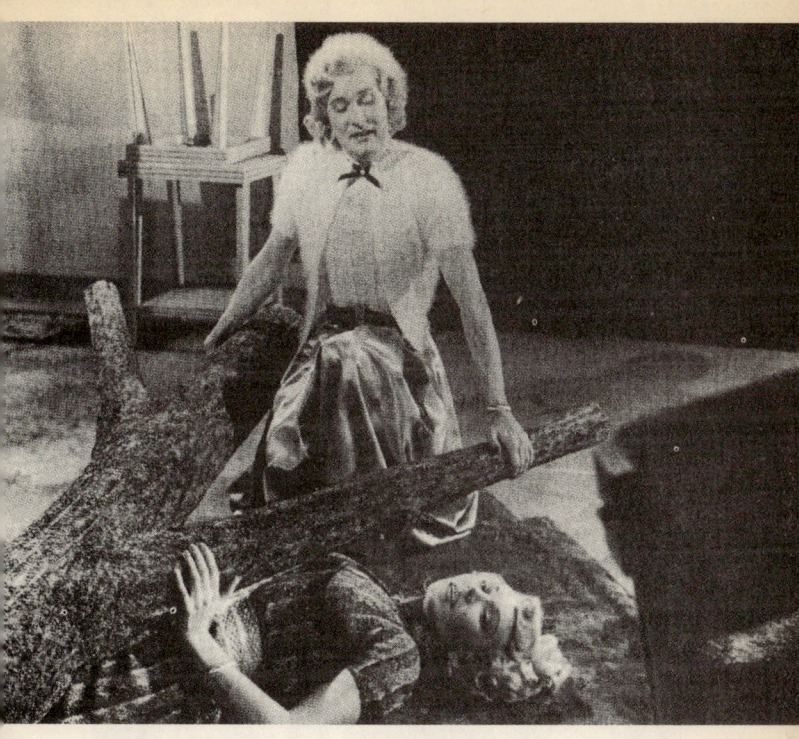

Ed Wood und Dolores Fuller in einer Szene aus: *Glen or Glenda*.

Film gedreht, der sich mit diesem Thema beschäftigt. Er hieß *Glen or Glenda* (wurde später in *I Changed My Sex* umbenannt) und lief fast in jedem Land der Welt, sogar im Krankenhaus der U.S. Luftwaffe in Japan und auf Formosa.«

1953
CROSSROAD AVENGER: THE ADVENTURES OF THE TUCSON KID
Tucson Kid Productions – Farbe – 25 Min.
Drehbuch und Regie: Edward D. Wood, Jr.
Produzent: Lew Dubin
Koproduzent: John E. Clarke
Kamera: Ray Flin
Ton: Tribby
Schnitt: Lou Guinn
Design/Kostüme: Cowboy Slim
Darsteller: Tom Keene (Tucson Kid), Tom Tyler (Hilfssheriff), Lyle Talbot (Bart), Don Nagel (Dance), Harvey Dunne (Zeke), Forbes Murray (Roger), Kenne Duncan (Lefty), Bud Osborne (Max), Ed Wood, Jr. (Pony-Expreß-Reiter).

Anmerkungen: Wood filmte noch einen Nachfolger, *Crossroad Avenger Returns* (keine Angaben vorhanden), und die beiden nicht verkauften TV-Pilotfilme wurden zu einem 50minütigen Film unter dem Titel *The Adventures of the Tucson Kid* (1953) kombiniert. Laut Wood wurde sein *Crossroad Avenger* zugunsten von *Wild Bill Hickock* mit Guy Madison übergangen.

1953
BOOTS
Tucson Kid Productions – ca. 25 Min.
Drehbuch und Regie: Edward Wood, Jr.

1954
JAILBAIT (auch: THE HIDDEN FACE)
Howco Productions, Kinostart: 12. Mai 1954 – 72 Min.
Regisseur und Produzent: Edward D. Wood, Jr.
Drehbuch: Alex Gordon und Edward D. Wood, Jr.

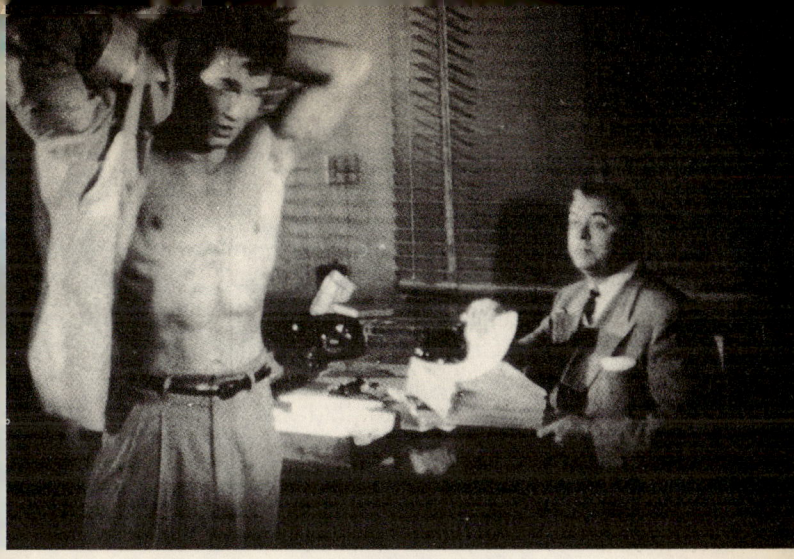

Steve Reeves und Lyle Talbot in *Jailbait*.

Kamera: William C. Thompson
Schnitt: Charles Clement und Igor Kantor
Musik: Hoyt Curtin
Maske: John Sylvester und Harry Thomas
Ton: Dale Knight
Beleuchtung: Harry Folz
Kostüme: Gene D. Evans
Damenunterwäsche: Chic & Pandora
Spezialeffekte: Ray Mercer
Darsteller: Lyle Talbot (Inspector Johns), Dolores Fuller (Marilyn Gregor), Steve Reeves (Lt. Bob Lawrence), Herbert Rawlinson (Dr. Boris Gregor), Timothy Farrell (Vic Brady), John Robert Martin (Det. McCall), Cotton Watts und Chick (als sie selbst), Bud Osborne (Nachtwächter), Mona McKinnon (Miß Willis), Don Nagel (Det. Davis), La Vada Simmons (Miß Lytell), Regina

Claire (Reporterin), John Avery (Polizeiarzt), Edward D. Wood, Jr. (Radioansager), Conrad Brooks (Sanitäter/Fotograf), Henry Bederski (Verdächtiger auf Polizeiwache).

Anmerkungen: Herbert Rawlinson, der frühere Stummfilmstar, starb kurz nach dem Ende der nächtlichen Dreharbeiten. Er litt an Lungenkrebs. Ursprünglich, so Alex Gordon, sollte Bela Lugosi Rawlinsons Rolle als Dr. Boris Gregor übernehmen, aber der war verhindert. Gordons Idee für *The Hidden Face* stammte vom Produzenten Edward Small, dessen *Let 'Em Have It* (in England: *False Faces*) (1953), von einem Gangster handelt, der sich das Gesicht von einem plastischen Chirurgen verändern läßt, um so dem Gesetz zu entkommen.

Laut Variety kostete *Jailbait* 22 000 Dollar. Die Preview fand im Monterey Theatre im Monterey Park, CA, statt, wo auch mehrere Szenen gedreht worden waren. (Mona McKinnon betritt mit einem Angorahut ein Theater und wird Zeugin eines Raubmordes.)

Howco-Produzent und Regisseur Ron Ormond schlug vor, den Titel von *The Hidden Face* zu *Jailbait* zu ändern. Die Musik in Jailbait, die von Hoyt Curtin stammt (Komponist der Musik für *The Jetsons* und zahlreicher japanischer Zeichentrickfilme), war schon zuvor in Ormonds *Mesa of Lost Women* verwendet worden.

Die schwarze Vaudeville-Nummer stammt aus Ron Ormonds *Yes Sir, Mr. Bones!*

1955
BRIDE OF THE MONSTER (BRIDE OF THE ATOM)
A Rolling M Production/Banner Production Release – 68 Min.
Drehbuch, Regie und Produktion: Edward D. Wood, Jr.

Ausführender Produzent: Donald E. McCoy
Koproduzent: Tony McCoy
Kamera: William C. Thompson und Ted Allan
Spezialeffekte: Pat Dinga
Musik: Frank Worth
Schnitt: Warren Adams
Technische Leitung: Igor Kantor
Ton: Dale Knight und Lyle Willey
Soundeffekte: Ray Erlenborn und Mike Pollock
Darsteller: Bela Lugosi (Dr. Eric Vornoff), Tor Johnson (Lobo), Tony McCoy (Lt. David Craig), Loretta King (Janet Lawton), Harvey Dunne (Capt. Robbins), George Becwar (Prof. Strowski), Paul Marco (Kelton), Don Nagel (Martin), Bud Osborne (Mac), Jake Warren (Jake), Anne Wilner (Tillie), Dolores Fuller (Margie), William Benedict (Zeitungsjunge), Ben Frommer (Verdächtiger auf Polizeiwache), Conrad Brooks (Polizist/Verdächtiger).

Anmerkungen: *Bridge of the Monster* hieß ursprünglich *Bride of the Marshes.* Drehbeginn war der 26. Oktober 1954 in den Ted Allan Studios unter dem Titel *Bride of the Atom.* Ted Allan drehte die Szenen, in der Lugosi aus einer Falltür auftaucht. Die Dreharbeiten mußten gestoppt werden, als sich der Schauspieler George Becwar bei der Screen Actors Guild beschwerte. Im März 1955 konnten die Arbeiten wiederaufgenommen werden, dieses Mal in den Centaur Studios. Einige Szenen entstanden im Palm Canyon im Griffith Park.

Mit von der Partie war auch William Nolte, ein altgedienter Produzent/Regisseur von »B«-Western in den Dreißigern und Vierzigern (*Range Busters, Boot Hill Bandits*). 1938 führte er Regie bei dem Film *Blonde Venus* mit Lena Horne.

Wood erwähnte Gordon als Co-Autor, weil der ihn

auf die Idee mit dem Sumpf und der Krake gebracht hatte, obwohl Wood das Drehbuch ohne seine Hilfe geschrieben hat. Woods Salär für die Regiearbeit betrug 350 Dollar. Die Hollywood-Premiere war am 11. Mai 1955 im Paramount Theatre, aber der eigentliche Kinostart fand erst 1956 statt.

1956
THE VIOLENT YEARS
Eine Headliner Production. Produziert von Del Productions. – 58 Min.
Produzent: Roy Reid
Regisseur und Koproduzent: William M. Morgan
Drehbuch: Edward D. Wood, Jr.
Kamera: William C. Thompson
Schnitt: Gerard Wilson

Eine Szene aus *The Violent Years*. (Foto: The Fred Mollin Collection)

Musik: Manuel Francisco
Bauten: Jack Miles
Kostüme: Victor Most of California
Darsteller: Jean Morrehead (Paul Parkins), Barbara Weeks (Jane Parkins), Arthur Millan (Carl Parkins), Theresa Hancock (Georgia), Joanne Cangi (Geraldine), Gloria Farr (Phyllis), Glen Corbett (Barney Stetson), Lee Constant (Sheila), Stanford Jolley (Richter Raymond Clara), Timothy Farrell (Lt. Homes/Erzähler), Bruno Metsa (Manny), Harry Keaton (Arzt).

Anmerkungen: Der Film basierte auf einer Story von B. L. Hart (Regisseur Roy Reid, der vom Fernsehen kam) mit dem Titel *Teenage Killers* und sollte ursprüglich unter den Titeln *Girl Gang Terrorists* und *Teenage Girl Gang* laufen. 1966 wurde *The Violent Years* als *Female* wiederveröffentlicht. Der Film hatte sich bei seinem ersten Erscheinen als Kassenrenner auf der Exploitation-Szene erwiesen.

1956
PLAN 9 FROM OUTER SPACE (GRAVE ROBBERS FROM OUTER SPACE)
D.C.A., Juli 1959. 79 Min.
Drehbuch, Regie und Produktion: Edward D. Wood, Jr.
Ausführender Produzent: J. Edward Reynolds
Koproduzent: Hugh Thomas und Charles Burg
Musikalischer Leiter: Gordon Zahler
Kamera: William C. Thompson
Schnitt: Edward D. Wood, Jr.
  Spezialeffekte: Charles Duncan
Ton: Dale Knight
Bauten: Tom Kemp
Maske: Harry Thomas und Tom Bartholomew
Kostüme: Harry Reif
Garderobe: Dick Chaney

Darsteller: Tor Johnson (Inspector Clay), Vampira (weiblicher Vampir), Tom Keene (Col. Edwards), Gregory Walcott (Jeff Trent), Dudley Manlove (Eros), Mona McKinnon (Paula Trent), Duke Moore (Lt. Harper), Joanna Lee (Tanna), Bela Lugosi (Ghul), John »Bunny« Breckindridge (der Herrscher), Lyle Talbot (Gen. Roberts), Criswell (als er selbst), Carl Anthony (Streifenpolizist Larry), Paul Marco (Kelton), Norma McCarthy (Edith), David DeMering (Danny), Bill Ash (Captain), Conrad Brooks (Streifenpolizist Jamie), Gloria Dea (Trauernde), Ben Frommer (Trauernder), J. Edward Reynolds (Totengräber), Hugh Thomas (Totengräber), Tom Mason (Lugosis Double), Rev. Lyn Lemon (Priester, Clays Beerdigung), Don Davis (Betrunkener), Karl Johnson (Farmer Calder), Dick Chaney (Mann, der die Bahre trägt), Edward D. Wood, Jr. (Mann, der eine Zeitung hält).

Anmerkungen: Die Dreharbeiten zu *Plan 9 From Outer Space* begannen in der letzten Novemberwoche 1956 in Merle Conells Quality Studios unter dem Titel *Graverobbers From Outer Space*. Die eigentliche Drehzeit betrug vier bis sechs Tage.

Ed Wood: »Lugosi brauchte dringend 1000 Dollar, also machte ich ein paar Aufnahmen mit ihm.« Lugosis Szenen wurden wahrscheinlich im Frühjahr 1955 aufgenommen, kurz bevor er ins Norwalk Hospital ging. Obwohl manchmal behauptet wird, daß diese Szenen für *The Vampire's Tomb* gedreht wurden, so entsprachen sie an keiner Stelle dem Drehbuch.

Die Raumstation wurde von Tommy Kemp gebaut, die Raumanzüge entwarf der nicht genannte Modedesigner Robaire. Phil Tucker, Regisseur von *Robot Monster*, half Edward Wood beim Schnitt. Während des Vorspanns hört man das Stück »Iron Foundry« [»Schmelzhütte«] des russischen Komponisten Mossolov, das während des Films immer wieder angespielt wird.

Die Preview von *Plan 9* fand unter dem Titel *Grave Robbers From Outer Space* am 5. März 1957 im Carlton Theatre in Los Angeles statt. Kinostart für die USA war im Juli 1959, dieses Mal als *Plan 9 from Outer Space* als erster Teil einer Doppelvorstellung zusammen mit *Time Lock* von D.C.A.

1957
FINAL CURTAIN
Atomic Productions – 20 Min.
Drehbuch, Regie und Produktion: Edward D. Wood, Jr.
Ausführende Produzenten: Ernest S. Moore, Anthony Cardoza, Thomas Mason, Walter Brannon
Kamers: William C. Thompson
Musikalische Leitung: Gordon Zahler
Ton: Dale Knight
Darsteller: James »Duke« Moore (der Schauspieler), Dudley Manlove (Erzähler), Jenny Stevens (der Vampir).

Zusammenfassung: Nach der letzten Vorstellung eines Horrorstücks geht der Star, der den Vampir gespielt hat, im leeren Theater umher, von einer unbekannten Macht gezwungen, ein unbekanntes Etwas zu suchen.

Anmerkungen: *Final Curtain* war das Drehbuch, das Bela Lugosi las, als er starb. Seine Rolle übernahm Duke Moore. Es war der Pilotfilm für eine geplante Serie mit kurzen Horrorfilmen, *Portraits in Terror*. Teile von *Final Curtain* tauchen später in *Night of the Ghouls* auf. Der Ausführende Produzent Ernest Moore war der Bruder von Duke Moore. *Final Curtain* blieb einer von Woods Lieblingsfilmen.

Charlotte Austin und Spanky der Gorilla (Ray »Crash« Corrigan) in *The Bride and the Beast* (Foto: David J. Hogan).

1957

THE NIGHT THE BANSHEE CRIED
Atomic Productions – 22 Min.
Drehbuch, Regie und Produktion: Edward D. Wood, Jr.

1958

THE BRIDE AND THE BEAST
Allied Artists – 78 Min.
Regie und Produktion: Adrian Weiss
Drehbuch: Edward D. Wood, Jr. nach einer Story von Adrian Weiss.
Drehbuchberater: Dr. Tom Mason
Kamera: Roland Price
Musik: Les Baxter
Schnitt: George Merrick
Regieassistenz: Harry Fraser
Spezialeffekte: Gerald Endler
Maske: Harry Thomas
Darsteller: Charlotte Austin (Laura), Lance Fuller (Dan), John Roth (Taro), Steve Calvert/Ray »Crash« Corrigan (Spanky der Gorilla), William Justine (Dr. Reiner), Jeanne Gearson (Marka), Gil Frye (Cameron), Slick Slavin (Soldat), Bhogwan Singh (Eingeborener), Jean Ann Lewis (Stewardeß).

Zusammenfassung: In ihrer Hochzeitsnacht fühlt sich Laura auf seltsame Weise zu dem Gorilla hingezogen, den ihr Gatte im Keller gefangenhält. Durch Hypnose wird enthüllt, daß Laura in einem früheren Leben die Königin der Gorillas war.

Anmerkungen: Der Originaltitel von *The Bride and the Beast* lautete *Queen of the Gorillas*. Der Regieassistent Harry Fraser, ein Bekannter von Wood, drehte in den Vierzigern eine Reihe von Western für PRC sowie den Exploitation-Film *Chained for Life* (1951) mit Violet und Daisy Hilton, den siamesischen Zwillingen, die auch in Tod Brownings *Freaks* (1932) auftauchen.

Die Fernsehfassung von *The Bride and the Beast* verzichtet auf einige Szenen, in denen der Gorilla mit einer halbnackten Charlotte Austin zu sehen ist.

1958
NIGHT OF THE GHOULS (REVENGE OF THE DEAD)
Atomic Productions – 69 Min.
Drehbuch, Regie und Produktion: Edward D. Wood, Jr.
Ausführender Produzent: Major J. C. Foxworthy
Koproduzenten: Marge Usher, Tony Cardoza, Tom Mason, Paul Marco, Walt Brannon, Gordon Chesson.
Kamera: William C. Thompson
Musik: Gordon Zahler
Maske: Harry Thomas
Beleuchtung: John Murray
Regieassistenz: Ronnie Ashcroft, Scott Lynch
Künstlerische Leitung: Kathleen O'Hara Everett
Ton: Harry Smith
Kostüme: Mickey Meyers
Darsteller: Kenne Duncan (Dr. Acula), Duke Moore (Lt. Daniel Bradford), Valda Hansen (der Weiße Geist), Tor Johnson (Lobo), John Carpenter (Capt. Robbins), Paul Marco (Kelton), Don Nagel (Sgt. Crandall), Jeannie Stevens (der Schwarze Geist/Erdgeist), Bud Osborne (Mr. Darmoor), Harvey B. Dunne (Henry), Thomas R. Mason (Wingate Fosters Geist), Marcelle Hemphill (Mrs. Wingate Yates Foster), Clay Stone (junger Mann), Margaret Mason (Martha), Henry Bederski (Betrunkener), James La Maide (Hall), Tony Cardoza (Tony), John Gautieri (Junge), Karen Hairston (Mädchen), Karl Johnson, Leonard Barnes, Frank Barbarick, Francis Misitano, David DeMering (die toten Männer), Criswell (als er selbst).

Anmerkungen: Die Dreharbeiten zu *Night of the Ghouls* (Preview als *Revenge of the Dead*) begannen Ende April 1958. Ursprünglich sollten Dudley Manlove, Mona McKinnon, Tom Keene, Lloyd Simmons, Tom Duggan und Roy Bancroft mitwirken. Laut *Daily Variety* wurde der Film Ende Mai fertiggestellt.

Eine kurze Szene, die einen Kampf zwischen Wood und Conrad Brooks zeigt, stammt aus Woods unvollendetem *Rock and Roll Hell* (*Hellborn*) von 1956 und soll hier das Problem der Jugendkriminalität anreißen. Die Szenen, in denen Jeannie Stevens als Erdgeist zum Leben erwacht, stammen aus *Final Curtain*, genau wie die Szene, in der Duke Moore die Treppe mit dem kalten, klammen Geländer hinaufgeht.

Valda Hansen meinte, daß der Film als *Revenge of the Dead* im Vista Theater in Hollywood gelaufen ist.

1960
THE SINISTER URGE
Headliner Productions – 75 Min.
Produzent: Roy Reid
Drehbuch und Regie: Edward D. Wood, Jr.
Koproduzent: Edward D. Wood, Jr.
Kamera: William C. Thompson
Bauten: Jerome Lapari
Schnitt: John Soh
Spezialeffekte: Ray Mercer
Musikarrangements: Manuel Francisco (Mischa Terr)
Kostüme: J. B. Finch
Regieassistenz: Jim Blake
Mrs. Fontaines Garderobe: Eileen Younger
Darsteller: Kenne Duncan (Lt. Matt Carson), James »Duke« Moore (Sgt. Randy Stone), Jeane Fonatine (Gloria Henderson), Carl Anthony (Johnny Ride), Dino Fantini (Dirk Williams), Jeanne Willardson (Mary

Jean Fontaine, Jeanne Willardson und Carl Anthony in *The Sinister Urge*. Man beachte die Kinoplakate für Wood-Filme an der Wand.

Smith), Harry Keaton (Jaffe), Harvey P. Dunne (Mr. Romaine), Kenneth Willardson (Theateragent), Reed Howes (Polizeiinspektor), Vic McGee (1. Gangster), Nick Raymond (2. Gangster), Conrad Brooks (Connie), Ed Wood (Danny), und mit April Lynn, Toni Costello, Kathy Kendall, Fred Mason, Betty Boatner, Dick Lamson, Claudette Gifford, Jean Bare, Clayton Peca (Polizist und Transvestit), Henry Kekoanui, Sylvia Marenco, Vonnie Starr, Paul Main, Raphael Sporer, Rhea Walker, Henry Bederski, Lisa Page Ward, Honey Bee, Candy Paige, Vicky Baker, Carole Gallos, Carmen Lee, John Carpenter.

Anmerkungen: *The Sinister Urge* begann 1959 als Drehbuch unter dem Titel *Racket Queen*. Im März 1960 überarbeitete Wood das Drehbuch für Roy Reid zum Preis von 250 Dollar. Die Dreharbeiten zu *Racket Queen* wurden am 15. Juli 1960 in Jerome Laparis Rocket Studios auf dem Sunset Boulevard in Hollywood begonnen. Vier Tage wurde im Studio gedreht, es folgte ein weiterer Tag für Außenaufnahmen.

Kenne Duncan brachte Lisa Page Ward, Honey Bee und Candy Paige mit ein, dazu noch seine damalige Freundin Betty Boatner, die man in der Eröffnungsszene sehen kann. Abgesehen von Woods Stammschauspielern war ansonsten Harry Keatan, der eine Schauspielschule betrieb, für das Casting verantwortlich.

Die Szene in »Jakes Pizza-Bude« wurde von Wood schon 1956 für den nie beendeten *Rock an Roll Hell* gedreht. Nach mehreren Vorschlägen, darunter Titel wie *Act of Compulsion*, *Hollywood After Dark*, *Immoral Intruder* oder *Chains of Evil*, lief die Headliner-Produktion Nr. 112 schließlich als *The Sinister Urge* an.

Ende August 1961 wurde noch eine zusätzliche Szene gedreht, in der Dino Fantini (Dirk Williams) Rhea Walker die Bluse vom Leib reißt. Diese Aufnahmen ersetzten eine Szene im Original, in der sich zwei High-School-Mädchen darüber unterhalten, nach Hollywood zu gehen und reich und berühmt zu werden.

Woods Entgelt für die Regiearbeit betrug 1000 Dollar und eine Bonuszahlung.

1960 – 1961
In dieser Zeit schrieb, drehte und produzierte Wood die folgenden Industriefilme für Autonetics:
Treibstoffmeßsysteme in der Luftfahrt; Eine Raumkapsel im All; Radar; Chronometer; Das Raketenprogramm Minute Man. Wood führte auch bei den Fernsehproduktionen von Autonetics Regie, über Themen wie ›Staubfreie Zonen für gyroskopische Systeme‹.

Filmplakat zu
»Shotgun Wedding«.

1963
SHOTGUN WEDDING
Boris Petroff Productions. Veröffentlicht von Pat Patterson Productions, 12/9/63, Farbe – 64 Min.
Regie und Produktion: Boris Petroff
Drehbuch: Edward D. Wood, Jr.
Darsteller: J. Pat O'Maley (der Vater des Jungen), William Schallert (der Priester), Jenny Maxwell (das Mädchen), Valerie Allen (die Ehefrau), Nat Patterson (die Tochter), Jack Searl (der Vater des Mädchens).

Anmerkungen: Regisseur Boris Petroff arbeitete unter dem Pseudonym Brooke L. Peters. Unter anderem drehte er *The Unearthly* (1957) und *Anatomy of a Psycho* (1961).

Texas Star und Lou Ojena in *Orgy of the Dead* (Foto: Steve Apostolof).

1965
ORGY OF THE DEAD
Astra Productions. Veröffentlicht von F.O.G/SCA-Verleih
In Astra-Vision und Sexicolor gedreht – 82 Min.
Regie und Produktion: A. C. Stephen (Stephen C. Apostolof)
Drehbuch: Edward D. Wood, Jr. nach seinem Roman.
Regieassistenz: Edward D. Wood, Jr.
Musik: Jaime Mendoza Nava (als Leiter des Chilenischen Symphonieorchesters)
Kamera: Robert Caramico
Choreographie: Mark Desmond
Darsteller: Criswell (der Herrscher), Pat Barringer (Shirley/das goldene Mädchen), Fawn Silver (schwarzer Ghul), William Bates (Bob), Louis Ojena (die Mu-

mie), John Andrews (der Werwolf/der Riese), Rod Lindemann (der Riese), John Bealy (Detective), Arlene Spooner (Krankenschwester), Collen O'Brien, Barbara Norton, Mickey Jones, Nadejda Dobrev, Dene Starnes, Texas Starr, Bunny Glaser, Rene de Beau, Stephanie Jones (Tänzerinnen).

Zusammenfassung (von Ed Wood): »Die Nacht ist so dunkel, eine tiefe Dunkelheit, wie sie nur ein drohender Sturm erzeugen kann – tiefe Schwärze, die in kurzen Abständen vom Zucken gewaltiger Blitze erhellt wird. Regen peitscht nieder.

In die Schwärze der Nacht und der drohenden Bergkuppen schneidet sich plötzlich ein anderer Lichtkegel – die Scheinwerfer eines Autos.

Ein junger Schriftsteller und seine Verlobte fahren auf der gefährlichen Schotterstraße, auf der Suche nach einem alten Friedhof, es geht um Recherchen für einen neuen Roman. Seit Stunden irren sie schon umher, ohne ihr Ziel zu finden. Außerdem wissen sie längst nicht mehr, wie sie wieder aus den Bergen kommen sollen. Als das Gewitter einsetzt, hatten sie keine Chance mehr umzukehren ... sie mußten weiterfahren ...

Dann der Unfall ... ein vom Blitz gefällter Baum auf der Straße ... das Kreischen der Bremsen ... das Aufheulen der geschundenen Reifen ... der Aufprall!

Der Vollmond taucht den alten Friedhof in ein helles Licht, auch wenn über dem Boden Nebel schwebt. Der Herr der Toten und seine gleichermaßen berüchtigte Prinzessin der Dunkelheit verlassen ihre Grabkammer, um sich auf ihren Marmorthronen niederzulassen und wieder einmal die frisch Verstorbenen zu richten, die man ihnen gebracht hat ... es ist DER TAG DES GERICHTS ...

Der junge Schriftsteller und seine Verlobte erwachen

nach dem Unfall aus ihrer Bewußtlosigkeit und stolpern ahnungslos in dieses merkwürdige Geschehen, diese grauenerregenden Riten, und schon bald werden sie vom »Ding der Nacht« gefangengenommen, das sie vor seinen Herrn bringt. Sie werden an Zeremonienpfähle gebunden, damit sie das Ereignis verfolgen können, bevor sie selbst gerichtet werden.

Der Herrscher lauscht dem Flehen der Toten, die ihre Schande im Tanz darstellen ... Die Straßenhure, die Männer in ihre Wohnung gelockt hat, um sie auszurauben und umzubringen ... Das Sklavenmädchen, das einst Prinzessin war und das nun von denen geschlagen wird, die sie einst als Sklaven geschlagen hat ... Die Braut, die ihren Gatten ermordete und nun bei seinem Skelett ruhen muß ... Das Indianermädchen, daß seine Liebhaber ins Feuer stieß und sich nun auf alle Ewigkeit selbst in die Flammen stürzen muß ... Das Inselmädchen, das die Schlangen liebte. Sie benutzte sie, um ihre Liebhaber loszuwerden, und wird nun für immer von Schlangen gebissen ... Das Mädchen, das Katzen liebte und für immer Katze sein wird ... Und die, die das Gold über alles liebte ... nun ist sie selbst zu Gold geworden.

Die Prinzessin der Dunkelheit hat gerade ihr Messer erhoben, um das junge Mädchen zu ihrer Sklavin zu machen, als die ersten Strahlen der Sonne durch die Wolken dringen. Die Prinzessin, der Herrscher und all die anderen zerfallen zu dem, was sie in Wahrheit sind – Knochen und Asche ...

Der junge Autor und seine Verlobte werden neben dem Wrack ihres Wagens geborgen. War alles nur ein Traum?

Das wissen nur die Geschöpfe der Nacht.«

Anmerkungen: Ausgangspunkt von *Orgy of the Dead* war ein 18seitiges Manuskript mit dem Titel *Night*

Ghoulies. Es enthielt zehn Tänze (von ungefähr 42 Min. Länge), um die herum eine 20minütige Story gebaut werden sollte. Das Originaldrehbuch enthielt weder den Werwolf noch die Mumie, und Criswells »Herrscher der Toten« hieß »Totenschädel«, eine Gestalt mit einem Umhang, einem Totenschädel, dort wo der Kopf sitzen sollte, und mit Krallenhänden. Der Umhang, den Criswell trug, war Bela Lugosis Dracula-Cape aus *Abbot and Costello Meet Frankenstein*.

Die Dreharbeiten begannen im September 1965. Laut T. V. Mikels (Regisseur von *Astro Zombies*, *Doll Squad* usw.) hieß der Film eine Zeitlang *Ghouls and Dolls*. Criswell schlug *Orgy of the Damned* vor, und Regisseur Steve Apostolof wählte schließlich den Titel *Orgy of the Dead*.

Die Musik ist von dem in den Filmcredits nicht erwähnten Jaime Mendoza-Nava, der zahlreiche Soundtracks geschrieben hat. Der Kameramann Robert Caramico drehte später einen eigenen Film, *Sex Rituals of the Occult* und arbeitete als Kameramann für die TV-Serie *Falcon Crest*. Criswell war häufig Gast in Johnny Carsons *Tonight Show* und machte ausgiebig Werbung für *Orgy of the Dead*.

1969
FOR LOVE OR MONEY
Don Davis Productions / Farbe / 80 Min.
Regie und Produktion: Don Davis
Drehbuch nach Ed Woods Roman Sexecutives

1969
ONE MILLION AC/DC
Canyon Distributing Co. / Farbe / 80 Min.
Regie und Produktion: Ed De Priest
Drehbuch: Akdov Telmig (Ed Wood)

Kamera: Michael Weldon, Ed De Priest und Eric Torgesson
Historische Beratung: R. L. Frost, Bob Cresse
Darsteller: Harvey Edmundt, Lawrence Richey, Douglas Martin, Robin Glanz, Jaqueline Fox

1969
OPERATION REDLIGHT
Jaques Descent Productions / Farbe
Drehbuch: Ed Wood, nach seinem Roman Mama's Diary
Darsteller: (u. a.) Ed Wood

1969
GUN RUNNERS
Don Davis Productions / Farbe
Regie und Produktion: Don A. Davis
Drehbuch: Ed Wood

1969
THE PHOTOGRAPHER
Robertson-Kay Productions / Farbe / 63 Min.
Regie und Produktion: Joseph F. Robertson
Drehbuch: Ed Wood
Kamera: Hal Guthu
Historische Beratung: R. L. Frost, Bob Cresse
Darsteller: (u. a.) Ed Wood (Mr. Murphy), Linda Colpin (Linda)

Zusammenfassung: Mr. Murphy, ein Aktfotograf, interviewt eine endlose Reihe von Frauen. Schließlich trifft eine Gruppe von Mädchen ein, die ihn zwingen, ein Hundehalsband anzulegen und ihnen als Sklave zu dienen. Er muß ein Baby-Doll und Frauenschuhe tragen und unterwirft sich ihren fetischistischen Wünschen.

1970
TAKE IT OUT IN TRADE

Ashdown-Gonzales Productions / Farbe / 80 Min.
Drehbuch und Regie: Edward D. Wood, Jr.
Produktion: Richard Gonzales und Edward Ashdown
Kamera: Hal Guthu
Zweite Kamera: Ben Incremona
Koproduzent: Roy Corrigan
Schnitt: Michael J. Sheridan und Edward D. Wood, Jr.
Regieassistenz: Don Nagel
Darsteller: Donna Stanley (Shirley Riley), Michael Donovan O'Donnell (MacMcGregor), Duke Moore (Frank Riley), Ed Wood (Alecia), Nona Carver (Sleazy Maisie Rumpledinck), und mit Casey Lorrain, Linda Colpin, Monica Gayle, Emilie Gray, Donna Young, Lynn Harris, Andrea Rabins, James Kitchens, Hugh Talbert, Judith Koch, Phyllis Stengel, Elaine Jarrett, Linda Spheres, Lou Ojena, Jack Harding, Herb Webber.

Zusammenfassung: Die Suche eines Privatdetektivs nach einer vermißten Tochter aus gutem Hause trägt Früchte, als er herausfindet, daß sie in »Madame Pennys Etablissement des Entzückens« arbeitet.

Anmerkungen: *Take It Out in Trade* ähnelt den Sexromanen Ed Woods, legt aber größten Wert auf visuelle Gags. Donna Stanley und Monica Gayle spielen die Hauptrollen in dem Sexploitation-Hit in 3-D aus dem Jahre 1969, *The Stewardesses*.

Nach einer Pause von zehn Jahren steht Ed Wood endlich wieder hinter der Kamera. Er zeigt eine eindeutige Vorliebe für die Farbe Rot: rote Teppiche, rote Sofas, rote Treppen, rote Vorhänge, rote Tischdecken, rote Bettdecken, rote Höschen, rote Nachthemden usw. Visuelle Gags und Slapsticks werden mit konventionellen Soft-Porno-Szenen verwoben.

Die weltweite Suche des Detektivs wird auf ausgesprochenen deutliche Weise versinnbildlicht: Ein Mann in einem Barett, der eine Weinflasche in der Hand hält, stolpert an einem Reiseplakat von Rom vorbei (der gleiche Mann, immer noch mit seiner Flasche Vino, flüstert später einer attraktiven Frau, die an einem Tisch in einem Café sitzt, etwas zu und kassiert dafür eine schallende Ohrfeige). Es gibt noch andere originelle Szenen: In Sleazy Maisie Rumpledincks Zimmer hängt ein Schild an der Wand, auf dem »Kein Kredit« steht; Vater Riley erhält einen Anruf des Detektivs. (»Ich arbeite gerade an einer heißen Sache.« – »Was er wohl damit meint?«) Im nächsten Bild sieht man den Detektiv, der eifrig die Brustwarze einer Frau leckt.

Es gibt merkwürdige Dinge, die an Parapsychologie und Surrealismus erinnern: Eine Frau, die einen schwarzgelb gestreiften Regenmantel trägt, kommt mit einem Regenschirm in Madame Pennys Etablissement, man hört Donner, Blitze und das Geräusch des Regens, während eine endlose Prozession nackter Frauen die rote Treppe hinauf und hinab geht. Auf einem Lampentisch des Bordells steht ein Totenkopf aus schwarzem Marmor, auf einem Couchtisch sieht man eine Cobrastatue. Aber das Seltsamste, Unerklärlichste ist der Lichtblitz, der von einem fernen Donnergrollen begleitet wird, und der in unregelmäßigen Abständen das Bild einer Couch neben einem Vorhang erhellt.

Die bemerkenswerteste Sequenz von sieben Minuten Länge zeigt Ed Wood (in der Rolle der Alecia), der ein limonengrünes Kleid, einen wuscheligen orangefarbenen Pullover, weiße Plastikstiefel und eine blonde Perücke trägt, in einer wahren Tour-de-Force.

Take it Out in Trade sollte ursprünglich vom MarJon Filmverleih (*Here Comes Dodie, Love Children, Orgy in the Ozarks, Pussy Posse, Dracula Sucks, Stranger Hunger, My Butch Stud* usw.) übernommen werden und erschien auch in ihrem Katalog, wurde jedoch letzten Endes nicht eingekauft.

Der Film soll in den Pussycat-Kinos in Los Angeles gelaufen sein, und es kann durchaus sein, daß die Premiere in einer Oben-Ohne-Bar in Glendale stattgefunden hat.

Ed Wood schrieb im *Sensual Films* Magazin:

»Vor einem Jahr drehte ich meinen ersten Film auf dem Nacktfilmmarkt. Er hieß *Take It Out in Trade*, und auch wenn er wahrscheinlich erst ab 18 freigegeben wird, habe ich doch versucht, sowenig sexuelle Kontakte wie möglich zu zeigen, um den Zuschauer nicht täuschen zu müssen. In diesem Film gibt es ganz einfach eine ganze Menge hübscher, nackter Mädchen, wie sie jeder gerne sehen möchte. Aber der Film wirkt echt, genauso echt wie die Kulissen. Ich glaube nicht, daß er an der Kinokasse Schiffbruch erleiden wird.«

1971
NECROMANIA
Cinema Classic Production/Verleih durch Stacey Films/Farbe/16 mm/ca. 60 Min.
Drehbuch und Regie: Ed Wood

Filmplakat zu »Necromania«.

Kamera: Hal Guthu (Softcore-Szenen) und Ted Gorley (Hardcore)
Ton: George Malley
Kulisse: John Andrews
Schnitt: Ed Wood
Darsteller: Rene Bond, Ric Lutze, Marie Arnold, Ed Wood.

1971
THE ONLY HOUSE
Cinema Classics/Verleih durch Stacey Films/Farbe/16 mm/ca. 60 Min.
Drehbuch und Regie: Ed Wood
Kamera: Ted Gorley

Anmerkungen: »Vorhandenes Pressematerial deutet darauf hin, daß es in diesem Film um Prostitution, Schwarzbrennerei, Geister, Vergewaltigung, Lesbierinnen und Orgien geht.« In dieser Beschreibung aus dem Band des American Film Institute über die zwischen 1960 und 1970 in Amerika erschienen Filme klingt *The Only House in Town* (wie es dort heißt) verdächtig nach *Necromania*. Aber der Film, der drei Monate nach Necromania entstand, existierte auch als *The Young Marrieds*. Das Ganze wird noch verworrener dadurch, daß der Plot von Woods Roman *The Only House* mit dem von *Necromania* fast identisch ist. Aber in Woods Lebenslauf tauchen sowohl *Necromania* als auch *The Only House* auf. Ted Gorley behauptete, daß *The Only House* schwächer war als *Necromania* und keine Elemente des Übernatürlichen enthielt. Der Film wurde in drei Tagen gedreht, wahrscheinlich mit einem niedrigeren Budget als *Necromania*.

1971
THE UNDERGRADUATE
Jaques Descent Productions
Drehbuch: Ed Wood

1972
CLASS REUNION
SCA-Verleih/Farbe/85 Min.
Regie und Produktion: A. C. Stephen (Steven Apostolof)
Drehbuch: Edward D. Wood, Jr. und A. C. Stephen
Darsteller: Marsha Jordan (Jeannie), Rene Bond (Thelma), Ric Lutze (Harry), Terry Johnson (Liza), Flora Weisel (Henrietta), Sandy Carey (Fluff), Forman Shane (Charlie), Starlyn Comb (Rosie).

Anmerkungen: *Class Reunion* ist eigentlich nicht viel mehr als eine Aneinanderreihung simulierter Sexszenen mit eingestreuten Dialogen von Ed Wood. Den eindeutigen Höhepunkt des Filmes stellt der Monolog von Ric Lutze dar: »Es ist das Ende des Jahres, und du bist so wundervoll, du bist so wundervoll, und das Leben ist so wundervoll. Vielleicht ist das der Grund ... der einzige Grund ... und ... daß es das immer wieder geben wird: ein Klassentreffen.«

1972
THE COCKTAIL HOSTESS
SCA-Verleih/Farbe/80 Min.
Regie und Produktion: A. C. Stephen
Drehbuch: Edward D. Wood, Jr. und A. C. Stephen
Musik: J. Mendozoff
Kamera: R. Ruben
Darsteller: Rene Bond (Toni), Terry Johnson (Jackie), Lynn Harris (Millie), Kathy Hilton (Lorraine), Forman Shane (Larry), Douglas Frey (Tom), Duane Paulsen (Howard), Norman Field (Henderson).

Ed als »Pops« in *Fugitive Girls*, zu dem er auch das Drehbuch schrieb (Foto: Steve Apostolof).

1972
DROPOUT WIFE
SCA-Verleih
Regie und Produktion: A. C. Stephen
Drehbuch: Edward D. Wood, Jr. und A. C. Stephen
Darsteller: Angela Canon, Forman Shane, Ric Lutze, Terry Johnson, Rick Cassidy.

1974
FUGITIVE GIRLS (5 LOOSE WOMEN)
SCA-Verleih/Farbe/90 Min.
Regie und Produktion: A. C. Stephen
Drehbuch: Edward D. Wood, Jr.
Regieassistenz: Dick Trent (Ed Wood)
Kamera: Robert Birchall
Karatelehrer: Jerry Morrey
Darsteller: Jamie Abercrombie (Paula), Rene Bond

(Toni), Tali Cochrane (Kat), Dona Desmond (Sheila), Margie Lanier (Dee), Forman Shane (Kyle), Nicole Ridell (Jan), Douglas Fray (Presser), Sunny Boyd (Tears), Gary Schneider (Bat), Flash Storm (Crack), Ed Wood (Pops).

Anmerkungen: Außer Pops, den Tankwart, spielt Ed Wood auch noch den Sheriff (mit Sonnenbrille und Schnurrbart).

1975
SEX EDUCATION CORRESPONDENCE SCHOOL
Pendulum Publications/SECS Productions
Eine Serie von 12 Super-8-Pornofilmen, jeder von circa 20 Minuten Länge. Drehbücher und Regie von Ed Wood und Charles Anderson.

Anzeige mit Bestellformular für Ed Woods 20minütige Sexfilme.

1976
THE BEACH BUNNIES
SCA-Verleih/Farbe/90 Min.
Regie und Produktion: A. C. Stephen
Drehbuch: Edward D. Wood, Jr. und A. C. Stephen
Darsteller: Wendy Cavanaugh (Bonnie), Brenda Fogerty (Elaine), Linda Gildersleeve (Sheila), Mariwin Roberts (Laurie), Forman Shane (Chris), John Aquaboy (Dennis), Rick Cassidy (Dave), Marian Proctor (Rock).

Anmerkungen: Eine durchschnittliche SCA-Produktion, auch wenn das Drehbuch einige interessante Wendungen enthält. Bodybuilder Rick Cassidy wirkte Anfang der Siebziger in Hunderten von West Coast-Pornostreifen mit.

WEITERE WOOD-DREHBÜCHER (laut Lebenslauf): *Escape from Time* (Martha C. Brown Productions), *Portraits in Murder* (MacLachlan Brothers), *White Flash* (J. C. Productions), *Bed Time Talk* (Pete Perry Productions), *The Wicked West* (Capricorn Industries), *The Venus Fly Trap* (Japan), *Love Feast* (Capricorn Industries), *Talk Sexy Y'All* (Boris Petroff Productions – vielleicht nur ein anderer Titel für *Shotgun Wedding*). Wood taucht auch als Darsteller in Joe Robertsons Mrs. Stone's Thing (1970) auf.

›SCHLEIFEN‹
In den siebziger Jahren drehte Wood eine unbekannte Anzahl von 12minütigen Hardcore-Filmen für Swedish Erotica. Da all diese Filme ohne Vor- oder Abspann liefen, dürften Woods Beiträge zu diesem Markt wohl undokumentiert bleiben. *Massage Parlour*, *Girl Friday* und *The Jailer* sind möglicherweise unter seiner Regie entstanden.

DREHBÜCHER FÜR FERNSEHFILME
Woods Lebenslauf listet die folgenden Fernsehfilme auf, zu denen er die Drehbücher schrieb: *Little Old Lady from Pasadena* (Westlake Productions, Inc.), *Morpheus Fiddles* (Lea-Tuck Prod.), *The Showdown* (Sid R. Ross Prod.), *Double Noose* (Sid R. Ross Prod.), *War Drums* (Sid. R. Ross Prod.). Möglicherweise war Wood auch Regisseur einiger Folgen der *Sam Yorty Show* (1964) in den KTTV Studios.

ANDERE FERNSEHARBEITEN
Wood führte Regie bei *Thrills in Sports*, einer Live-Show für KTLA, und er drehte Werbefilme für Story-Ad Films (circa 125 Spots) und für Play-Ad Films (circa 30 Spots).

REVUESHOWS UND NACHTCLUBS
Im The Dells, Woodstock, N. Y., und im Kavockas Club in Washington, D. C., führte Ed Regie und spielte eine Hauptrolle. Im Silver Slipper in Las Vegas führte er Regie bei der *Bela Lugosi Review* (nach seinem Drehbuch) und bei der *Tom Keene Review*, einer Western Varieté-Show.

UNVERWIRKLICHTE PROJEKTE

1953
Bob Steele of the Border Patrol
Wood sollte das Drehbuch für eine Reihe von Billig-Western für Bob Steele von Commodore Productions schreiben.

1953
Dr. Acula
Wood sollte für eine geplante Fernsehserie mit Bela Lugosi Drehbuch schreiben und Regie führen. Lugosi war Dr. Acula, ein mysteriöser Erforscher des Übernatürlichen. Ted Allen sollte der Produzent sein. Lugosi kündigte das Projekt sogar schon in der Fernsehserie *You Asked For It* an.

1954
The Vampire's Tomb
The Vampire's Tomb wurde zum ersten Mal als geplante Produktion in der Ausgabe der Los Angeles *Times* vom 2. August 1954 erwähnt. Im *Hollywood Reporter* vom 9. September wurde als Drehbeginn der 1. Oktober genannt, Wood sei in San Francisco, um die Finanzierung abzuschließen. Aber statt dessen begannen am 1. Oktober die Dreharbeiten zu *Bride of the Atom*. Bela Lugosi sollte als Dr. Acula auftreten, in weiteren Rollen Tom Keene, Loretta King, Bobby Jordan, Lyle Talbot, Dolores Fuller, Duke Moore und Devila, eine Wood-Entdeckung im Vampira-Stil.

1954
Dr. Voodoo
Diese Version von Ulmers *The Black Cat* sollte von Elliott Hyman finanziert werden, aber Allied Artists-Präsident Steve Brody lehnte das Drehbuch ab. Lugosi und Karloff sollten die Hauptrollen spielen.

1953–1955
The Phantom Ghoul
Auch unter dem Namen *The Ghoul Goes West* bekannt. Dieses Projekt wurde ursprünglich 1953 angekündigt, mit Bela Lugosi, Lon Chaney, Jr., Tor Johnson und John

Carradine in den Hauptrollen. Als Lugosi sich im April 1955 in das Norwalk State Hospital einweisen ließ, las er das Drehbuch, das nach seiner Entlassung verfilmt werden sollte. Als Gene Autry, der den heldenhaften Sheriff spielen sollte, unter rätselhaften Umständen absagte, versuchte Wood, Bob Steele oder Ken Maynard als Ersatz zu bekommen. Harold Daniels (*Terror in the Haunted House, House of the Black Death*) sollte Regie führen, während Wood für Drehbuch und Produktion dieses Breitwandfilms in Farbe verantwortlich sein sollte.

1956
Rock and Roll (Hellborn)
Die Dreharbeiten zu Woods *Rebel Without a Cause* [nicht zu verwechseln mit *Rebel Without a Cause* (*Denn sie wissen nicht, was sie tun*) mit James Dean] begannen im Juli 1956. Nachdem 4000 Meter Film aufgenommen waren, stellte Produzent George Weiss das Projekt ein. Später verkaufte er das Filmmaterial an den Schauspieler Conrad Brooks. Ein großer Teil dieses Materials wurde in *The Sinister Urge* und *Night of the Ghouls* verwendet. Geplante Besetzung: Ed Wood, Conrad Brooks, Duke Moore, Tom Mason.

1957
Piranhas
Wood sollte bei diesem Horrorfilm Regie führen. Die Musik sollte von Frank Worth, dem Komponisten von *Bride of the Monster*, stammen.

1957
The Dead Never Die
Wood sollte dieses Drehbuch von William Harlow und Kirk Kirkham nach einer Original-Story von Criswell

und Paul Marco verfilmen. Geplante Besetzung: Criswell, Vampira, John Breckinridge, Paul Marco, Brad Jayson, Lynne Brighton, Lee Trant, Judy Parks und David DeMering.

1958
Trial By Terror
Teil einer Reihe von Horrorfilmen für Atomic Productions. Wood sollte Regie führen.

1958
Ghouls of the Moon oder *The Undead Masses*
Sollte nicht verwendetes Filmmaterial mit Aufnahmen von Lugosi enthalten.

1959
Masqerade into Eternity
Wood sollte für dieses »Melodram um eine Filmtruppe aus Hollywood auf einer Kuba-ähnlichen Insel« das Drehbuch schreiben und Regie führen. Ben Frommer war für die Rolle des »Colonel, Leiter einer Militärregierung« gedacht und wurde als Koproduzent angekündigt.

1960
The Peeper
Der ursprüngliche Titel lautete *The Peeping Tom*, wurde dann aber geändert, zweifellos aufgrund Michael Powells *Peeping Tom* (1960). *The Peeper* führt uns erneut mit den Detektiven aus *The Sinister Urge*, Lt. Matt Carson und Sgt. Randy Stone, zusammen, die versuchen, eine Serie von Sexualmorden aufzuklären, deren Opfer stets attraktive Frauen sind. Der Bösewicht ist ein mörderischer Voyeur.

1961
The Silent Night
Aus diesem Drehbuch wurde später *I Awoke Early the Day I Died*.

1963
Portraits in Terror
Eine Trilogie, bestehend aus Woods *Final Curtain*, *The Night the Banshee Cried* und dem nicht verfilmten *Into My Grave*, die Geschichte eines lebendig Begrabenen.

1963 – 1964
Attack of the Giant Salami
Eine Science Fiction-Groteske mit Joe E. Brown, Boris Karloff und Valda Hansen. Mit dem Tod von Joe E. Brown starb auch das Projekt. Auch unter den Titeln *Operation Salami* und *Attack of the Gigantic Salami* im Gespräch.

1965
To Catch a Raw Indian
Handelte von einem Autor, der einen Film über vertriebene, an Klippen wohnende Indianern drehen will.

1965
Joaquin Murieta
Wood wollte schon immer einen Film über diesen berühmten Banditen des alten Westens drehen. Nach ihrer Gefangennahme und Ermordung wurden Murietas Kopf und die Hand eines Kumpanen, Drei-Finger Jack, in Alkohol konserviert und auf einer Auktion des Sheriffs für 36 Dollar verkauft.

1966
Rue Pigalle
Woods Drehbuch nach seinem Roman *69 Rue Pigalle* über einen Transvestiten, der in Paris eine Mordserie aufklärt, sollte von SCA produziert werden, unter der Regie von A. C. Stephen, aber die Finanzierung wurde zurückgezogen. Lon Chaney sollte eine der Rollen übernehmen.

1966
Tangier
Eine Fernsehserie im Action-Abenteuer-Krimi-Genre, nach einer Idee von A. C. Stephen. Drehbuch von Edward D. Wood, Jr.
»Tanger, eine lasterhafte, grausame Stadt, in der Verbrechen ein Hauptwirtschaftszweig ist. Ein Leben ist nicht viel wert – Mord ist an der Tagesordnung.«

1966
Enchanted Isle
Unverfilmtes Drehbuch von Ed Wood um eine Piratenprinzessin auf einer Südseeinsel, heidnische Rituale, schwarze Perlen und unerfüllte sexuelle Sehnsüchte. Dana Andrews, John Ireland und Lon Chaney, Jr. sollten mitwirken.

1967
Devil Girls
Film über eine Drogen schmuggelnde Mädchengang nach dem gleichnamigen Roman von Ed Wood. Tor Johnson sollte Chief spielen, einen Riesen, der für Jokkey arbeitet, den früheren Rennfahrer, der einen »drittklassigen Hamburgerladen« leitet, in dem die Gang häufig zu Gast ist.

Snap Happy
Wood arbeitete mit Stuntman Rodd Redwing an einem Drehbuch über Matthew Brady, Fotograf in der Zeit des Bürgerkrieges.

The Life of Mickey Cohen
Paul Marco sollte den berüchtigten Hollywood-Gangster spielen. In Liz Renays Autobiographie *My Face for the World to See* wird ausgiebig auf Cohen eingegangen.

1973
Mice on a Cold Cellar Floor/Epitaph for the Town Drunk/To Kill a Saturday Night
Drei düstere Geschichten über Armut und die dunkle Seite des Lebens. Dialog aus *Mice on a Cold Cellar Floor:*

Harry: »Wir sind selbst wie die Mäuse ... wie diese Mäuse dort drüben in der Ecke ... nichts als Mäuse auf einem kalten Kellerboden.«

In *Epitaph for the Village Drunk* verblüfft der dorfbekannte Säufer Harry Pole seine Mitbürger, als er einem Jungen das Leben rettet, der auf einem See durchs Eis bricht. Da er für die Nacht keine Unterkunft hat, wird Harry im Gefängnis einquartiert, wo ihm ein Häftling eine Flasche Schnaps besorgt. Als er in der Nacht friert, zündet Harry seine Matratze an und kommt in dem ausbrechenden Feuer um.

To Kill a Saturday Night sollte mit John Carradine und David Ward als zwei Kleinstadtsäufer verfilmt werden.

1973
The Teachers
Nicht verfilmtes Drehbuch. Eine junge attraktive College-Studentin lernt bald, wie man die besten Noten von den Lehrern bekommt.

1973
The Basketballers
Nicht verfilmtes Drehbuch von Ed Wood und Stephen Apostolof um Sex, Sport und Drogen auf dem Campus einer Kleinstadtuniversität.

1973
The Airline Hostesses
Nicht verfilmtes Drehbuch, in dessen Mittelpunkt die sexuellen Ausschweifungen von Flugzeugpiloten und Stewardessen stehen.

1974
I Awoke Early the Day I Died
Ein Originaldrehbuch von Ed Wood, basierend auf seinem Manuskript *Night of Silence* oder *The Silence Night* (1960).

Zusammenfassung: Ein Wahnsinniger überwältigt die Krankenschwester und kann in ihren Kleidern aus dem Hope-Sanatorium entfliehen. Er stiehlt eine Pistole und einen Wagen und geht auf eine wilde Verbrechenstour, in deren Verlauf er ein Leihhaus überfällt und den Manager tötet.

Der Verrückte kommt an einem alten Friedhof vorbei und wird Zeuge einer Begräbniszeremonie. Als der Leichenbestatter und die Trauergemeinde fort sind, öffnet der Verrückte den Sarg und findet darin ein Skelett in einer kultischen Robe sowie den Hammer und die silberne Stimmgabel, die während der Zeremonie benutzt wurden. Der Dieb legt die Börse mit dem gestohlenen Geld auf das Skelett. Er schlägt die Stimmgabel an, und Dudelsackmusik erklingt. Der Dieb verfällt in Zuckungen, und der Sarg, in dem sein Geld ist, schließt sich. Der Dieb läuft in die Richtung, aus der die Musik kommt, fällt in ein offenes Grab und verliert das

Bewußtsein. Als er am nächsten Morgen aufwacht, stellt er fest, daß sowohl der Sarg als auch das Geld verschwunden sind. Er stößt auf den Leichenbestatter und erfährt, daß der Sarg umgebettet ist. Erbost erstickt er den alten Mann mit einem Kissen.

Schließlich findet er den Sarg, aber die Börse ist leer. Er besorgt sich die Namen und Adressen der Trauergäste, und einer nach dem anderen muß sein Leben lassen, bis auf einen Zirkus-Scharfschützen, dem der Liliputaner, die dicke Frau und das menschliche Skelett zur Hilfe eilen.

Der Dieb stiehlt ein Taxi und kehrt noch einmal auf den Friedhof zurück. Der Leichnam des Bestatters liegt noch immer dort, und der Dieb, der den starren Blick der toten Augen nicht ertragen kann, schleppt sein Opfer und dessen Dudelsack zu einem offenen Grab. Der Dudelsack fällt zu Boden und reißt auf, das gestohlene Geld quillt heraus. Der Dieb läßt die Leiche fallen, aber ein Windstoß verstreut das Geld in alle Richtungen. Der Verrückte hört erneut wilde Dudelsackklänge und schreit vor Zorn. Er rennt hinter den Scheinen her, stürzt in ein offenes Grab und bricht sich das Genick.

I Awoke Early the Day I Died vereinigt noch einmal die typischen Obsessionen Ed Woods: Tod, Friedhöfe, das Burleske und das Groteske. Ganz in der Tradition des von Russel Rouse gedrehten *The Thief* (1952) sollte auch dieser Film ohne Dialoge auskommen, nur mit wenigen Geräuschen, Schreien, Lachen und Musik. Aldo Ray sollte den verrückten Dieb spielen, John Carradine den Leichenbestatter, und John Agar und David Ward sollten Polizistenrollen übernehmen. Dies war zweifellos das Projekt, das Wood in seinen letzten Jahren am meisten am Herzen lag.

1974
Heads No Tails
Unverfilmtes Drehbuch für den Produzenten Barry Elliott, inspiriert von den Tod Slaughter-Filmen aus den Dreißigern. Das Script enthält vier verschiedene Versionen des Endes.

1976
The Day the Mummies Danced
Woods Rückkehr zum Horror-Genre sollte in den berühmten Guanajuato-Höhlen in Mexiko gedreht werden, in der die dort gelagerten Mumien eine Touristenattraktion darstellen.

Geplante Besetzung: Aldo Ray, John Agar und Dudley Manlove, der, laut Wood, einen großen Teil der Produktion finanzieren sollte.

1976
Lugosi: Post Mortem
Blue Dolphin Records beauftragten Wood, ein Buch und ein Drehbuch über seine Erfahrungen mit Bela Lugosi in den letzten fünf Jahren seines Lebens zu schreiben. Wood wünschte sich Peter Coe als Lugosi. Karl Johnson sollte die Rolle seines Vaters spielen. Das nahezu vollständige Drehbuch und das Buch blieben zurück, als Wood seine Wohnung verlassen mußte, und sind wahrscheinlich vernichtet worden.

1977
Shoot 7
Wood schrieb das Drehbuch für eine geplante Musicalfassung des St.-Valentinstag-Massakers.

1977
Venus De Milo
Ein Fantasy-Abenteuer um das Geheimnis der verschwundenen Arme der berühmten Skulptur. Wood wollte im Mittelmeer drehen, mit seiner Entdeckung, seiner jungen Nachbarin Shannon Dolder.

Edward D. Wood, Jr. in *Glen or Glenda* (Foto: Dolores Fuller).

How a man changed his sex soon will be rushed to the screen

By ALINE MOSBY
United Press Hollywood Correspondent

Hollywood never misses a bet on the headlines, so a movie company has rushed out with the inevitable—a picture about a man who's changed into a woman.

Films have been based on such news events as a little girl falling into a well, the Korean war and a guy who went into the Army with his lion.

Thus before the newsprint dried on the copy about Christine Jorgensen, the ex-GI turned glamour girl, Producer George Weiss of Screen Classics, Inc., and Director Edward Wood were shooting scene 5.

Behind locked doors, so MGM wouldn't find out, they filmed "I Changed My Sex."

GETTING WIND of this production scoop, I trailed them to a tiny rental studio on Santa Monica Blvd., called "Quality Pictures."

Director Wood, a sort of Orson Welles of low-budget pictures, wrote, directed and starred in the movie. He used to dance with famed Martha Graham, too, he added.

"There is no comparison to the Christine Jorgensen case," Wood insisted, examining his orange socks and black suede shoes.

Producer Weiss, who has given you such side-street theater movies as "Pin Down Girl" (lady wrestlers) and "Girl Gang" (teenage narcotics users), says there is "nothing censorable whatsoever" in his new picture.

THIS FILM opens with scenes of Bela Lugosi sitting in his usual laboratory and pouring the usual evil potions into test tubes that smoke and crackle. Bela, Wood explained, plays an "all-powerful science-god figure. This is almost science-fiction."

Lugosi, with suitable eerie under-lighting, peers at the tiny people of the world. We then dissolve to investigate two earthly lives. One plot involves Wood, who plays a man who wants to wear woman's clothes. The other story involves musician Tommy Haines, who plays a man who by operations such as Miss Jorgensen's is turned into a woman. In real life Haines, or Miss Haines, actually is a woman, and Wood actually is a man who is going to marry his leading lady, Dolores Fuller, who in real life is a woman.

"It's documentary," exclaimed Wood. "We talked to hundreds of people and psychiatrists. We had doctors supervising the operation scene."

"We do exploitation pictures," boomed Producer Weiss.

Zeitungsartikel über *Glen or Glenda*. »Regisseur Wood, eine Art Orson Welles der Low-Budget-Filme.«

Fotos aus dem Film *Ed Wood*
von Tim Burton, 1994

(Filmstart in Deutschland: 29. 06. 1995)

Edward D. Wood Jr. (Johnny Depp), der »schlechteste Regisseur aller Zeiten«: Er war vom Kino besessen und liebte seine Arbeit als Filmemacher – doch leider hatte er keinen Funken Talent.

Zwischen Ed Wood (Johnny Depp), dem idealistischen Filmemacher, und Bela Lugosi (Martin Landau), dem alternden Dracula-Darsteller, entwickelt sich eine tiefe Freundschaft: Nächtelang sehen sich die beiden alte Horrorfilme an.

In GLEN OR GLENDA thematisiert Ed Wood seine eigene Vorliebe für Frauenkleider (Johnny Depp hier im Bild mit Sarah Jessica Parker).

Mit seinen Filmen verschaffte Ed Wood (Johnny Depp) dem alternden Horrorfilm-Star Bela Lugosi (Martin Landau) ein Comeback, das ihn als Kinolegende unsterblich machte.

Der enthusiastische Regisseur (Johnny Depp, rechts vorne) und sein Team bei der Produktion von PLAN 9 FROM OUTER SPACE, der als »schlechtester Film aller Zeiten« Geschichte machte.

In dem schwedischen Showringer Tor Johnson (George »The Namila« Steele, Mitte) findet Ed die Idealbesetzung für seine Horrorfiguren.

Nach einer Auseinandersetzung mit seinen Geldgebern präsentiert sich Ed (Johnny Depp) der gesamten Crew in Frauenkleidern.

Danksagung

Für Rat und Hilfe während dieses Unternehmens danke ich besonders: Chris Eckoff, Tomata du Plenty, Evelyn Bianca, Cole Gagne und John Black von Backtrack Video, Seattle.

Für Informationen, Unterstützung und die Erlaubnis, wichtiges Material zu verwenden, Dank an: John Andrews, Carl Anthony, Steve Apostolof, Lorraine Ashcroft, Buddy Barnett, Harold Bear, Henry Bederski, Alan Betrock, Paul Bianca, Richard Bojarski, Nick Bougas, Conrad Brooks, Louis R. Cafini, Eric Caidon, Tim Caldwell, Tony Cardoza, Tom Corrigan, Phil Chamberlin, Robert Cremer, Don Fellman, Irene Forrest, Dolores Fuller, Dave Friedman, Dale Gasteigger, Joseph Green, Valda Hansen, Ric Hardman, Larry Hardy, Maura Hefner, David J. Hogan, Mike Hornyak, Alexander Kogan, Alan Licht, Michael Lucas, Bill Mackleheny, Dudley Manlove, Paul Marco, Jimmy McDonough, Mona McKinnon, Candido Medina, Richard Meltzer, Ted V. Mikels, Dennis P. Mitchell, Fred Mollin, Titus Moody, Don Nagel, Maila Nurmi, Aldo Ray, Garydon Rhodes, Fred Robertson, Joseph Robertson, William Rotsler, Kregg Sanders, Ray Dennis Steckler, Harry Thomas, Stuart Timmons, John Tydings, Patty Wallace, David Ward, Tina Warren, Tom Weaver, Kathy Wood, Mildred und Frank Worth und Scott Zimmerman.

Mein Dank geht auch an Paul Ambrose, Ives Arnold, Brian Bailey, Glen Branca, Sumner Crane, Paul Dyer,

Jr., Michael Grimm, John Pierre Jackson, Donald Krieger, Mike Kuchar, Ron Lash, Johnny Legend, Petteri Laitinen, Michael Weldon, John White, John Wooley und Rob D. Wray.

Ich bedaure, daß diese Personen das Erscheinen dieses Buches, zu dem sie alle beitrugen, nicht mehr erleben konnten: Ron Ashcroft, Bernie Bloom, Timothy Farrell, Buddy Hyde, Aldo Ray, Roy Reid und Lillian Wood.

Mein besonderer Dank gilt meinem Verleger, Adam Parfrey, der es sofort verstand.

Der internationale Film: Genres, Titel, Hintergründe

Roland Flamini
Vom Winde verweht
Der berühmteste Film der Welt und seine Geschichte
32/40

Leonard Maltin
Der klassische amerikanische Zeichentrickfilm
32/42

Erich Kocian
Die James Bond-Filme
32/44

Ulrich Hoppe
Casablanca
32/62

Ronald M. Hahn/Volker Jansen
Kultfilme
Von "Metropolis" bis "Rocky Horror Picture Show"
32/73

Norbert Stresau
Der Horror-Film
Von Dracula zum Zombie-Schocker
32/96

Thomas Jeier
Der Western-Film
32/102

Gebhard Hölzl
Matthias Peipp
Fahr zur Hölle, Charlie
Der Vietnamkrieg im amerikanischen Film
32/152

Rolf Giesen
Lachbomben
Die großen Filmkomiker Vom Stummfilm bis zu den 40er Jahren
32/161

Brent Maddock
Die Filme von Jacques Tati
32/187

Rolf Giesen
Die großen Filmkomiker
Von 1945 bis heute
32/193

Wilhelm Heyne Verlag
München

Grosse Regisseure des internationalen Films
Ihre Filme - ihr Leben

Reinhold Rauh
Woody Allen
32/154

Joe Hembus
Charlie Chaplin
32/34

Bodo Fründt
Alfred Hitchcock
32/91

Ludwig Maibohm
Fritz Lang
32/32

Herbert Spaich
Ernst Lubitsch
32/174

Robert Fischer
David Lynch
Die dunkle Seite der Seele
32/165

Rolf Thissen
Russ Meyer
Der König des Sexfilms
32/87

Reinhold Rauh
Edgar Reitz
Film als Heimat
32/191

Tony Crawley
Steven Spielberg
Eine Erfolgsstory
32/134

Frank Schnelle
Die Spielberg-Factory
Kindheitsträume im Kino
32/185

Brent Maddock
Die Filme von Jacques Tati
32/187

Willi Winkler
Die Filme von François Truffaut
32/80

Reinhold Rauh
Wim Wenders
32/144

Claudius Seidl
Billy Wilder
32/116

Wilhelm Heyne Verlag
München